W0193584

BARRY J. GIBBONS

MANAGER, VISIONÄRE, WAHNSINNIGE

SPINNER, EXZENTRIKER,
QUERDENKER UND ANDERE MEISTER
DES GESCHÄFTSERFOLGS –
VON BENETTON BIS SCHREMPP

REDLINE WIRTSCHAFT
bei ueberreuter

Barry J. Gibbons
Manager, Visionäre, Wahnsinnige: Spinner, Exzentriker, Querdenker
und andere Meister des Geschäftserfolgs – von Benetton bis Schrempp
Frankfurt/Wien: Redline Wirtschaft bei Ueberreuter, 2003
ISBN 3-8323-0947-0

Unsere Web-Adressen:
http://www.redline-wirtschaft.de
http://www.redline-wirtschaft.at

This edition published under licence from Capstone Publishing Ltd via The Susie Adams Rights Agency, UK.

Dieses Buch ist eine Lizenzausgabe der Capstone Publishing Ltd, vermittelt durch The Susie Adams Rights Agency, UK.

Alle Rechte vorbehalten
Aus dem Englischen von Sabine Schilasky
Originaltitel: „Dream Merchants & HowBoys"; first published 2002
by Capstone Publishing (a Wiley company), 8 Newtec Place, Magdalen Road,
Oxford OX4 1RE, United Kingdom, http://www.capstone.co.uk
Copyright © 2002 by Barry J. Gibbons
Copyright © der deutschsprachigen Ausgabe 2003
by Wirtschaftsverlag Carl Ueberreuter, Frankfurt/Wien
Umschlag: INIT, Büro für Gestaltung, Bielefeld
Coverabbildung: Zefa, Düsseldorf
Druck: Druckerei Theiss GmbH, A-9431 St. Stefan im Lavanttal
Printed in Austria

FÜR MEINEN VATER –
EINEN VISIONÄR ERSTEN RANGES

INHALT

PROLOG

Vor einiger Zeit zog ich mich aus allen Ämtern und Würden zurück und lebe seit kurzem wieder in England, nachdem ich ungefähr zehn Jahre in den USA verbracht habe. Heute kümmere ich mich ausschließlich und mit der nötigen Strenge um meine persönlichen Geschäfte.

Es war trotzdem nicht ganz einfach, beim wöchentlichen Besprechungstermin mein Team für strategische Angelegenheiten und Planungsfragen um den großen Eichentisch im „Stone Jug"-Pub des Dörfchens Clophill, Bedfordshire, zu gruppieren. Sie trudelten einer nach dem anderen ein und rückten mit ihren Stühlen möglichst nah an meinen Stuhl, während ich im Geiste die Anwesenheitsliste abhakte.

Zunächst einmal waren da meine Anwälte – zwölf an der Zahl, die ordentlich in zwei Reihen hintereinander die eine Seite des Tisches einnahmen. Meine Buchhalter und Bankberater bildeten eine eher unsortierte Gruppe am einen Ende; weshalb sie so dicht beieinander hockten, wissen sie wahrscheinlich selbst am besten. Mir gegenüber saßen zwei meiner Chauffeure (der dritte war gerade im Urlaub), meine Masseuse, mein Pilot, mein Koch und mein persönlicher Espressokellner. In die eine Ecke gequetscht saß der Knabe, der meine Manschettenknöpfe katalogisiert. Er vertrat außerdem seinen Kollegen, der sich um meine Krawatten kümmert. Meine IT-Fachfrau und Kommunikationsbeauftragte arbeitete noch an der Video-Konferenzverbindung zu meinem Team in den USA, das etwa ähnlich zahlenstark war und sich in diesem Moment an einem Familientisch in der „Los Gallegos"-Bar in Miami versammelte.

Als alle ihre Plätze eingenommen hatten und wir beginnen wollten, waren immer noch zwei freie Stühle übrig. Einer davon war für Prince Edward reserviert, der sich bereit gefunden hatte, uns auf Pro-Bono-Basis ein paar Tipps hinsichtlich der buchhalterischen Behandlung von Geschäftsverlusten zu geben. Der zweite Stuhl, der dieser Tage häufiger leer blieb, aber als Zeichen der Anerkennung bei keinem Treffen fehlen durfte, war der von Jeffrey Archer. Jeffrey Archer war mir einst eine enorme Hilfe bei meiner Terminplanung.

Ich nickte zweimal, kaum merklich, in Richtung Bedienung – dies war das vereinbarte Zeichen für sie, die ersten beiden Gänge zu servieren (Austern und Black Velvet, gefolgt von „Spottdrossel *farcie*"), und zwar in exakt einer halben Stunde nach dem ersten Nicken. Dann eröffnete ich die Sitzung.

Wie üblich fragte ich, ob irgendjemand Punkte für die Tagesordnung vorschlagen wollte. Nach einem l-a-n-g-e-n einminütigen Schweigen (ist es nicht komisch, wie nie jemand als Erster sprechen will?) murmelte einer meiner Anwälte etwas. Ich schaffte es, weit mehr Geduld und Ruhe walten zu lassen, als meine Gemütslage mir in diesem Moment erlaubte, und bat ihn in aller Höflichkeit, nicht nervös zu sein und ein wenig lauter zu sprechen. Sein Beitrag traf uns alle wie ein Keulenschlag:

„Wir müssen ein fertiges Manuskript abgeben, und zwar, falls meine Aufzeichnung korrekt sind, bis Ende August."

Meine ersten Gedanken kamen spontan und recht gleichförmig daher: „Mist – Mist – MIST!" Aber die sprach ich selbstverständlich nicht aus. Vielmehr war ich die Ruhe in Person:

„Vollkommen richtig. Und ich bin zuversichtlich, dass wir alle uns innerhalb des vorgegebenen Zeitrahmens etwas Passendes einfallen lassen werden, um termingerecht einen Bestseller abzuliefern. Möchte irgendjemand erste Anregungen äußern?"

Von einem der Nebentische, an dem mein Privatsekretärinnenteam saß (ich hatte vergessen, sie zu erwähnen), vernahm man eine gewisse Unruhe. Ich glaube, es war Fifi, die als Erste etwas sagte:

„In Anbetracht der Verkaufszahlen des letzten Buches sollten wir es diesmal vielleicht mit etwas Peppigerem versuchen. Ich denke da an einen Titel in Richtung *Harry Potter und die sieben Schritte zur richtigen Geschäftsstrategie*."

Kompletter Blödsinn. Aber da ich erst unlängst von einem Workshop über Meinungsvielfalt zurückgekehrt war, erinnerte ich mich noch sehr gut an mein neugelerntes Mantra – dass man Vorschläge, die innerhalb einer Gruppe gemacht werden, niemals mit den Worten „Ich stimme zu, *aber* ..." quittieren sollte, sondern immer mit „Ich stimme zu *und* ...", was positiver, harmonisierender und weniger bedrohlich wirkt (schnarch, grunz). Die einzige Ausnahme von dieser Regel bilden Gruppen, die ausschließlich aus griesgrämigen männlichen Weißen in mittleren Jahren bestehen.

Also habe ich Fifis Idee in die Konzeption einfließen lassen – zumindest in gewisser Weise. Sobald ich anhob, mein aufregendes Konzept darzulegen, verfiel mein Stab in andächtige Stille.

„Ich möchte, dass ihr euch alle nochmal an die Zeit zurückerinnert, als sich die legendäre Popgruppe ABBA aus dem Musikgeschäft verabschiedete. Denkt vor allem an diese dunkelhaarige Sängerin. Das war die, die singen konnte und keinen Bart hatte. Als die Band auseinander ging, verschwand sie von der Bildfläche – und zwar für immer. Stimmt's?"

Die meisten hatten die Augen geschlossen, um sich besser konzentrieren zu können. Viele runzelten die Stirn vor lauter Denken, während meine Anwälte sich flüsternd stritten. Ich nutzte die Gunst der Stunde und fuhr fort: „Stimmt also. Und gehe ich recht in der Annahme, dass exakt zu diesem Zeitpunkt Anita Roddick mit ihrem Body Shop auf der Bildfläche erschien?"

Ich ignorierte das offensichtliche Erstaunen, welches sich eines großen Teils der Gruppe bemächtigte, und redete weiter: „Sagt mir, wenn ich mich irre, aber ist es nicht eine erwiesene Tatsache, dass von diesem Tage an diese beiden Frauen niemals gemeinsam in der Öffentlichkeit gesehen und nicht einmal zusammen fotografiert wurden?"

Hier machte ich eine dramaturgisch wirkungsvolle Pause.

„Die dunkelhaarige ABBA-Sängerin und Anita Roddick, meine Damen und Herren, sind zweifellos *ein und dieselbe Person.*"

Ich ließ ihnen bewusst keine Zeit, diese Neuigkeit zu verdauen, ehe ich meine bahnbrechende Idee weiterführte:

„Und das ist nicht alles. Da draußen gibt es noch mehr solche Beispiele für große Geschäftsleute, die vorher jemand vollkommen anderes waren. Das ist unser Buch."

Die nachfolgende Stille war beeindruckend, wurde allerdings von einem erstickten Ausruf meiner Masseuse unterbrochen:

„Oh mein Gott, du hast ja Recht! Ich habe immer schon gedacht, dass Walt Disney in Wahrheit Bing Crosby ist. Und wisst ihr was? Die beiden sind auch nie zusammen auf einem Foto zu sehen."

Ich ließ ihr diese kleine Blasphemie durchgehen, weil sie offenbar blind vor Begeisterung für meine Idee war. Doch plötzlich brach das reinste Chaos los. Prince Edward traf ein und setzte sich auf seinen vorgesehenen Platz, *ohne dass irgendjemand Notiz davon nahm.* Einer der Anwälte sprang auf und hämmerte mit der Faust auf den Tisch:

„Dieser Branson – ihr wisst schon, der mit dem Bart –, ich kann euch verraten: Er hatte nicht immer einen Bart. Weil er nämlich früher bei den Beach Boys gesungen hat, *bevor sie ihn rausschmissen.*"

Es kostete mich einige Mühe, die Versammlung wieder zur Ordnung zu rufen. Und ich hatte nicht eher Erfolg, als bis ich erfahren hatte, wer Steve Jobs von Apple in Wirklichkeit war, was mich ziemlich erstaunte. Es wurde höchste Zeit, System in das Chaos zu bringen und meine legendäre Führungsstärke unter Beweis zu stellen.

„Ruhe! Ruhe! Ja, wir haben hier eine wahrlich einzigartige Buchidee, aber wir sollten umsichtig vorgehen. Immerhin erwartet man von uns ein Wirtschaftsbuch und keinen billigen Sensationsjournalismus. Daher werden wir all diese Größen der Wirtschaftswelt, die früher mal andere Personen waren, genauestens analysieren müssen. Und wir werden die ganze Geschichte so ausstaffieren, dass sie sich einen Ehrenplatz unter den siebenhundertfünfzig Regalmetern Wirtschaftslektüre erobert, die sich heute in allen Buchhandlungen breit machen. Ich habe da den einen oder anderen Vorschlag zu machen ..."

Ein wildes Geraschel und Geklapper hob an, als sich alle mit Block und Stift rüsteten, um Notizen zu machen. Ich zählte stumm bis zehn, ehe ich fortfuhr: „Zunächst einmal sollte unser Buch *informativ* sein. Die Leser erwarten ein paar nützliche Storys und Informationshappen über unsere Helden und ihre Unternehmen, mit denen sie ihre Chefs im Büro oder das jeweils andere (beziehungsweise: ihr bevorzugtes) Geschlecht in Bars beeindrucken können. Wir wollen keine zusammengefassten und wiedergekäuten Kurzbiographien diverser Großer Männer der Wirtschaft unters Volk prügeln, sondern wir wollen informativ sein. Bei Disney hat man sich dafür einen eigenen Begriff ausgedacht, wie es nur die Amerikaner können – *Infotainment.*"

Viele hatte Schwierigkeiten, dieses Wort zu buchstabieren, und mindestens einem verursachte meine Idee offensichtlich körperliches Unwohlsein. Aber ich konnte und wollte jetzt keine Rücksicht mehr nehmen:

„Außerdem brauchen wir in unserem Buch eine gehörige Portion *Humor.* In der gegenwärtigen Wirtschaftswelt ist alles grau und humorlos. Alle sind gestresst, unter Druck und paranoid. Die Wirtschaft ist voll von tristen Gestalten und das Lachen wird bald denselben Weg gehen wie das

Rauchen – man darf es demnächst nur noch im Freien während der Pausen. Die Menschen, von denen unser Buch handelt, waren (oder sind immer noch) antigrau. Egal ob wir sie lieben oder hassen, sie sind bunte Hunde. Also sollten wir, wenn wir sie beschreiben, hier und da für ein paar Grinser sorgen."

Die ganze Aufregung war Chanteuse, meiner Maniküre, zu viel geworden. Sie war zu spät erschienen und hatte sich direkt von der Begeisterung der anderen mitreißen lassen. Sie fiel in Ohnmacht, aber wir mussten sie quer über dem Billardtisch liegen lassen. Dies war nicht die Zeit für Unterbrechungen. Alle Augen richteten sich erwartungsvoll auf mich.

„Und, was das Allerwichtigste ist, wir müssen die Erfahrungen dieser außergewöhnlichen Menschen dazu nutzen, den Normalsterblichen etwas zu geben, was sie für ihren Arbeitsalltag gebrauchen können. Fraglos haben all diese Leute Erfolge verbuchen dürfen, von denen gewöhnliche Menschen nicht einmal zu träumen wagen, wenn sie Tag für Tag in ihre Büros trotten – aber wir müssen nur richtig suchen, dann werden wir, ich weiß es, in diesen Geschichten Methoden und Ideen finden, die sich auf unser aller Tretmühle übertragen lassen. Unsere Träume mögen schlichter und unsere Aufgabe weniger anspruchsvoll sein – doch wir müssen sie trotzdem erledigen. Ich glaube, dass wir jede Menge Dinge von diesen Leuten lernen können, die *für unser Leben* nützlich sind."

Mit diesen aufwühlenden Worten beendete ich die Sitzung. Zwar entstand eine kurze Unruhe, als die Austern serviert wurden, aber ich blieb erstaunlich ruhig. *Lern ein bisschen, lach ein bisschen, klau eine Menge –* das war die Grundlage für das neue Buch, auf die wir uns geeinigt hatten. Eine Namensliste hatten wir im Nu zusammen. Nur wollte mir beim besten Willen nicht einfallen, was diese merkwürdigen Leute gemein hatten, dass sie für ein wirtschaftsinteressiertes Publikum spannend machen könnte. Der seltsame Umstand, dass sie alle zuvor jemand anders gewesen waren, reichte nicht. *Da musste noch etwas anderes sein.*

Ganz allmählich entstand eine Idee in meinem Kopf. Ich klappte den Laptop auf und begann zu schreiben.

Barry Gibbons,
Bedfordshire, England,
Sommer 2001.
E-Mail: Gibbonfile1@aol.com

EINLEITUNG

GENESIS

Jeder veröffentlichte Autor, möglicherweise mit Ausnahme von Jeffrey Archer, wird bestätigen, dass ein Buch zu schreiben einer Liebesbekundung gleichkommt[1]. So gesehen ist mein Motiv, dieses Buch zu schreiben, nicht weiter originell. Aber ich liebe Spinner. Zumindest diejenigen, die unter meine Definition von Spinnern fallen.

Offen gesagt hatte ich ursprünglich sogar „Spinner" als Titel vorgesehen. Doch mir fiel ziemlich bald auf, dass ich wahrscheinlich Unterkategorien brauchen würde. Zwar war ich mir hinreichend darüber im Klaren, wer für mich ein „Spinner" war und wer nicht, aber es bestand ein gewisses Risiko, dass ein unbedarfter Leser diesen Titel missverstehen könnte und dadurch davon abgehalten würde, dieses Buch zu kaufen. Also wollte ich bereits durch den Titelaufdruck sicherstellen, dass alle „meine" Spinner positive Eigenschaften aufweisen – einige von ihnen weisen tatsächlich wenig andere auf. Demzufolge erschien mir der Arbeitstitel nicht geeignet, von vornherein Assoziationen mit pathologischen Spinnern auszuschließen, wie beispielsweise denen, die in amerikanischen Schulen mit Pumpguns um sich schießen.

Es wäre wirklich nicht fair, die großen Namen dieses Buches in einen Topf mit diesen Psychopathen zu werfen. Normalerweise hätte ich derlei Differenzierung dem reifen Leser durchaus zugetraut und zugemutet und mich nicht weiter darum gekümmert. Doch gegenwärtig entwickelt die George-W.-Bush-Regierung eine fragwürdige Eigendynamik, weshalb jederzeit damit zu rechnen ist, dass auch bei Verleumdung die Todesstrafe möglich wird. Mir blieb praktisch nichts anderes übrig, als Unterkate-

---

[1] In seinem Fall entsprach es noch dem Bedürfnis, das Zehn-Finger-System auf der Schreibmaschine zu erlernen. Heute hat es bei ihm mehr mit einem eingeschmuggelten Bleistift zu tun.

gorien aufzunehmen. Oder, wie der Amerikaner sagt: acc-en-tuate the positive.

Wie ich dazu kam, die Unterkategorien aufzunehmen, die nun zum Titel des Buches geworden sind, würde ich gern näher ausführen.

Spinner sind nach meiner Definition Leute, von denen man hört, sie hätten dies oder jenes gemacht, woraufhin man prompt in schweigendes Vor-Sich-Hinstarren verfällt. Nach einigen stummen Augenblicken bricht sich dann gewöhnlich ein Lächeln Bahn, das matt unsere Mundwinkel umspielt, während wir uns fragen, *was zum Geier diese Leute sich dabei gedacht haben?* Waren sie VERRÜCKT? Wenige Augenblicke später wird unsere Reaktion schon augen- und ohrenfälliger: Wir lachen laut los und beginnen, uns über oder mit diesen Spinnern und ihren Taten zu freuen.[2] Zwischen all dem Wundern und Bewundern schleicht sich natürlich auch ein gewisser Neid ein. Darin liegt wohl der Grund, weshalb wir jederzeit bestätigen würden, dass diese Leute absolute Spinner sind – dank derer spinnerter Ideen die Welt ein bisschen besser wird.

Aber es geht noch weiter.

Ich habe einen gefährlich großen Abschnitt meines Lebens in der Welt des Big Business beiderseits des Atlantiks verbracht. In meiner Welt gab es Wirtschaftsspinner, denen besondere Beachtung zuteil wurde. Als ich ein paar dieser Glanzlichter der Ökonomie genauer betrachtete, lachte ich nicht nur hemmungslos (siehe oben), sondern stellte die Zurechnungsfähigkeit dieser Leute ernstlich infrage. Nichtsdestotrotz bewunderte ich sie und erkannte, dass die Welt dank ihnen wirklich ein bisschen besser geworden war. Ich fand schlagkräftige Beweise dafür, dass einige Spinnereien funktionierten. Ganz abgesehen von der großen weiten Welt *profitierte das jeweilige Geschäft kurzfristig, mittelfristig oder langfristig von den Spinnern.* Manchmal sogar alles auf einmal und manchmal sogar beträchtlich.

Aus lauter Langeweile fing ich eines Tages an, sie in einer Art Grafik zu erfassen. Schon bald stellte ich fest, dass sich hier zu viele Muster und zu viele Übereinstimmungen ergaben, als dass man sie guten Gewissens „zufällig" hätte nennen können. Wenngleich jeder einzelne dieser Punkte die Mühe wert gewesen wäre, sich ihm intensiver zuzuwenden, regte sich

---

[2] In schwereren Fällen kann uns das Lachen sogar mit solcher Vehemenz überkommen, dass wir darüber bestimmter Körperkontrollfunktionen verlustig gehen.

in mir der Wunsch, das Schema zu entdecken, das sie alle gemein hatten. Lange Zeit bevor ich diese Worte niederschrieb, hatte die Genesis dieses Buches sich praktisch von selbst eingeläutet – sie war ihrem eigenen, seltsamen Raum-Zeit-Kontinuum entsprungen und landete inmitten der im Wind schaukelnden Palmen Südfloridas. Diese Palmen schaukelten übrigens sanft im Wind, weil zufällig gerade keine Hurrikan-Saison war.

Am Anfang befand ich mich auf einem ziemlich scheußlichen Streckenabschnitt. Und was scheußliche Straßen angeht, bin ich eine Autorität – ich bin in den Industriegebieten Nordenglands aufgewachsen und mehrfach durch Oldham gefahren. Ich weiß, wie richtig schlimme Straßen aussehen.

Ich fuhr also den South Dixie Highway nach Norden, Richtung Miami. Dieser Highway gehört zum US1-Straßennetz, das sich entlang der gesamten Küste von Kanada bis zu den Florida-Keys hinzieht. Wenngleich mittlerweile jede Menge Autobahnen und Schnellstraßen gebaut wurden, die dem Langstreckenfahrer das Leben leichter machen sollen, kann man den South Dixie Highway, glaube ich, bis heute durchgängig von Norden nach Süden und umgekehrt fahren. Allerdings hält er in puncto „romantisch" und „malerisch" wohl kaum mit seinem Westküstenpendant mit, dem Pacific Coast Highway.

Wir schrieben also die frühen Neunziger und die hoch entwickelte Welt befand sich in einer tiefen Rezession. Kurz zuvor war ich auf die Kommandobrücke der Burger King Corp. berufen worden. Dieses angeschlagene Unternehmen war von jenem britischen Konzern gekauft worden, für den ich bis dahin gearbeitet hatte: GrandMet. Der Eigentümerwechsel dürfte zu einer der letzten großen Übernahmeschlachten der Achtziger zählen. Und infolge dieser Schlacht siedelte ich um von Bedfordshire in England nach Miami, das von einigen für den nördlichsten Vorort von Havanna gehalten wird. Seit knapp zwei Jahren war ich Vorstandsmitglied und CEO des Unternehmens.

Die letzten zehn Jahre hatte man in der Firmenleitung damit verbracht, das wirtschaftliche Gegenstück zum sprichwörtlich Sich-auf-die-Schuhe-Pinkeln[3] zu praktizieren. Burger King war eine blanke Katastro-

---

[3] Mir ist klar, dass sich diese Metapher ausschließlich an ein männliches Publikum richtet, aber ich habe KEINEN SCHIMMER, welches die weibliche Variante des Sinnbilds wäre.

phe, und als wäre das noch nicht genug, hatte man den Hauptsitz auch noch in Miami errichtet. Wollte Gott der Welt einen Einlauf verpassen, wäre Miami zweifellos der passende Ort, um den Schlauch einzuführen. Unter einigen meiner Freunde, Verwandten und Bekannten bestand Einigkeit darüber, dass ich ein kompletter Spinner wäre, mich auf diesen Job einzulassen. Alle übrigen meinten, ich hätte überhaupt nur deshalb den Hauch einer Erfolgschance, *weil* ich ein kompletter Spinner bin. Ihrer bescheidenen Meinung nach war das sogar meine einzige Chance.

Nun saß ich also in meinem Firmenwagen. Meine Persönlichkeitsstruktur zum fraglichen Zeitpunkt war eine gewagte Mischung aus Neuin-den-Staaten und echtes Arschloch; daher hatte ich mich für einen Cadillac mit den Maßen eines mittleren Kreuzfahrtschiffes entschieden. Um mein Arschloch-Image ein wenig zu relativieren, fuhr ich immerhin selbst. Eine meiner ersten Amtshandlungen hatte darin bestanden, sämtliche Chauffeure und Limousinen aus dem Unternehmen zu verbannen, wobei ich vorgab, ihre Existenz wäre maßgeblich an der misslichen Finanzlage schuld. Der Fairness halber muss ich allerdings erwähnen, dass diese Beispiele unternehmerischen Größenwahns nur eine Teilursache darstellten. Wesentlichen Anteil an der Misere von Burger King trug auch die Muttergesellschaft, Pillsbury, deren Geschäftsgebaren Ähnlichkeit hatte mit dem Verhalten einiger Säugetiere, die sich mit Blättern bedecken und dem Winterschlaf verfallen, während die Konkurrenz kurzen Prozess mit ihrer Beute macht. Im Fall Burger King kamen noch sinnentleerte Maßnahmen hinzu wie etwa der Erwerb eines geschmacklosen Firmengebäudes für 63 Millionen Dollar. Diese designierte Firmenzentrale war von erschlagender Zweckmäßigkeit und stand direkt am Meer, ungefähr zehn Meilen südlich von Miami. Binnen kürzester Zeit stellte sich heraus, dass dieser Prachtbau a) vollkommen fehlkonstruiert für alles und jeden war und b) eine erstklassige Angriffsfläche für die tödlichen Attacken des Hurrikans Andrew bot.

Genau dieser Ort war die Startrampe, von der aus ich, Captain Kirk, mich in meinem Cadillac-Raumschiff aufmachte Richtung Flughafen, und zwar über die US1. Ich war alles andere als glücklich.

Die Gründe für mein Stimmungstief lassen sich wie folgt umreißen: Burger King Corp. war nach einem Franchising-Prinzip aufgebaut – wobei nicht einmal zehn Prozent der (damals) gut zehntausend Restaurants dem Unternehmen selbst gehörten und von ihm betrieben wurden.

Natürlich wirkte sich das negativ auf den *Modus Operandi* des Geschäfts und auf seine Führung aus. Meiner Erfahrung nach ist die beste Art, mit der man ein so gigantisches Franchising-System erklären kann – wenn man gelangweilte, aber höfliche Menschen trifft, die es angeblich interessiert – die, dass Burger King keine Burger an Burger-Esser verkaufte, sondern Franchises an Unternehmen. Die wiederum verkauften dann die Burger an Burger-Esser.

Das eigentliche Produkt von Unternehmen wie Burger King ist ein Markenrestaurant-System. In unserem Fall war dieser Apparat innerhalb von fünf Jahrzehnten entwickelt und ausgebaut worden. Unsere Kunden (sprich: die Franchisenehmer) zahlen im Voraus Gebühren dafür, dieses Produkt zu kaufen. Dann investieren sie ihr eigenes Geld in Werte wie Grundbesitz, Immobilien und Ausstattung, die sie brauchen, um ihr Markenrestaurant betreiben zu können. Anschließend treten sie einen festen Prozentsatz ihrer Umsatzerlöse aus dem Restaurantbetrieb an den Franchisegeber ab. Die Immobilien und der Grundbesitz erscheinen in den Bilanzen der Franchisenehmer, und die Summe dieser materiellen Werte übersteigt in Fällen von Franchise-Systemen wie Burger King *die Gesamtsumme dessen, was das Unternehmen in den Franchisenehmer investiert hat.* Burger King konnte weltweit zwei oder drei Franchise-Lizenzen täglich verkaufen, aber die Franchisenehmer waren es, die zusammen zwei Millionen Whopper pro Tag verkauften.

Sollte es irgendwo auf diesem Globus ein besseres Beispiel für eine Unternehmenspolitik im Sinne eines Weitpinkel-Wettbewerbs geben als dieses Franchisesystem, dann ist es mir bis dato unbekannt. Und meine Aufgabe bestand nun darin, diesen organisierten Rohrkrepierer zu führen. Es war wie ein Spaziergang in einem Minenfeld. Ehe man meine Wenigkeit an die Firmenspitze berief, hatte man innerhalb von dreizehn Jahren sieben CEOs verheizt (oder dreizehn innerhalb von sieben Jahren; genau weiß ich das nicht mehr, aber die zweite Variante ist wahrscheinlicher). Meine Sekretärin, die während dieser ganzen Leithammel-Parade dabei gewesen war, hatte inzwischen den Überblick verloren. Im Grunde war es mir auch egal.

Die Beziehung zwischen Franchisegeber und Franchisenehmer wird einzig von der Tatsache getragen, dass der Markenname dem Franchisegeber gehört. Und damit hat er die Kontrolle über das gesamte Markenkonzept – im Fall Burger King über die Rezepte und die Uniformen der

Angestellten, über die Grilltechnik und den Ketchupeinkauf, über die Angebotswerbung und die Portionsgrößen. Der Franchisegeber kontrollierte einfach alles. Er legt die Markenmerkmale und deren Vermarktung fest. Er macht das Marketing auf der Makroebene. Er sorgt für die entsprechenden Einsparungen bei Gesamteinkauf und Distribution. Er ist verantwortlich für die gesamte IT-Struktur. Er überwacht die Einhaltung der gesetzlichen Vorschriften, bestimmt die Standorte der Restaurants und legt mit päpstlichem Segen fest, welche Restaurantleiter eingestellt werden. Er verhängt rigide Sanktionen gegen umsatzschwache oder aufmüpfige Franchisenehmer. Die einmaligen Lizenzgebühren und die Gewinnbeteiligungen werden dazu gebraucht, das alles zu finanzieren und dabei einen Gewinn für die Investoren zu erwirtschaften.

Die Idee ist, dass der Franchisegeber seinen Franchisenehmer in ein erprobtes und funktionierendes System aufnimmt. Der Franchisegeber kann sich allerdings nicht dazu verpflichten, die individuellen Geschäftsrisiken des Franchisenehmers zu tragen, von dem wiederum erwartet wird, dass er die Regeln des Franchisesystems einhält und glücklich und zufrieden Markenprodukte an glückliche und zufriedene Kunden verkauft, während er sich und dem Franchisegeber eine goldene Nase verdient.

So sieht zumindest die *Theorie* aus.

In der Praxis gestaltet es sich so, dass die Franchisegeber in den Augen der Franchisenehmer geldgierige Wichser sind, die sich sämtlicher Verantwortung entledigen. In den Augen der Franchisegeber sind die Franchisenehmer Volltrottel, die ein wertvolles Markenprodukt vergewaltigen. So.

Und mittendrin sitzt die ratlose Firmenleitung.

Während ich hinter dem Lenkrad saß und über die Absurdität dieses Systems nachdachte, hatte ich noch ungefähr zwei Meilen vor mir, ehe die Werbetafel auftauchte. Aber das wusste ich zu diesem Zeitpunkt natürlich nicht.

Auf jeden Fall hatten bei Burger King beide Seiten Recht. GrandMet hatte eine Menge Geld für die Pillsbury-Gruppe bezahlt und, wie ich später feststellen durfte, einen beachtlichen Teil des Burger-King-Kaufpreises in die kosmetische Korrektur von Pillsbury versenkt[4], um den

---

4 Der Fachterminus heißt übrigens „Projektinvestition".

Markennamen möglichst gut aussehen zu lassen (denn das war das eigentliche Interesse unserer Strategen). Infolgedessen waren unsere finanziellen Spielräume eher eingeschränkt. Wir konnten nicht ausgeben, was wir hätten ausgeben wollen, um die Marke zu stärken und weiterzuentwickeln. Genau genommen hatten wir nicht einmal genug Spielraum, um das auszugeben, was wir hätten ausgeben *müssen*, um die Position der Franchisenehmer zu festigen.

Unser Vorhaben wurde noch dadurch verkompliziert, dass die meisten Franchisenehmer in den Staaten saßen – in einem übersättigten Markt also und zumeist in einem Zustand, der aufgrund mangelnder Investitionen und erbärmlicher Geschäftpolitik alles andere als berauschend war. Sowohl Franchisegeber als auch Franchisenehmer hätten dringend größere Mengen Geld investieren müssen, das nicht da war. Und die Probleme auf dem internationalen Markt waren noch drängender, denn hier fand sich nicht ein einziger Franchisenehmer, dem es auch nur ansatzweise gut ging. Also musste hier ebenfalls investiert werden, und die kurzfristige Lösung bestand in erster Linie darin, dass man die Restaurants aufkaufte und noch einmal von vorn anfing. Immerhin sahen wir auf dem internationalen Markt unser wirkliches Wachstumspotenzial und wie jeder Markt erforderte dieser zunächst einmal gewaltige Investitionen. Nachdem wir ein paar hundert Millionen Dollar in den Aufkauf der britischen Wimpy-Kette gesteckt hatten, um die bestgehenden Filialen in Burger-Restaurants zu verwandeln und damit den britischen Marktes im Sturm zu erobern, wurden kritische Stimmen unter den Franchisenehmern in den USA laut. Sie sahen diese Investitionen nicht als synergetische Verbreitung des Markenkonzepts, von der alle profitieren könnten. Ihrer Meinung nach hätte dieses Geld besser in den Staaten angelegt werden sollen, um klaffende Lücken zu stopfen und etwas für die hiesigen Restaurants zu tun.

Dann war da unsere erste US-Werbekampagne. Während ich darüber sinnierte, war ich noch knapp eine Meile von der Werbetafel entfernt.

Gewissermaßen befanden wir uns mit unseren amerikanischen Franchisenehmern noch in einer Art Flitterwochen. Offen gesagt hatten ihre bisherigen Chefs – eine Zusammensetzung Burger-King-Managern und höherrangigen Führungskräften der Pillsbury-Gruppe – das Unternehmen so abgrundtief schlecht geleitet, dass selbst Tiny Tim eine reelle Chance gegen sie gehabt hätte. Anfangs wurden unsere Maßnahmen wohlmeinend aufgenommen, weil die Franchisenehmer während der vorangegangenen Jahre faktisch ausgehungert worden waren, was neue Ideen, neue Produkte und neue Strategien betraf. Wir gaben ihnen genug davon, um eine mittelgroße bis große Python zu ersticken. Es gab eine Million Veränderungen, von denen einige willkommen waren, andere nicht. Und alle warteten voller Spannung auf unsere erste Werbekampagne.

Mit der „Have It Your Way"-Kampagne von vor zwanzig Jahren hatte Burger King einen Höhepunkt in der Werbegeschichte (oder Werbekunst, ganz wie Sie wollen) markiert; doch seitdem zeichneten sich die Kampagnen alle dadurch aus, dass sie von den Franchisenehmern einhellig als Schrott bezeichnet wurden. Das Werberessort „gehörte" dem Franchisegeber, der den Etat an eine Agentur vergeben hatte, die ihm ebenfalls gehörte. Mittels unzähliger Komitees konnten die Franchisenehmer ihre Ideen und Meinungen einbringen, doch die päpstliche Entscheidungsgewalt lag allein beim Franchisegeber. Das sorgte für Verdruss auf Seiten der Franchisenehmer, waren sie doch diejenigen, die über ihre Lizenzgebühren die Werbung finanzierten. Das Ganze hatte ein bisschen etwas „von Steuern an einen Diktator zahlen" – zumal da diese Steuern offenbar sinnlos verprasst wurden. „Sinn" hätten diese Ausgaben nur dann gemacht, wenn sie ihren eigentlichen Zweck erfüllt hätten, nämlich die Verkaufszahlen in die Höhe zu treiben, und zwar schleunigst.

Die jüngste Firmengeschichte, unmittelbar vor unserer Übernahme, handelte vornehmlich von fehlgeschlagenen Werbefeldzügen. Die Umsätze wollten sich einfach nicht bewegen – besser gesagt: sie bewegten sich weiterhin gemütlich bergab. Und dieser negative Trend verdankte sich – meiner persönlichen Auffassung nach – zu einem wesentlichen Teil der Werbung, deren Kreativitätsgehalt im Minusbereich siedelte. Erschwerend hinzu kam, dass die alten Tage der durchschlagenden Fernsehwerbung endgültig vorbei waren. Es gab zu viele andere Medienkanäle, was unweigerlich dazu führte, dass jede Werbeausgabe nur noch einen Bruchteil der Wirkung haben konnte, die sie ehedem hatte. Der Markt war übersättigter denn je. Ich musste mich mit Zahlenmaterial anfreunden, nach welchem der durchschnittliche Konsument tagtäglich mit bis zu 3.000 „Markenbotschaften" bombardiert wurde – von dem Augenblick an, da er des Morgens das Radio anstellte, bis er am Abend mit einer Zeitschrift ins Bett ging.[5]

Des Weiteren mussten wir uns mit der Tatsache arrangieren, dass unsere Franchiserestaurants erheblich an Attraktivität und Einzigartigkeit eingebüßt hatten. Die schwierigen Zeiten in dieser Branche hatten zu Stellenkürzungen (also Serviceeinbußen), Verzicht auf Instandhaltungsmaßnahmen und oftmals überhöhten Preisen geführt. Darüber hinaus entstanden an jeder Straßenecke neue, bunte, moderne Konkurrenzrestaurants, die Tacos, Hähnchen oder Pizza verkauften. Nationale Werbekampagnen waren längst nicht mehr die Wunderwaffe, als die sie einst galten, und dennoch war das Vertrauen unsere Franchisenehmer in die Werbung ungebrochen. Daher verlangten sie von uns, eine neue Kampagne zu starten.

Also riefen wir einen Werbefeldzug aus, der unter dem Motto stand „Sometimes You Gotta Break The Rules".[6] Die Idee dahinter war die, den Erfolg der früheren „Have It Your Way"-Kampagne zu kopieren. Die „Regeln" des Hamburger-Geschäfts – wie sie McDonalds vorgab – bestanden darin, keine individuellen Burger zu machen, sondern Stapel identischer vorzubereiten, die dann einzeln verkauft wurden. Das taten wir nicht, sondern wir bereiteten jeden Burger in dem Augenblick zu, in dem er bestellt wurde. Auf diese Weise konnten wir die Zubereitung nach individuellen Wünschen variieren („Für mich bitte keine Zwiebeln!"). Das war eine der „Regeln", die wir „brachen". Schlau, was? Eine weitere Regel war, dass der Burger in seinem eigenen Fett schwamm. Diese Regel brachen wir ebenfalls – wir grillten unsere Hamburger-Frikadellen, so dass das Fett ganz verschwand. Diese Regelbrüche standen im kreativen Mittelpunkt unserer Werbung. Wir gaben uns das Image des aufmüpfigen, doch zugleich liebenswerten Schülers, der sich gegen den Lehrerliebling und Musterknaben (alias McDonalds) behauptet. Ich fand dieses Konzept toll und kann mich immer noch dafür begeistern. Einmal Spinner, immer Spinner.

Als unsere neue Werbung über die Bildschirme flimmerte, passierte ziemlich wenig. Die Wirkung war weder positiv noch negativ. Im Grunde

---

[5] Ich habe irgendwo gelesen, dass sich diese Zahl zehn Jahre später, also im Jahre 2001, auf ÜBER DREISSIGTAUSEND TÄGLICH beläuft. Ich erinnere mich absolut nicht mehr, woher ich diese Information habe, aber so lange mich niemand eines Besseren belehrt, werde ich davon ausgehen, dass es stimmt. Auf jeden Fall entspricht das absolut meiner persönlichen Wahrnehmung.

[6] „Manchmal muss man die Regeln brechen", *Anm. d. Übers.*

entpuppte sich diese Investition als Defensivmaßnahme – womit sie uns in unserem Denken bestärkte, dass die einzige Methode, wie wir zu wirklichem Wachstum gelangen könnten, die wäre, das Angebot in unseren Restaurants zu verbessern und nicht im Fernsehen[7].

Aus den Reihen der Franchisenehmer waren erste Unmutsäußerungen zu vernehmen. Und eines Tages öffnete ich meine Post und fand einen Beschwerdebrief, dessen Absender eine große amerikanische Eltern-Lehrer-Vereinigung war. Sie warf uns vor, die Kinder zur Kriminalität anzustiften (manchmal muss man die Regeln brechen ... kapiert?). Eine Kopie ihres Schreibens hatten sie der Presse zukommen lassen. Auf diese erste Beschwerde folgte eine weitere von der Gewerkschaft der Lastkraftfahrer des Inhalts, dass ihre Mitglieder ohnehin schon unter dem Druck standen, zu schnell fahren und gewisse Regeln missachten zu müssen und durch unsere Kampagne zusätzlich zu verantwortungslosem Fahren animiert würden. Dann kam ein Brief von der Initiative für ein drogenfreies Amerika – mit Kopie an *USA Today* – in dem man mich fragte, ob mir eigentlich klar wäre, *was* ich da täte? ... Es folgten ungefähr fünfzig weitere Beschwerden, die allesamt parallel an die Presse gingen. Wie nicht anders zu erwarten gewesen war, stürzten sich die Medien schließlich auf uns. Aus den leisen Unmutsäußerungen der Franchisenehmer wurden Aufschreie der Entrüstung. Das Feuer auf die Konkurrenz wurde eingestellt und alle Waffen richteten sich gegen das Zelt des Feldherrn.

Zu diesem Zeitpunkt kam ich zu der Erkenntnis, dass unmittelbar nach der Gründung der Vereinigten Staaten und der Formulierung der zeitlosen Verfassung, vor etwas über zweihundert Jahren, irgendjemand diese jugendliche Nation beiseite genommen haben musste, um ihr operativ jeglichen verdammten Sinn für Humor zu entfernen. Diese Erkenntnis half mir zu diesem Zeitpunkt natürlich enorm weiter.

Ich zermarterte mir das Hirn, wie man vor dem Hintergrund einer Franchisegeber-Franchisenehmer-Beziehung, die auf null Vertrauen, null Respekt, mangelnder Investitionsbereitschaft und erbärmlichem Geschäftsgebaren auf beiden Seiten fußte, ein Unternehmen zum Wachsen bringen könnte. Und in diesem Moment sah ich die Werbetafel.

Es war das erste Mal, dass ich diese Werbung sah. Viele meiner Leser

---

[7] Was sich letztlich als richtig erwies.

werden sich an das Bild erinnern, und ich werde es nie vergessen. Es war die vergrößerte Fotografie eines weiblichen Körpers, auf der in leuchtenden Farben nur der Ausschnitt vom Hals und bis zum Rippenbogen zu sehen war. Die Fotografierte musste afrikanischer Abstammung sein, denn die schimmernde Haut war dunkel. Die drei Hauptfarben des Bildes, der Körper der Frau, die apricotfarbene Bluse, die offen und nach hinten geschoben war, und der Pastellhintergrund hoben sich deutlich von der dunkleren Tönung einer entblößten Brustwarze ab. Falls es einen Farbton gibt, der „dunkle Schokolade mit einem Tick Lavendel" heißt, dann wäre der Ton dieser Brustwarze damit treffend beschrieben. Man sah nur die eine Brustwarze, weil an der anderen ein rosig-weißes Baby saugte. Der Hautfarbenkontrast traf mich wie ein Vorschlaghammer, während mir das Motiv die Sprache verschlug. Lediglich in der oberen rechten Ecke des Plakats stand etwas: UNITED COLOURS OF BENETTON.

Dieses Bild war atemberaubend. Es war schön, provozierend, erotisch, überwältigend, herzerwärmend und einfach. Alles zugleich. Fraglos war die politische Aussage pures Dynamit. Falls jemals ein Bild dem Sprich-

---

SPINNERSPRUCH:

„Je länger ich hinschaute ... umso deutlicher erkannte ich die Methode, die sich hinter diesem Wahnsinn verbarg."

DER AUTOR

---

wort entsprochen und mehr als tausend Worte gesagt haben sollte, dann dieses. Direkt neben der Werbetafel befand sich ein renommiertes Vorort-Fischrestaurant. In den elf Jahren, in denen ich dort gelegentlich speiste, war unter ihrem Personal kein einziger Afroamerikaner gewesen.

Zwei Tage später war das Plakat verschwunden.

Ich hatte zu dieser Zeit noch nie von Toscani (dem Fotografen) gehört. Und ich wusste nur wenig über Luciano Benetton. Ich wusste allerdings, dass Benetton ebenfalls ein Unternehmen war, das nach dem Franchisingprinzip organisiert war[8], und ging deshalb davon aus, dass ihre Beziehung zu den Franchisenehmern ähnlich geartet war wie unsere (d.h. kritisch, um es vorsichtig zu formulieren). Ich wusste außerdem, dass Benetton versuchte, den amerikanischen Markt zu erobern, und dabei mit einigen Schwierigkeiten zu kämpfen hatte. Und ich wusste, dass dieses Unternehmen in etwa ebenso groß war wie Burger King.

Mir ging das Plakat nicht mehr aus dem Kopf. Ich konnte nicht entscheiden, ob ich fasziniert sein sollte, weil jemand auf diese provozierende und aufdringliche Weise seine Marke bewarb, oder entsetzt. Eigentlich war ich beides. Und zwei Worte gingen mir für den Rest der Fahrt unablässig durch den Kopf.

Bekloppter Spinner.

Ungefähr zu dieser Zeit muss ich angefangen haben, meine Schwäche für Spinner zu entwickeln. Je größer die Faszination wurde, die diese Leute auf mich ausübten, umso besser verstand ich ihre Spinnertheit – und umgekehrt.

Und ganz allmählich kristallisierte sich etwas heraus: Je länger ich hinschaute und je faszinierter ich von diesen bekloppten Spinnern war, umso deutlicher erkannte ich die Methode, die sich hinter so manchem Wahnsinn verbarg.

GENESIS – FORTSETZUNG

Ich begann (im Geiste), einige exemplarische Spinner zu sammeln, was teilweise aus purem Eigennutz geschah. Und ich verrate auch warum: Anfang der Neunziger war ich seit mehr als zwanzig Jahren in der Wirtschaft gewesen und hatte mich mittlerweile ins gehobene Management vorgearbeitet. Die Geschwindigkeit meines Aufstiegs, der 1967 bei Shell in Großbritannien begann und mich 1989 als CEO in einem der weltgrößten Fast-Food-Anbieter landen ließ, erschien mir recht beeindruckend. Ich habe einmal nachgerechnet und festgestellt, dass meine

---

[8] Benetton funktioniert jedoch nach einem anderen Modell. Die Ladenbetreiber sind selbstständige Kaufleute, wodurch sie sich grundlegend von den amerikanischen Franchisenehmern unterscheiden. Doch darauf werde ich später noch näher eingehen.

durchschnittliche Verweildauer in einer bestimmten Jobposition achtzehn Monate betrug. Nach Ablauf dieser Zeit wurde ich regelmäßig entweder befördert oder von Headhuntern weggelockt.

Mein Berufsleben war zwar abwechslungsreich und spannend gewesen, aber ich war nirgends lang genug geblieben, als dass sich der Geruch des Firmenkaffees in mein Gedächtnis eingebrannt hätte. Natürlich war ich stolz auf das, was ich erreicht hatte, und ich begründete diesen Stolz damit, noch nie einen Job verlassen zu haben, ohne greifbare Erfolge aufweisen zu können, aber vor allem damit, dass die Leute, die ich zurückließ, meinen Fortgang ehrlich bedauerten. Dennoch empfand ich ein seltsames Unbehagen, das mich vier Jahre, nachdem ich das Benetton-Plakat gesehen hatte, zu dem Entschluss bewegen sollte, mich freiwillig und für immer aus dem Topmanagement zurückzuziehen.

Ich hatte das Gefühl, dass durch die ständigen Wechsel einige meiner sehr unkonventionellen Führungsmethoden gar nicht recht zum Vorschein kamen. Dabei war mein Führungsstil nicht etwa so bizarr, dass er sich nur über eine begrenzte Zeit ertragen ließ, sondern vielmehr einer der Gründe, *warum* ich überhaupt erfolgreich war. Ich zog mir zwar die gleichen Dreiteiler an wie alle anderen, aber ich dachte längst nicht in denselben eingefahrenen Bahnen, und das machte sich bezahlt. Manchmal. Zugegeben, es gab auch Rückschläge, da ich mich gelegentlich unmöglich benahm – aber normalerweise war ich schon weiter- oder wegbefördert, ehe der Bumerang zurückkam.[9] Ich bin häufiger von Gleichrangigen als „Spinner" tituliert worden. In wenigen Fällen wagte es sogar ein mutiger Untergebener, mich so zu nennen – wahrscheinlich bezog er seinen Mut aus der Tatsache, dass ich mit meinen Mitarbeitern konsequent per Du war. Und ganz selten kam es vor, dass mich ein weiser Boss auf meine verrückteren Züge ansprach.

Wie die meisten Männer in den Vierzigern begann auch ich, meinem Konterfei im Rasierspiegel tief greifende Fragen zu stellen. Die meisten Folgeerscheinungen dieser Fragerei gehören hier nicht her, sondern könnten in Frauenzeitschriften als exemplarische Fallbeispiele dienen.

---

[9] 1984 warben mich englische Headhunter im Auftrag von GrandMet bei Whitbread ab. Gleich nachdem ich gegangen war, gab Whitbread eine kleine braune Broschüre heraus, die an das Management und die gesamte Belegschaft verteilt wurde. Der Titel war irgendwas mit *Whitbread: Managen mit Klasse und Integrität* (oder ähnlicher Schwachsinn). Bis heute erscheint mir das Timing verdächtig.

Was hier allerdings durchaus Erwähnung finden sollte, ist meine wachsende Neigung zu jeder Form von Verrücktheit. War das mein wahres Ich? Wollte ich auf Biegen und Brechen die Auswüchse eines kläffenden, unkonventionellen Köters in die aalglatte Form eines gehobenen Managers zwingen?[10] Oder handelte es sich um ein subtileres Phänomen – war ich ein konventioneller Geschäftsmann, der seine verrückteren Talente im Zaum hielt und sie als einen Teil seiner technischen und menschlichen Fähigkeiten annahm, die ihm zum Erfolg verhalfen? Eine Zeit lang dachte ich, Letzteres träfe zu.[11]

Und nun kam mein Egoismus ins Spiel. Ich machte mich auf die Suche nach Spinnern und Verrücktheiten, in der Hoffnung, einiges lernen zu können.

Ich sah mich nach exemplarischen Fällen um, in denen kontrollierte Versponnenheit jemandem (also mir, wenn ich die Fälle in meine Welt übertrug) dazu helfen konnte, eine bessere Führungskraft zu sein. Meine Forschungshypothese war die, dass Spinnertheit grundsätzlich für bessere Führungsqualitäten sorgte, und ich erkannte schon bald, dass diese Wissenschaft (oder Kunst, bitte wählen Sie wieder frei) nicht ungefährlich

SPINNERSPRUCH:

„In jeder Geschichte eines wirklich großen Geschäftsmannes finden sich Hinweise darauf, dass richtig erfolgreiche Menschen zumindest ein bisschen verrückt sein mussten, um an ihr Ziel zu gelangen."

DER AUTOR

war. Bei so einem Experiment könnte einem das Versuchsmaterial leicht in der Hand explodieren. Aber ebenso gut konnte alles bestens laufen und sich hervorragend entwickeln. Genau genommen finden sich in jeder Ge-

---

[10] Ich habe diesen Satz gerade noch einmal gelesen. Er klingt wirklich obszön. Ich hoffe, Sie wissen, was ich gemeint habe.

[11] Oh Mann, lag ich daneben.

schichte eines wirklich großen Geschäftsmannes Hinweise darauf, dass richtig erfolgreiche Menschen wenigstens ein bisschen verrückt sein mussten, um an ihr Ziel zu gelangen. Und ihre Verrücktheit hatte Methode. Was ich außerdem herausfand, war, dass ich dieser Sache nicht beikommen könnte, wenn ich nicht vorher ergründete, worin die *eigentliche Rolle* der modernen Führungskraft bestand. Bei genauerem Hinsehen war diese Frage recht amüsant, wenn man bedachte, dass ich selbst offenbar seit Jahren eine moderne Führungskraft gewesen war, ohne es zu merken. Ich hatte eine der besten britischen Wirtschaftakademien besucht, aber augenscheinlich keine Antwort auf diese Frage parat. Also musste ich versuchen, sie allein zu finden.

WAS SOLLTEN FÜHRUNGSKRÄFTE TUN?

Während ich diese Zeile schreibe, macht General Electric sich gerade mit dem Gedanken vertraut, die Zukunft ohne Jack Welch meistern zu müssen. Das muss man sich ungefähr so vorstellen, als würde die E-Street-Band ohne Bruce Springsteen auftreten. In den Augen und Köpfen zahlreicher Wirtschaftskommentatoren war Jack Welch der Manager aller Manager. Die Unternehmenserträge haben während seiner Amtszeit sämtliche Erwartungen übertroffen und gemessen an herkömmlichen Kriterien für wirtschaftlichen Erfolg war er schlicht *der* Mann.

Während er nun die Verantwortung an den von ihm erkorenen Nachfolger abtritt („Versuch mal, *das* zu toppen, Alter"), können wir kurz innehalten und darüber nachdenken, dass wir möglicherweise nie wieder einen Manager dieses Formats zu Gesicht bekommen werden.

Jack Welch ist kein Spinner. Er ist ein Fiesling mit strahlendem Lächeln, gehört also einer gänzlich anderen Spezies an. Und der Grund, warum ich glaube, dass er der Letzte seiner Art gewesen sein könnte, ist der, dass seine Führungsrolle sich über sämtliche Bereiche von GE erstreckte. Und ich glaube, die großen Unternehmen der Zukunft werden einfach zu groß und zu komplex sein, als dass ein Einzelner das gesamte Orchester dirigieren kann. Michael Dell, seines Zeichens ein *echter* Spinner, hat diese Entwicklung bereits erkannt und führt Dell mit einem Drei-Personen-Team.

Sehen wir uns einmal an, welche Elemente ein modernes internationales Unternehmen ausmachen. Der Übersichtlichkeit halber habe ich mich auf zehn Kernelemente beschränkt. Und die wären:

- Die Quelle der Unternehmensfinanzen. Eigenkapital, Schulden oder irgendeine Mischform aus allem? An welcher Börse (welchen Börsen) will man notiert sein? Wie optimiert man den Aktienfluss? Soll man mehr Aktien ausgeben oder welche zurückkaufen? Welche Botschaften vermittelt man den Investoren und Branchenkennern?
- Spektrum der Produkte und Dienstleistungen. Wenn Sie in die glückliche Lage versetzt werden, die Sara Lee Corporation zu leiten, müssen Sie Entscheidungen treffen, die sowohl die Tiefkühlprodukte des Mutterunternehmens betreffen als auch Hanes-Unterwäsche, Wonderbras, Kiwi-Schuhputzmittel, Champion-Sportbekleidung, Ball-Park-Würstchen und Coach-Lederwaren. Bei General Electrics war das Spektrum enorm – angefangen von Forschungsausrüstung bis hin zu Finanzdienstleistungen. Bei Gilette erstreckt es sich von Rasierern bis hin zu Batterien. Die wenigsten Wirtschaftsriesen bleiben bei dem, womit sie einst angefangen haben, und jedes weitere Produkt erfordert neue Fertigkeiten und neue Kenntnisse.
- Ach ja, und jedes neue Produkt will natürlich gründlich erforscht und entwickelt sein. Handelt es sich um Hightech-Produkte, können die Vorlaufkosten schnell in die Milliarden gehen. Und da will man sich schließlich nicht hinterher sagen lassen müssen, man hätte die falsche Entscheidung getroffen, oder?
- Rohstoffquellen und Liefermöglichkeiten. Eigenproduktion oder Outsourcing? Hier oder im Ausland? Sollte man die Arbeiten selbst kontrollieren oder jemand anderes damit beauftragen? Was immer man entscheidet, tritt sofort eine Lawine von Währungsfragen, Personalfragen oder politischen Fragen los. Manchmal sogar alle auf einmal und noch mehr. Wie umschifft man eine Nike-Havarie?
- Vorschriften. Wo immer man sich niederlässt oder in irgendeiner Form tätig wird, gibt es regionale, staatliche oder lokale Regierungen, Behörden oder Verbraucherverbände oder *alles auf einmal*, deren einziger Existenzgrund darin zu bestehen scheint, Unternehmen wie das, welches man selbst gerade leitet, in ihrer Arbeit zu blockieren.
- Wie bringt man die Interessen der Aktionäre mit denen aller anderen Beteiligten unter einen Hut? Wann sind kurzfristige Lösungen, wann

langfristige gefragt? Darf man das Saatgut zum Verzehr freigeben, wenn die Zeiten schlecht sind?

- Auf wie vielen Märkten kann man tatsächlich mitspielen? Wo sollte man angreifen? Wann *muss* man sich verteidigen?
- Wie und wo sollte man seine Gewinne bekannt geben? Zum Henker mit GAAP – *welche Gewinne (oder Verluste)* macht man denn nun öffentlich? Und welche internationalen steuerlichen Auswirkungen kann diese Bekanntgabe haben?
- Wie vermarktet und verkauft man seine Produkte und/oder Dienstleistungen? There are 50 ways to leave your lover (Paul Simon). Es gibt an die fünfzig Millionen verschiedene Arten, seinen Zielmarkt zu erreichen (Barry Gibbons). Wie bringt man den traditionellen und virtuellen Handel ins Gleichgewicht?
- Wie entwickelt man einen effektiven und effizienten Spielplan für die Informationstechnologie und die Telekommunikation seines Unternehmens? Dieses Zeugs verschlingt *Unsummen*. Wie viel will man ausgeben? Und wonach bemisst sich der Gewinn, den diese Ausgaben gebracht haben?
- Wie lockt, hält und fördert man gute Leute? Diese acht Worte stehen für die größte Herausforderung, der sich Unternehmen zu stellen haben.
- Sollte man kaufen, sich kaufen lassen, fusionieren oder mit anderen Unternehmen ein Joint Venture eingehen? Müsste dabei eine Konsolidierung oder eine Diversifizierung herauskommen? Wäre ein solcher Schritt offensiv oder defensiv? Bewegt man sich damit stromabwärts oder stromaufwärts?

Ich habe zehn Elemente angekündigt und nun sind es zwölf geworden. Daran sieht man mal wieder, dass man niemandem trauen kann.

Natürlich lassen sich dieser Liste noch unbegrenzt weitere Punkte hinzufügen. Aber mir ging es vor allem darum aufzuzeigen, dass Unternehmen zu komplex werden, als dass sie von einer einzelnen Person geleitet werden können, sofern man den Anspruch hat, dass Führungskräfte zur Bereicherung all dieser Einzelelemente beitragen sollen. Der Kontrollfreak unter den Managern, der sich in alles und jedes einmischt und bei sämtlichen Entscheidungen das letzte Wort haben will, steuert geradewegs auf den Schrotthaufen der Geschichte zu.

Heißt das, es wird in Zukunft weniger Spinner geben? *Au contraire!* Ich denke, wir werden sogar noch mehr Spinner zu sehen bekommen als bisher. Die zunehmende Größe und Komplexität von Unternehmen wirkt sich auf die Rolle der Führungskräfte aus, und in Zukunft könnte das Klima genau richtig sein, um eine wahre Explosion der Verrücktheiten zu provozieren. Verrücktheiten werden immer weniger mit einer Kunst und immer mehr mit einer Wissenschaft zu tun haben. Wir werden Spinnertum als Pflichtkurs der MBA-Schulen erleben. Vielleicht steht in fünf Jahren schon *Spinnen für Dummies* in den Regalen der Buchhandlungen.[12]

Die Rolle der Führungskraft im Unternehmen wird sich in zwei gegensätzliche Elemente polarisieren. Natürlich werden Manager weiterhin Bilder von der Zukunft ihrer Unternehmen entwerfen. Die einen werden dabei von „Visionen" sprechen – die anderen, die sich von *Star Trek* inspirieren lassen, reden von „Missionen". Doch letztlich, und davon bin ich fest überzeugt, wird es ihnen beiden weniger darum gehen, *was* ihr Unternehmen tun sollte, um diese Bilder in die Realität umzusetzen, sondern *wie* es an diese Umsetzung herangeht.

Ich muss mich einen Augenblick setzen und mich irgendwo festhalten. Mir scheint, ich habe etwas richtig Großes am Haken.

SPINNERSPRUCH:

„Die Führungskraft bestimmt die Vision des Unternehmens und definiert den Charakter des Unternehmens."

DER AUTOR

Die Führungskraft bestimmt die Vision des Unternehmens und definiert den Charakter des Unternehmens.

---

[12] Sofern ich das Buch nicht schon früher fertig habe.

Er oder sie sorgt dann dafür, dass die richtigen Leute in den richtigen Positionen sitzen, um alles zu tun, was zur Verwirklichung der Ziele notwendig ist, und lässt sie in Ruhe. In manchen Unternehmen geschieht das bereits, doch in Zukunft wird es in mehr und mehr Firmen nach diesem Muster ablaufen.

Und jetzt kommt der wirklich komische Teil: Die Geschäftswelt funktionierte immer schon nach diesem Prinzip, wobei ein gradueller Unterschied darin bestand, dass Manager früher stärker in das „tägliche Management" ihrer Unternehmen involviert waren. Das hat auch viel mit der Entwicklung und dem Erfolg von Spinnertum zu tun. Was mir wirklich wie ein Stachel im Fleisch sitzt, ist die Tatsache, dass das Spinnertum gerade in der Ausübung von einer oder beiden Grundlagen von Unternehmensführung gedeiht.

Also sollten wir uns beide Seiten von ihnen ansehen.[13] Sobald wir uns ein genaueres Bild gemacht haben, können wir uns anhand dieses Schemas einige Beispiele ansehen. Und dann kommen wir vielleicht dahinter, ob und welche Methode hinter dem Wahnsinn steckt.

VISIONÄRE

Offen gesagt gefällt es mir nicht besonders, wenn Führungskräfte mit Philosophien und Missionen um sich werfen. Aber da spielt natürlich persönliche Voreingenommenheit mit hinein. Als ich 1989 die Führung der Burger King Corporation übernahm, markierte dies das Ende einer der letzten großen Übernahmeschlachten der Achtziger. Die Sieger bei diesen Gladiatorenkämpfen erfreuten sich verständlicherweise keiner sonderlich großen Beliebtheit bei den Führungskräften der Verliererunternehmen – wenngleich sie sich *sehr* großer Beliebtheit bei den Aktionären gewiss sein durften. Im Verlauf solcher Schlachten verteidigten sich das bestehende Managementteam und seine Berater mit allen Mitteln,

---

[13] Das mag verwirrend klingen, aber ich versichere, dass es in Irland etwas vollkommen Normales ist, sich „beide Seiten von irgendwas" anzusehen. Und wenn ich an die Verkaufszahlen denke, die mir auf der Grünen Insel winken könnten ... Außerdem hat mein Vater immer behauptet, zum Teil aus Limerick zu stammen. Da kann ich doch ruhig so schreiben, wie es sich für Fast-Iren gehört, oder?

derer sie habhaft werden konnten.[14] Eine immer wieder gern angewandte Taktik bestand darin, möglichst viel Kram vorzuwühlen, der für das nächste Managementteam richtig peinlich sein könnte.

Als sich die Rauchschwaden der Kanonen verflüchtigt hatten, steuerte ich also voller Stolz mein neues Firmenquartier an. Von der Tür meines Büros aus musste ich noch ungefähr 100 Meter bis zu meinem Schreibtisch gehen, dessen Fläche locker als Landefläche für einen Truppenhelikopter herhalten konnte. Hier angekommen fand ich, wie nicht anders zu erwarten, in sämtlichen Schubladen und Fächern gähnende Leere vor. Das geschlagene Management hatte bei seinem Rückzug verbrannten Erde[15] zurückgelassen. Das einzige Schriftstück, das ich vorfand, war die gerahmte „Pillsbury Firmenphilosophie"[16], die an der Wand hing. Irgendwie wirkte sie ziemlich einsam und verloren. Und dieser Text strotzte so sehr vor Quatsch und Humbug, dass mir spontan ein neues Wort einfiel, mit dem sich die Sprache dieser Firmenphilosophie treffend umschreiben ließ: *Quumbug.*

Abgesehen davon, dass die Infinitivkonstruktionen dieses Textes nachgerade Amok liefen, war die Ironie des Ganzen überwältigend. Mein erster stummer Gedanke war der, dass ich diesem Geschwurbel keinerlei Bedeutung beizumessen bräuchte – hätten es meine Vorgänger je getan, wäre ich nie in die Verlegenheit gekommen, es lesen zu müssen.

Mein zweiter stummer Gedanke folgte eine Nanosekunde später und widmete sich den verschiedenen Erscheinungsformen des Quumbugs. Vor und nach meiner Burger-King-Zeit bin ich vielen Manager aus allen möglichen Branchen begegnet, die allesamt einen enormen Aufwand betrieben, um diesen Quumbug zustande zu bringen. Sie rechtfertigten ihre Zeitverschwendung mit dem durchaus griffigen Argument, dass innerhalb Unternehmen generelle Einigkeit darüber herrschen sollte, wer man ist und was man erreichen will. Doch leider gestaltete sich die Ausführung dann meist so, dass ganze Tage (und häufig Hunderttausende von Dollars

---

[14] Das geht bisweilen so weit, dass nur dünn verschleierter Rufmord der übernehmenden Top-Manager betrieben wird. Der designierte CEO von Burger King (sprich: ich) wurde seinerzeit als „Kneipenwirt" bezeichnet. Das gefiel mir richtig gut.

[15] Bzw. den verbrannten importierten italienischen Luxusteppich. Oder war das das Sofa?

[16] 1989, als GrandMet die gesamte Gruppe kaufte, war Pillsbury die Muttergesellschaft der Burger King Corporation.

für Unternehmensberatungen) dafür draufgingen, diese schleimtriefenden Selbstbeweihräucherungen zusammenzuschmieden.

Derlei Beschäftigungen sind nicht unbedingt ein sinnvoller Zeitvertreib für Manager. Und sie entsprechen auch nicht dem, was Manager eigentlich gut können. So etwas können Literaturprofessoren und denen sollte man es auch überlassen.

Große Führungskräfte haben *Träume* und für diese Träume brauchen sie keine nebulösen Wortergüsse. Sie können sie mit *Buntstiften* aufmalen. Der Goldmedaillenaspirant unter den Managerträumen ist einer, den man mit wenigen Strichen skizzieren kann, den niemand zuvor je gehabt hat und der – in dem Moment, wo er skizziert und herumgezeigt wird – gemeinhin Kommentare hervorruft wie: *„Bei allem Respekt, Chef, ich möchte Ihnen wirklich nicht zu nahe treten, aber dieser Vorschlag ist vollkommen VERRÜCKT."*

Mein Traum galt Burger King. Mir war ziemlich früh klar, dass man Burger für Burger, Standort für Standort, Angebot für Angebot und Werbekampagne für Werbekampagne kaum eine *stringente* Wettbewerbsstrategie entwickeln könnte. Andererseits arbeiteten jeden Tag 250.000 Leute irgendwo in irgendeinem unserer Restaurants. Diese Branche war bekannt für ihren schlechten Service – die Angestellten wurden schlecht bezahlt, waren unmotiviert und hatten wenig Selbstachtung. Demzufolge war die Personalfluktuation enorm.

SPINNERSPRUCH:

„Wirkliche Spinner geben ihre Träume nicht auf, ganz gleich wie sehr sie angefeindet werden."

DER AUTOR

Und an dieser Stelle setzte mein Traum an. Mir schwebte ein Burger King vor, in dem es *jeden kratzt*, was passiert. Wenn es mir gelang, das durchzusetzen, könnte Burger King sich von allen anderen Fast-Food-

Ketten abheben. Natürlich meinte die Rechtsabteilung, ich müsste ein bisschen tiefer stapeln, insbesondere wenn ich diese Botschaft in der Fernsehwerbung bringen wollte. Insgesamt war man sich darüber einig, dass das Konzept (beziehungsweise ich) komplett verrückt war. Die Sanierung von Burger King sollte sich in erster Linie auf neue Produkte, besseres Marketing, mehr Standorte, höhere Verkaufszahlen, internationale Expansion und Rhabarber-Rhabarber stützen. Also hakte ich meinen Traum ab, machte alles, was die anderen wollten, und sorgte dafür, dass mein Konterfei auf dem Titelblatt des *Fortune*-Magazins erschien. Das ist wohl auch der Grund dafür, weshalb ich dieses Buch schreibe, aber nicht darin vorkomme. Wirkliche Spinner geben ihre Träume nicht auf, ganz gleich wie sehr sie angefeindet werden. Und wahrscheinlich ist das auch der Grund, weshalb Sie dieses Buch lesen.

Ich bin davon überzeugt, dass das Festhalten an Träumen die eigentliche Aufgabe einer Führungskraft ist. Bill Gates wurde von einem Traum getrieben, wobei seine Fähigkeit, absonderliche Codes in Computer eingeben zu können, eher sekundär war. Er sah einen PC auf jedem Schreibtisch in jedem Haushalt und jedem Unternehmen. Er sah es, bevor irgendjemand anders es tat, und dieser Traum brachte ihn dahin, ein Betriebssystem zu entwickeln[17], das sich für diesen Markt eignete. Heraus kam ein „Quick and Dirty Operating System"[18], besser bekannt als DOS.

Das besondere Talent, das die Träumer auszeichnet, hat schon mal jemand beschrieben: *„Die Gabe, Umrisse am Horizont zu erkennen, zwischen Himmel und Erde, die wir anderen überhaupt nicht wahrnehmen."* Ich kann mich nicht mehr erinnern, wann und wo ich das gelesen habe, also wird sich jetzt vermutlich irgendwo da draußen jemand aufmachen, seine Anwälte auf mich zu hetzen. Auf jeden Fall finde ich diese Beschreibung sehr treffend. Und sie beschreibt *den* fruchtbaren Nährboden für Spinner.

---

[17] Wenn ich „entwickeln" schreibe, meine ich eigentlich, dass er es geklaut hat. Ich erwähne Bill Gates nur der Veranschaulichung halber, habe aber bewusst darauf verzichtet, ihn in die Reihe meiner Beispiele aufzunehmen. Meine Spinner habe ich nämlich nach dem Kriterium ausgewählt, dass sie einzigartige Träume hatten, denen niemand anders auch nur nahe kam – sowohl zum fraglichen Zeitpunkt ihres Erfolges als auch über längere Zeit hinterher. In Bill Gates' Fall dürfte ein ganzer Haufen anderer Computerfreaks gleich hinter ihm in den Startlöchern gestanden haben. Außerdem finde ich ihn furchtbar langweilig und schließlich schreibe *ich* dieses Ding.

[18] Schnelles und schlechtes Betriebssystem, *Anm. d. Übers.*

Bezogen auf die Wirtschaft müssen diese Umrisse, die ausschließlich Spinner wahrnehmen, nicht zwingend etwas sein, was es zuvor nicht gegeben hat. Es geht nicht immer um bahnbrechende Erfindungen, sondern manchmal um grundlegende Veränderungen oder Neufassungen dessen, was bereits da ist. Anstatt beispielsweise einen Kuchen zu backen, kann man einige Zutaten verändern und eine Pastete machen. Der springende Punkt ist, den Status quo aufzuheben. Um es anschaulicher zu machen, möchte ich ein Beispiel aus einer Welt anführen, die nur mittelbar mit der Wirtschaft zusammenhängt: Mitte der Sechziger stand Bob Dylan ganz und gar unter dem Einfluss von Woody Guthrie. Er hatte sich dem *Genre* seines alternden Mentors verschrieben – dem poetischen Ausdruck des Herumtreiberlebens und des antibürgerlichen Arbeiterpopulismus. Man staunte, wie dieser *junge* Musiker es geschafft hatte, mit so gut wie gar keiner Qualifizierung so reibungslos in die Fußstapfen seines Meisters zu treten. Die Folk-Gemeinde himmelte ihn an. Doch dann warf er beim Newport Folk Festival 1965, aus Gründen, die allein ihm selbst bekannt sind, alles über den Haufen. Er erschien mit elektrischer Gitarre und einer Rockband als Verstärkung auf der Bühne. Die Puristen unter seinen Fans waren entrüstet.

SPINNERSPRUCH:

„Die Welt der großen Marken ist ein idealer Tummelplatz für Spinner und Leute mit spinnerten Ideen."

DER AUTOR

Wie die Geschichte zeigt, hat er nicht wirklich alles über den Haufen geworfen, sondern vielmehr ein vollkommen neues Genre kreiert, das fortan Folk-Rock hieß. Unter wirtschaftlichen Gesichtspunkten, nun ja, verlor er einige Kunden. Im Gegenzug hat er nicht nur sich selbst neu erfunden und seine *Zielgruppe* vergrößert; er hat auch einen neuen Markt geschaffen. Sein Erfolg basierte darauf, dass er etwas sah, was in den Augen anderer verrückt war. Er war ein echter Spinner, keine Frage, doch sein Wahnsinn hatte Methode. Und er verhalf ihm zu einer Karriere, die seit vierzig Jahren andauert und ihn zu einer Ikone machte – all das auf einem Markt, der als einer der härtesten der Welt gilt.

Wir werden uns einige Geschäftsleute ansehen, die ebensolche Spinner waren wie Dylan. Wenn sie ihre Augen schließen, nehmen sie schemenhafte Umrisse wahr, die unsereins weder sehen kann noch will. Ich nenne sie der Einfachheit halber *Visionäre*.

Doch ehe wir uns ihnen zuwenden, wollen wir uns mit einer zweiten Kategorie von Spinnern beschäftigen.

QUERDENKER

Ebenso wie unter den *Visionären* finden sich auch in meiner zweiten Kategorie – unter den *Querdenkern* – einige richtig gute Spinner.

In der gegenwärtigen Wirtschaftswelt wird es zusehends schwieriger, zwischen Unternehmen und Marken zu unterscheiden. Früher war eine Marke gleichbedeutend mit einem Produkt – beispielsweise Waschpulver –, das bestimmte Merkmale aufwies und zu einem bestimmten Preis verkauft wurde. Dieses Produkt kam aus Fabriken oder Fertigungsanlagen, die repräsentativ für den Firmenwert waren. Heute gestaltet sich die Markenwissenschaft ungleich komplexer, weil in zahlreichen Unternehmen der „Wert" der Marke sämtliche sonstigen bilanzierbaren Werte[19] übersteigt. In manchen Fällen besitzen die Unternehmen nicht einmal mehr eigene Fabriken – wie zum Beispiel Nike, das unter gewaltigem (größtenteils negativem) Presserummel die gesamte Produktion an anonyme Spezialfabriken[20] in der Dritten Welt vergab.

Um die Sache noch weiter zu verkomplizieren, sind Marken längst

---

[19] Hierunter versteht der Autor alles, was sich mit Füßen treten lässt. Diese Definition ist zwar noch nicht von den GAAP-Behörden übernommen worden, aber die Chancen dafür stehen in der nächsten Zeit nicht schlecht.

[20] „Spezial" steht in diesen Fällen meist für: „*In der Lage, noch schlechtere Arbeitsbedingungen zu schaffen, als sie in Lancashire, England, zu Beginn der industriellen Revolution herrschten.*"

nicht mehr immer mit Produkten identisch. Einige bleiben es zwar – Coca-Cola wird weiterhin eine der weltgrößten Marken bleiben und ist schließlich ein Produkt (irgendwie jedenfalls); aber vielfach stehen Marken heute für Dienstleistungen – angeführt von American Express, America Online und Vodaphone. Diese Tatsache verursacht den Steuerprüfern und Buchhaltern Magenbeschwerden, weil man am Geschäftsjahresende nichts hat, was man zählen und dessen Wert man messen kann.

Wie passt das zu unseren Spinnern? Die Kunst der Markenkonzeption wird zur *Essenz des Managens überhaupt*. Und zufällig ist sie auch ein Tummelplatz für Spinner und Leute mit spinnerten Ideen. Denn die eigentliche Kunst besteht darin, sich von allen anderen zu *unterscheiden*. Dabei geht es nicht um bessere oder schlechtere Spezifikationen, höhere oder niedrigere Preise, mehr oder weniger Qualität – es geht darum, sich im Gedächtnis der Kunden als irgendwie besonders zu verankern. Wenn wir diesen Gedanken weiterdenken, kommen wir unweigerlich zur Grundlage der Veränderungen im Management der letzten paar Jahre. Denn *wahre Unterscheidungen sind sehr schwer zu finden*.

Beinahe alle modernen Märkte sind hart umkämpft und übersättigt, und die, die es nicht sind, sollten und werden es sein. Wie ich bereits früher erwähnte, sind Verbraucher schätzungsweise zwischen 3.000 und 30.000 „Markenbotschaften" täglich ausgesetzt. Beide Zahlen scheinen mir plausibel, die erste gilt wahrscheinlich für die Verbraucher, die ans Haus gefesselt sind, während die zweite all diejenigen betrifft, die viel reisen, zahlreiche Printmedien lesen, ein bisschen Fernsehen schauen und im Internet surfen. Ich gehöre zur zweiten Gruppe. Wie gesagt, mir scheinen diese Zahlen *plausibel*, aber ich finde sie dennoch erschreckend. Was sie wirklich bedeuten, hat Naomi Klein einmal wunderbar auf den Punkt gebracht: Unser Leben ist *voll mit Zeugs*.[21]

Und deshalb wird es zusehends schwieriger, sich dauerhaft von den anderen zu unterscheiden. Es über den Preis zu versuchen, funktioniert meist nur kurzfristig, da die wenigsten Unternehmen mit Dumpingpreisen zu Reichtum und Wohlstand kommen. Besondere Produktmerkmale – selbst wenn sie patentgeschützt sind – halten heutzutage auch nicht allzu lange vor. Wirkliche Unterscheidung ist keine Frage mehr des *Was*, sondern eine des *Wie*. Der Kneipenwirt, der vom Kauf und Verkauf von

---

[21] *No Logo*, Naomi Klein, Flamingo, HarperCollins, 2000.

Bier lebt, kann schwerlich an den Biersorten oder -preisen drehen. Also stellt er Oben-ohne-Barmädchen ein. Na ja, diese Idee ist allerdings weder neu noch sonderlich originell.

Sir Richard Branson[22], der Herr über die einzige neue globale Marke, die Großbritannien in den letzten fünfzig Jahren hervorgebracht hat (zumindest laut Eigenwerbung), hat einige erhellende Erklärungen dazu abgegeben, worum es momentan in der Weltwirtschaft geht. Für ihn unterscheidet sich Virgin nicht durch den Flugpreis oder die Produktmerkmale der an Bord servierten Cola von anderen, sondern dadurch, dass sie bei jeder Gelegenheit betonen, wofür Virgin (die Übergängen zwischen Marke und Unternehmen gehen dabei fließend ineinander über) stehen soll – *hervorragendes Preis-/Leistungsverhältnis, Spaß und Innovation.* Ihre Botschaft lautet, wenn sie ihren Namen/ihr Unternehmen dahin bringen, dass er in den Köpfen der Leute fest mit diesen Begriffen assoziiert wird, werden all diejenigen, denen diese drei Werte etwas bedeuten, ihr Produkt testen wollen. Und damit sind sie am Haken.

Der Kampf ums Anderssein geht weg vom Produkt und hin zum Stil. Greifbare Qualitäten wie Preis oder Produktspezifikation werden bewusst aufgeweicht durch verschwommenere wie Unternehmensimage und Persönlichkeiten. Das Ziel ist, dass der Kunde sich wohl fühlen soll, wenn er an eine bestimmte Marke denkt. Das kann sich auf wenige *Menschen* beschränken, die für ein Unternehmen arbeiten und mit denen der Kunde regelmäßig verhandelt. Und es kann sich natürlich auch auf die Topmanager beziehen, die man häufiger in den Medien sieht. Der Kunde soll *das Gefühl haben*, diese Topmanager ebenso gut zu kennen wie die Verkäufer, mit denen er zu tun hat.

Selbstverständlich soll diese These nicht suggerieren, dass man auch mit schlechten Preisen und/oder schlechten Produkten im Markt überleben kann. Voraussetzung ist immer, dass die Unternehmen, die sich in dieser durchgeknallten Welt behaupten, wettbewerbsfähige Produkte und Preise anbieten. Aber was den eigentlichen Spaß an der Sache ausmacht, ist die Tatsache, dass es mehr als das braucht, um länger als kurzfristig Erfolg zu haben. Man muss irgendwie vermitteln, wofür das

---

[22] Ich finde den Mann faszinierend und habe großen Respekt vor seinen Errungenschaften und seinem unbestrittenen Einfallsreichtum. Manchmal allerdings, wenn mir sein bärtiges Antlitz (mal wieder) von irgendeiner Titelseite entgegenleuchtet, wird mir speiübel – aber eben nur manchmal.

Unternehmen steht. Man muss den Verbrauchern sagen, *so* machen wir das, was wir machen. Und zu diesem Zweck kann es enorm hilfreich sein, wenn man einen Manager hat, der ein profilierter *Querdenker* ist.

Zweifellos ist das ein Freibrief für Spinner. Obwohl ich glaube, dass in Zukunft eigenwillige Ideen immer bedeutender sein werden, ist dieses Phänomen keineswegs neu. Auch in der Vergangenheit haben Spinner ihre Träume durchgesetzt und damit Geschäfte gemacht.

Visionäre und Querdenker. Diese Leute sind alles andere als nur schräg oder exzentrisch. Wenn wir ein paar Spinner auftreiben, die unseren Idealen entsprechen, werden wir ziemlich schnell bemerken, dass sie von Anfang an genau wussten, was sie taten.

Das kann interessant werden und, hoffentlich, recht unterhaltsam. Außerdem möchte ich mir genauer ansehen, welche schrägen Mittel zu welchem Zweck eingesetzt werden, um die Methode zu entdecken, die dahinter steckt. Auf diese Weise lässt sich vielleicht der eine oder andere hilfreiche Trick ausmachen. Sind überhaupt irgendwelche dieser Fertigkeiten und/oder Eigenheiten übertragbar? Könnten Abarten von ihnen – nötigenfalls in abgemilderter oder versteckter Form – uns nützlich sein, um den Herausforderungen der Wirtschaft zu begegnen?

Die Arbeit in Unternehmen ist heute zumeist eine graue Tätigkeit, die in grauen Gebäuden vor sich hin rotiert. Graue Manager regieren über graue Untergebene. Immer weniger Leute arbeiten immer mehr mit immer weniger Freizeit. Einige wenige Gewinner schaffen sich einen Wohlstand, den sich niemand zu erträumen wagte, während alle anderen auf Pump leben. Der Preis, den man zahlt, wenn man einen Fehler macht, ist derselbe wie der fürs Versagen – die Grenze zwischen beidem ist fließend. Jeder ist paranoid. Humor ist ungefähr so beliebt wie Rauchen, und Risikobereitschaft wird jedem operativ entfernt, der ins mittlere Management aufsteigt – immerhin auf Kosten des Unternehmens.

Frei nach den Worten eines fast vergessenen Schlagers – *Kann das schon alles gewesen sein?* Ich meine, *muss es denn wirklich so sein?* Oh Gott, ich hoffe nicht. Ich werde mich bemühen, die Welt des Big Business von ihrem Grauschleier zu befreien und ein paar Sachen zu finden, die wir den Leuten in diesem Buch abgucken (und abluchsen) können. Und falls doch nichts dabei herauskommt, können wir wenigstens noch unsere Spielsachen aus dem Kinderwagen kippen, ehe wir gemeinsam untergehen.

LUCIANO BENETTON

Warum sollen wir nicht mit dem Mann anfangen, der all das bei mir ausgelöst hat? Wir werden uns ansehen, wie sehr er Visionär und wie sehr er Querdenker ist und wie weit er es in der Sprunggrube schafft. Er soll uns als Maßstab dienen, an dem wir die anderen messen können.

Als Erstes müssen wir uns mit dem Gedanken vertraut machen, dass er weit verrücktere Dinge getan hat, als eine Werbetafel mit Halbnackten direkt vor einem stinkkonservativem Fisch-Lokal[1] in Miami aufzustellen. Und das über einen weit längeren Zeitraum, als dieses Plakat dort hing. Wenn wir uns Spinner als Leute vorstellen, die „Umrisse" am Horizont erkennen, die der Rest von uns nicht sehen kann, dann gilt für Luciano Benetton, dass er fünf solcher Umrisse sah, und zwar über einen Zeitraum von fünf Jahrzehnten verteilt.

Im nächsten Kapitel (über James Dyson) wird der aufmerksame Leser bemerken, dass ich nicht weiß, was Solipsismus ist. Da ich davon ausgehe, dass meine Leser in dieser Beziehung ähnlich veranlagt sind wie ich, werde ich Sie nicht mit irgendwelchem Zeug über mich langweilen. Nichtsdestotrotz muss ich einen kurzen Sprung in die Vergangenheit machen, um den szenischen Zusammenhang herzustellen. Dieser Sprung geht sogar so weit zurück, dass meine Erinnerung noch in Schwarz-Weiß ist, dafür aber nicht weniger klar und eindrucksvoll.

Unmittelbar nach dem Zweiten Weltkrieg war Europa ein zerstörter, kalter und dunkler Ort. Zumindest habe ich es so im Gedächtnis. Zu Beginn der Fünfzigerjahre hatte mein Vater eine Dekade hinter sich gebracht, die selbst einen Heiligen bis an den Rand seiner Heiligkeit gebracht hätte. Er hatte kurz vor Kriegsbeginn geheiratet und war wenige Tage später mit der britischen Armee in der Fernen Osten verschifft worden. Meine Mutter sah ihn erst 1945 wieder, nachdem er die großzügige

---

[1] Ähm ... die Leute in dem Restaurant sind stinkkonservativ, nicht der Fisch.

Gastfreundschaft japanischer Gefangenenlager überlebt hatte. Ich glaube, er wog zu diesem Zeitpunkt unter neunzig Pfund. Ich wurde im ersten Friedensjahr geboren. Den nächsten herben Schicksalsschlag musste mein Vater verkraften, als meine Mutter drei Jahre später starb. Er hatte einen Job, mit dem er uns über Wasser hielt, und wir zwei rauften uns so gut es ging zusammen. Mein Vater kompensierte unseren Verlust, indem er mich hoffnungslos verwöhnte. Deshalb erinnere ich mich besonders gut an Barrys (oder Barries – so berauschend ist mein Gedächtnis dann auch wieder nicht), Manchesters bestes Bekleidungsgeschäft. Hier kaufte er *alle* meine Sachen.

Aus heutiger Sicht ist es schwierig, sich europäische Bekleidungsgeschäfte der Nachkriegszeit vorzustellen. Selbst wenn man dort war und sie gesehen hat, kommen sie einem mittlerweile vor, als wären sie auf einem anderen Planeten gewesen, in einem vollkommen anderen Raum-Zeit-Kontinuum. Wir sind an Kaufhäuser gewöhnt, die ihr Angebot in leuchtenden Farben auf großzügig angelegten Galerien präsentieren. Im Vergleich dazu wirken die Geschäfte von damals für alle, die sich daran erinnern oder mit halb geschlossenen Augen meinen öden Ausführungen lauschen, als wären sie einem Dickens-Roman entlehnt.

Sie bestanden meist aus einem wuchtigen dunklen Holztresen, der genau festlegte, welcher Platz dem Kunden und welcher dem Verkäufer gehörten. Ausgestellte Kleidungsstücke sah man selten bis gar nicht. Hemden, Strickwaren und Socken (etc.) wurden in Schubladen hinter dem Tresen aufbewahrt. Wenn man nach einem bestimmten Stück fragte, kam normalerweise die Frage: „Und welchen Grauton wünschen Sie, Sir? Mittelgrau, dunkelgrau oder (Naserümpfen) hellgrau?" Irgendwo im Hintergrund hingen verschiedene Tweed-Jacketts und lange Wintermäntel (unter denen sich gelegentlich ein radikales Marineblau zwischen vielen Grauschattierungen fand). Anzüge wurden auf Bestellung gefertigt, wobei man die Auswahl zwischen vier verschiedenen Stoffen hatte (grau oder blau mit Nadelstreifen, grau oder blau ohne Nadelstreifen).

Ich war zwar nie in Italien, doch weiß ich aus verlässlicher Quelle, dass es dort ähnlich, wenn nicht noch trüber aussah. Der Einzelhandel mit Bekleidungsartikeln war sogar noch eingeschränkter, da Stellung und Sozialstatus genau vorgaben, wie sich wer anzuziehen hatte. Und um den Spaß an der Sache noch zu steigern, lag die Wirtschaft komplett am Boden. Der größte Teil der Bevölkerung lebte von der Hand in den Mund.

Dies war die Zeit, in der Luciano Benetton Teenager war. Durch den Tod seines Vaters bei Kriegsende war er gezwungen, schneller erwachsen zu werden als andere Teenager, da er der Brötchenverdiener für seine Schwester Giuliana und seine beiden jüngeren Brüder Carlo und Gilberto sein musste. Er machte eine Lehre in einem düsteren Bekleidungsgeschäft. Ihm entging allerdings nicht, dass seine Schwester, die für die Kleidung der Familie zuständig war, Strickpullover fertigte, die ziemlich cool aussahen.

Als sein erster Traum schemenhafte Umrisse annahm, wurde er noch von einem Trend bestärkt. Italienische Strickwaren hatten Tradition, und um 1952 machten sich die besten italienischen Modeschöpfer – Aponte, Arditi, Galliani und Mariangelo – auf, den Pariser Modemarkt zu erobern. Auch im finsteren Nachkriegsitalien gab es also ein latentes modisches Flair, das nur darauf wartete, freigesetzt zu wurden. (Davon schäumte das Nachkriegs-Manchester nicht gerade über.) Dann kamen der Marshall-Plan und die UN-Wiederaufbauorganisation und begannen, die italienische Wirtschaft zu reanimieren.

Benettons Traumbild nahm erst 1956 konkrete Formen an, als der zwanzigjährige Lehrling im Herrenoberbekleidungshandel durch und durch frustriert war. Er meinte, Kleider müssten ganz anders verkauft werden. Der wuchtige Tresen, der die Territorien markierte, war ihm ein Dorn im Auge. Er stellte sich vor, dass mehr und mehr junge Leute ohne ihre Eltern einkaufen würden. Und diese jungen Leute würden lässige, ungezwungene und bunte Kleidung tragen wollen, die sichtbar ausgestellt und moderat im Preis sein müsste. Aus heutiger Sicht klingt das nach reichlich Blabla, aber in den Fünfzigern waren diese Ideen exotisch und absolut undenkbar.

Den letzten Absatz habe ich in meinem Höchsttempo getippt.[2] Ich hatte irgendwie gehofft, meine Schreibgeschwindigkeit könnte auf Ihr Lesetempo abfärben und Sie würden schneller damit durch sein. Wenn dem so sein sollte, werden Sie allerdings kaum den Inhalt und dessen Implikationen verdauen können. Also werden wir ein Stückchen zurückgehen und das Ganze nochmal langsamer wiederholen. Denn dieser Absatz (beginnend mit „Benettons Traumbild" und endend mit „absolut un-

---

[2] Nein. Nicht wirklich schnell.

denkbar") ist enorm wichtig – nicht nur für Luciano, sondern für das Spinnertum schlechthin.

Wir haben hier also einen ganz normalen jungen Mann, der in einer Branche arbeitet, die er sich nicht selbst ausgesucht hat. Das eigentliche Geschäft der Familie war der Fahrradverleih gewesen, doch durch den Tod des Vaters, die Wirren der Kriegs- und Nachkriegszeit und die Dringlichkeit, ein festes Einkommen zu verdienen, hatte es ihn in diesen Job verschlagen. Und dann hat ausgerechnet dieser junge Mann eine Vision, die das traditionelle Bekleidungsgeschäft auf den Kopf stellt. Warum er? Warum gerade zu dieser Zeit? Warum in Italien? Wie kam er darauf? Falls Sie ein Typ wie ich und zu jener Zeit an jenem Ort gewesen wären, hätten Sie diese Vision niemals gehabt, selbst wenn es die einzige Möglichkeit wäre, einem Rudel wilder Hunde zu entkommen, die es auf Ihren Allerwertesten abgesehen haben.

Ausschlaggebend ist, dass *mehrere Dinge zusammenkommen*. Ich vergleiche das gern mit einem Puzzle und Sie werden sehen, dass ich diese Metapher noch öfter bemühen werde. Glück oder die richtige Entscheidung, Umstände oder Eingebung (oder alles auf einmal), viele Teile treffen aufeinander. Und nur eine einzige Person zu einer bestimmten Zeit hat sie alle und kann sie zu einem Bild zusammensetzen. Das ist etwas Einzigartiges.

Benetton arbeitete in einem Umfeld, in dem sich zahlreiche Dinge überlebt hatten. Irgendjemand musste Veränderungen einläuten. In der Nachkriegszeit galt das übrigens für die meisten Branchen. Und der Umstand, dass er ein heller Bursche war und sich den Rücken krumm langweilte, trug dazu bei, dass er viele Möglichkeiten weiter durchdachte als andere. Zunächst spielte er sie in Gedanken durch und dann setzte er sie um. Die Wirtschaft erholte sich allmählich und versorgte die Verbraucher mit den nötigen Geldmitteln, der lähmenden Armut und Rationierung zu entfliehen. Die allgemeine Stimmungslage spiegelte ein tiefes Bedürfnis, der Tristesse endgültig den Rücken zu kehren. Und Luciano hatte zu Hause einen Trumpf, den er ausspielen konnte – eine Schwester, die bereits farbenfrohe Strickwaren fertigte.

Obwohl ihm ein offeneres Vermarktungskonzept von Anfang an vorschwebte, begann er zunächst mit der Warenrevolution, ehe er die Ladenrevolution einleitete.

Zu jener Zeit strickte Giuliana auf ihrer alten Strickmaschine einen gelben Pullover für einen Freund von Luciano. Die traditionellen Farben für Strickwaren waren grau[3], blau und burgunderrot. Dieser gelbe Pullover war eine Art Auslöser, der den Träumer dazu animierte, seine Vision Wirklichkeit zu machen. Die ganze Familie brachte gewaltige Opfer, um das Geld für eine Industrie-Strickmaschine zusammenzukratzen. Der Plan war der, dass Giuliana strickte und Luciano verkaufte. Und wie er verkaufte. Einen ersten Höhepunkt erreichten sie, als das Geschäft, in dem Luciano arbeitete, mehrere hundert Pullover in Auftrag gab. Mit dieser Bestellung wurde aus einem Amateurbetrieb ein produzierendes Familienunternehmen. Schon bald arbeiteten alle vier Geschwister mit und acht Jahre nach dem ersten gelben Pullover verkauften sie bereits 20.000 Pullover jährlich.

Ungefähr Mitte der Sechziger war die Zeit reif, das nächste Puzzlestück einzufügen. Einer der Benettonkunden schlug vor, einen Laden zu eröffnen, in dem *ausschließlich* ihre Produkte angeboten würden. Luciano zeigte zu diesem Zeitpunkt bereits erste Anzeichen einer neuen spinnerten Vision: Er träumte davon, einen „indirekten" Einzelhandel aufzubauen, bei dem er die Art und Weise kontrollierte, wie seine Bekleidung verkauft wurde, ansonsten aber Lieferant blieb. Er entwickelte diese Idee weiter, bis daraus das erste Verkaufskonzept geboren war.

Im ersten Laden gab es immer noch einen Tresen (er war im Pachtvertrag vorgesehen – die Welt war eben noch nicht reif dafür, dieses Monstrum endgültig zu entsorgen), aber der war immerhin in leuchtenden Farben gestrichen. Außerdem gab es jede Menge offene Pinienholzregale an den Wänden, die der enthusiastische Lieferant mit roten, blauen, gelben, orangefarbenen und grünen Pullovern bestückte. Zielgruppe waren vor allem junge Leute, insbesondere junge Frauen. Außerdem wählte man eine hübsche junge Verkäuferin, was seinerzeit geradezu revolutionär anmutete. Der Standort Belluno in den Bergen Norditaliens war alles andere als viel versprechend, und dennoch wurde es ein Riesenerfolg. Schon bald folgte das zweite Geschäft, diesmal ohne Tresen. Nach wie vor beschränkte sich Luciano auf die kreative Kontrolle und trat den kaufmännischen Teil an den Betreiber ab. Auch dieses zweite Geschäft war ausgesprochen erfolgreich. Kurz darauf begann man, diese Exklusiv-

---

[3] Manchester war also ganz klar auf der Höhe der Zeit.

geschäfte nach der Marke Benetton zu benennen, und bis zum Jahre 2000 gab es 9.000 davon.

Wir haben es hier also gleich mit zwei ausgemachten Spinnerträumen zu tun, und das noch bevor wir uns dem rassenübergreifenden Stillfoto auch nur nähern. Eine vollkommen neue Produktlinie zu entwerfen und eine bislang nie da gewesene Einzelhandelsmethode zu entwickeln, dürfte den meisten Menschen genügend aufregenden Stoff liefern, um gleich mehrere Leben auszufüllen. Aber nebenher eine gänzlich neue Unternehmensarchitektur zu präsentieren, grenzt an Tollkühnheit.

Dabei war das Franchisingkonzept nicht das, was Benetton zu seinem Durchbruch verhalf. Schließlich entdeckten während der Sechziger viele Einzelhandelsketten hierin eine Möglichkeit, ihre Markenprodukte möglichst schnell und möglichst breit zu streuen – allen voran die amerikanischen Fast-Food-Riesen. Trotzdem bestanden gewaltige Unterschiede zwischen ihrem Franchisestil und dem Benettons. Die Benettons machten keine Verträge mit ihren Franchisenehmern. Sie waren die exklusiven Warenlieferanten ohne Rücknahmegarantien. Und die Lizenznehmer zahlten keinerlei Abgaben – weder für die Benutzung des Markennamens noch als „Beitrag" zu den Marketingausgaben. Normalerweise ließen sich die Lizenzgeber allein dafür 6–10 Prozent vom Jahresumsatz auszahlen – wie beispielsweise mein früherer Arbeitgeber Burger King, und in „modernen" Franchiseverträgen werden sogar noch höhere Summen gefordert. Außerdem legte man bei Benetton großen Wert darauf, welche „Sorte" Geschäftsmann ihre Produkte vertreiben wollte. Man nahm nicht einfach den Erstbesten, der das nötige Kleingeld mitbrachte.

Man ging die Sache von Anfang an – und geht sie bis heute – auf einzigartige Weise an. Gegen Ende des letzten Jahrtausend taten sich zwar hier und da Probleme mit dem prozessbesessenen amerikanischen Markt auf, aber dafür hatte Lucianos Konzept zwei wesentliche Vorteile. Der erste war die durchgängige Kontrolle über die gesamte Vermarktung, obwohl er letztlich „nur" als Lieferant fungierte; und der zweite war, dass er kein Kapital durch den Rechtsanspruch auf die Waren in den Geschäften band. Daher blieb ihm der finanzielle Spielraum für Investitionen in immer bessere Produktionsanlagen, für die Systemkontrolle, die Kommunikation und die Werbung.

Aus den ersten drei dieser Aspekte formte sich ein weiterer Spinnerumriss. Benetton verknüpfte modernste Informationstechnologie mit einem bahnbrechenden automatisierten Distributionssystem in Italien. Damit konnte das Unternehmen der Tatsache begegnen, dass es eben keine Fast-Food-Kette war und dass Modetrends über Nacht kamen und gingen. Man konnte auf Veränderungen schneller und effizienter reagieren als die Konkurrenz – und zwar Laden für Laden.

Außerdem sah diese Unternehmenskonstruktion vor, dass Benetton allein für die Markenwerbung zuständig war und sämtliche damit verbundenen Kosten trug. Somit hatten sie *de facto* die kreative Kontrolle über alles, verfügten aber andererseits nur über begrenzte Mittel, da sie ja nunmal keine Lizenzgebühren forderten. Dieser Umstand brachte gewisse Einschränkungen mit sich, als sie sich aufmachten, den riesigen Markt der Vereinigten Staaten zu gewinnen. Sie brauchten ein billiges, aber hochwirksames Marketing. Und dies ist der Punkt, an dem wir ins Spiel kommen.

Luciano Benetton lernte Oliviero Toscani 1982 kennen, verpflichtete ihn aber erst achtzehn Monate später für sein Unternehmen. Toscani war der Sohn eines berühmten italienischen Fotografen und zählte längst zu den Berühmtheiten seiner Branche. Er unterhielt Studios in New York und Paris. Zu Hause war er auf einem Bauernhof in der Toskana. Er hatte bereits für *Elle*, *Vogue* und *Harpers* gearbeitet und seine Arbeiten galten vielerorts als kontrovers. Vor diesem Hintergrund nimmt es kaum Wunder, dass sich in Benetton und Toscani zwei verwandte Seelen trafen. Sie wurden Freunde, ehe sie begannen, gemeinsam zu arbeiten – eine Arbeit, die Benetton zu einer der fünf weltweit bekanntesten Marken machen sollte. Toscani war Lucianos Alter Ego. Was weniger offensichtlich ist und im Feuer der Begeisterung allzu leicht übersehen wird, ist die Tatsache, dass es die langweiligen alten Wirtschaftlichkeitsrechnungen waren, die das alles auslösten. Toscani war das Vehikel, das durch Lucianos Hände gesteuert wurde. Sie bewegten sich auf einem kühlen, wohl kalkulierten Weg, dessen Ziel die optimale Werbewirksamkeit mit den geringsten Mitteln war. Benetton verfügte schlicht nicht über die Dollarsummen, die während der Achtziger normalerweise ausgegeben wurden, wenn man es auf ein so großes Ziel wie den US-Markt abgesehen hatte.

Die erste Arbeit Toscanis gab nur ein paar versteckte Hinweise darauf, was noch kommen sollte. 1984 startete eine Werbekampagne mit dem Titel „All the Colours of the World". Auf den Plakaten waren lachende Kinder aller möglichen ethnischen Gruppen zu sehen, die durch die „United

Colours of Benetton" vereint waren. Toscani nahm sich richtige Kinder und keine Kindermodels – auch hier wieder ein Vorgeschmack auf das Kommende. Die Wirkung setzte prompt ein. Mit Ausnahme von Südafrika und einem Steinzeit-Journalisten aus Manchester herrschte weltweite Anerkennung für diese Botschaft der Harmonie.

Am liebsten würde ich jetzt damit weitermachen, die weiteren Arbeiten Toscanis für Benetton aufzulisten und ein paar Illustrationen als Beispiele einzustreuen. Das wäre weit mehr als ein reiner Seitenfüller. Und falls Sie kein steinernes Herz haben, könnte es Ihren Tag verschönern und Ihre tägliche Mühsal erleichtern – insbesondere wenn ich mich auf die „goldene Periode" seines Schaffens während der späten Achtziger beschränke. Aber hier geht es um Luciano Benetton und nicht um Oliviero Toscani und deshalb müssen wir an dieser Stelle vor allem zwei Dinge klarstellen.

Wir sollten uns noch einmal vor Augen führen, dass die Werbeideen einem knallhart kalkulierten Geschäftsinteresse entsprangen. Benetton wusste, dass Toscani nichts mit Modewerbung zu tun hatte und nie zu tun haben würde. Das Äußerste, was man von ihm erwarten durfte, war, dass er Benetton als Plattform benutzen würde, von der aus er die Welt zu einem neuen Denken und Handeln bewegen wollte. Benetton war klug genug, um zu erkennen, was das für seine Marke bedeuten könnte. Und er besaß den nötigen Mut – oder die nötige Verrücktheit –, sich nicht mit halben Sachen abzugeben. Daher musste er Toscani freie Hand lassen. Jahre später erinnerte Luciano in einem BBC-Interview[4] an die Arbeitsanweisung, die er seinem Fotografen gab: „Lass dich von niemandem aufhalten, *auch nicht von mir.*"

Die Kampagnen wurden immer kontroverser und vor allem die amerikanischen Lizenznehmer, die während der Neunziger mit zunehmender Konkurrenz und einer eintretenden Markenmüdigkeit zu kämpfen hatten, sahen in Toscani eher ein Problem Benettons als dessen Lösung. In den frühen Neunzigern löste das Foto eines (gerade) verstorbenen Aidskranken eine internationale Protestwelle aus, die sich gegen die Geschäfte richtete. Zum Ende der Dekade, als sich die Zahl der Geschäfte in den USA von 600 auf 200 reduziert hatte, erreichte die provokative Toscani-Werbung ihren bisherigen Höhepunkt.

---

[4] *Blood On The Carpet*, ausgestrahlt am 8. Januar 2001.

Wie viele andere Europäer auch war Toscani ein erklärter Gegner der in den USA praktizierten Todesstrafe. Er startete eine Plakatkampagne für zehn Millionen Dollar, bei der er ausschließlich die Gesichter von Häftlingen aus den Todestrakten der Gefängnisse ablichtete. Der Anblick des Mannes, der ihr Kind auf dem Gewissen hatte und mit dessen Konterfei nun (anscheinend) für den Verkauf von Pullovern geworben wurde, brachte ein amerikanisches Ehepaar so sehr in Rage, dass es vehement dagegen zu protestieren begannen. Damit trat es eine Lawine los, wie das in Amerika eben möglich ist. Sears machte einen Vertrag rückgängig, der Be-

SPINNERSPRUCH:

„Lass dich von niemandem aufhalten, auch nicht von mir."

LUCIANO BENETTON
(ZU OLIVIERO TOSCANI, CA. 1980)

netton in 400 Sears-Kaufhäuser untergebracht hätte. Luciano stoppte die Werbung und feuerte seinen langjährigen Freund und Alter Ego. Damit entledigte er sich eines Mannes, der – wahrscheinlich mehr als irgendjemand sonst – dafür gesorgt hatte, die Marke Benetton weltberühmt zu machen. Ich wiederhole: Er feuerte ihn. Was für ein Spinner.

Ich habe noch etwas ausgelassen – aber wahrscheinlich sind Sie mittlerweile genauso angeödet wie ich von der Fähigkeit dieses Burschen, allen Konventionen und Weisheiten den offenen Krieg zu erklären. Man könnte sagen, er wäre der Begründer des „Shop-in-shop"-Modells für den Einzelhandel, mit dem einzelne Markenhersteller sich Verkaufsflächen in größeren Warenhäusern sichern. Auch wenn er es vielleicht nicht selbst erfunden hat, so hat er doch maßgeblich zur Verbreitung dieses Konzepts beigetragen, das sich seither weltweit durchgesetzt hat. Aber wir können diesen Aspekt getrost außer Acht lassen, weil wir das strategische Muster bereits nachgewiesen haben. Immer und immer wieder hat er Umrisse gesehen und Spielpläne erstellt, auf die keiner von uns gekommen wäre. Immer und immer wieder hat er sich seine Puzzleteile angesehen und sie auf einzigartige Weise zusammengesetzt. Niemand anders hatte Teile, die seinen ähnlich waren, und niemand anders hätte dieses Bild zusammenfügen können.

Er ist ein Visionär erster Güte, da hege ich nicht den geringsten Zweifel.

Meiner Meinung nach ist er außerdem ein Querkopf, den man nicht unterschätzen sollte, und dieser Punkt ist möglicherweise nicht ganz so offensichtlich. An dieser Stelle müssen wir die Fundamente einer durchaus kontroversen Theorie legen: Spinnertum unterstützt das, wofür ein Unternehmen steht (es unterstützt also, *auf welche Weise* das Unternehmen tut, was es tut) – aber dies hat nicht unbedingt etwas mit guter Laune, Motivation am Arbeitsplatz, Casual Fridays und anderen mitmenschlichen Nettigkeiten zu tun. Was uns interessiert, ist, ob es sich gerechnet hat oder nicht.

Luciano Benetton ist eine undurchsichtige Gestalt. Er meidet das Rampenlicht ebenso wie seine Geschwister und mittlerweile unzählige Neffen und Nichten. Die Unternehmensgruppe, die nach wie vor (noch) in Familienbesitz ist, wirkt auf den neutralen Betrachter zunächst verwirrend, rätselhaft und willentlich auf Verschleierung angelegt. Etwas Geheimnisvolles umgibt die Leute, die hier das Sagen haben, und man kann nicht einschätzen, in welcher Beziehung sie zueinander stehen. Doch wenn man sich anschaut, wie Luciano sich verhält, entdeckt man darin den Charakter des Unternehmens. Es geht um Emotionen und um Lebensstil, nicht um Produkte; es geht um Kontrolle ohne Besitz, um die Bereitschaft, wenige zu schockieren, damit viele überzeugt werden – aber vor allem darum, dass niemand in der Lage ist, sich *keine Meinung* über die Marke zu bilden. Es geht darum, das Alte rücksichtslos fallen zu lassen, um sich Neuem zuzuwenden – selbst wenn es bedeutet, sich von einer tiefen und fruchtbaren Freundschaft zu verabschieden. Einige Spinner sind in diesem Buch gelandet, weil sie einen verrückten Traum hatten. Benetton hatte ungefähr fünf davon. Und, was ebenso wichtig ist, er war, ist und bleibt wohl noch eine ganze Weile die *Seele* des Unternehmens.

WAHNSINNS-WERTUNG:

VISIONÄR: ☆☆☆☆☆ (von fünf möglichen)

QUERDENKER: ☆☆☆☆ (von fünf möglichen)

JAMES DYSON

Ich habe absichtlich mit einem unanfechtbaren Spinner begonnen. Selbst wenn Sie mit meinen Schlussfolgerungen nicht konform gehen sollten, werden Sie gewiss zustimmen, dass Benetton einer der größten Geschäftsmänner der Welt ist. Sein Traum (oder seine Träume) und seine Methode (oder seine Methoden) liefern Stoff für endlose Debatten auf Cocktailparties rund um den Globus und für Fallstudien in Wirtschaftsakademien aller Herren Länder. Außerdem ist er schon sehr lange dabei.

Vieles davon trifft auf meinen zweiten Kandidaten nicht zu. Ich wusste von vornherein, dass dieser Spinner anders abschneiden würde. Allerdings kann ich noch nicht sagen, ob sein Abdruck in der Sandgrube weiter vorn oder weiter hinten sein wird oder ob er vielleicht rechts und links von Benettons landen könnte. Zum gegebenen Zeitpunkt weiß ich nicht einmal, ob er überhaupt in dieselbe Grube springt.

Ich sollte meine Vorbehalte besser gleich darlegen. Das werde ich im Verlaufe des Buches ohnehin häufiger tun, und im Falle James Dysons möchte ich hier und jetzt klarstellen, dass mir dieser Typ gewaltig auf die Nerven geht.

Meine eher unwissenschaftliche Einstellung zu seiner Person basiert auf drei verschiedenen Faktoren, die alle nicht geeignet sind, als objektive Einschätzung seiner Verdienste als Spinner irgendwelcher Kategorie oder Qualität herzuhalten. Aber in diesem Buch bin ich der Geschworene und Sie sollten wissen, dass ich bereits bei der ersten Vorauswahl durchgefallen wäre, wenn man mich als wirklichen Geschworenen vor einem wirklichen Gericht bestellt hätte.

Erster Faktor: Ein passender Anfang wäre Dysons Autobiografie. Ihr Titel leuchtete mir in einer Buchhandlung entgegen: *James Dyson, An Autobiography: Against The Odds.*[1] Ich habe sie gelesen, aber (wie man es

---

[1] Texter Publishing Limited, 1997 *Titel zu Dt. etwa „Eine Autobiografie: Gegen alle Widrigkeiten", Anm. d. Übers.*

eben so macht) Vorwort und Einleitung ausgelassen. Ich war tief beeindruckt: Dieser Bursche ist nicht nur ein Genie und wahrer Kämpfer, er ist auch noch *ausgesprochen eloquent*. Man sehe sich allein die ersten Sätze an:

> *„Wenngleich es sich bei dem vorliegenden Werk um eine Autobiographie handelt, fehlt es mir an dem hinreichenden Solipsismus, den Leser mit detaillierten Informationen über meine Eltern, meine Geburt und all dem zu strapazieren, was J. D. Salinger einst so treffend als ‚den ganzen David Copperfield Kram' bezeichnete. "*

Diese Formulierungen sind wirklich wortgewaltig für einen Staubsaugererfinder und -verkäufer. Solipsismus wird in meinem Wörterbuch übrigens als „die philosophische Theorie, dass das Ich die einzig fassbare Größe oder das einzig real Existierende ist" erklärt. Ich wusste es auch nicht, deshalb dachte ich, ich erspare Ihnen die Mühe, selbst nochmal nachzuschauen.

Nachdem ich zu Ende gelesen hatte, blätterte ich nach vorn (nebenbei bemerkt erledige ich vieles im Leben von hinten nach vorne) und las das Vorwort und Einleitung. Er hat seine Autobiografie gar nicht selbst geschrieben, sondern von Giles Coren schreiben lassen, dem berühmten Schriftstellersohn des berühmten Schriftstellervaters. Der Inhalt ist die Ausbeute einer ganzen Reihe ‚stundenlangen Geplauders' (so Dyson). Also ich habe kein Problem mit Ghostwritern. Das ist ein anständiger Beruf und durch ihn sind viele Geschichten an die Öffentlichkeit gedrungen, die sonst im Dunkeln verborgen geblieben wären. Womit ich allerdings ein Problem habe, ist, wenn jemand einen Ghostwriter engagiert und das Resultat dieser Arbeit als *Auto*biografie ausgibt. Mir ist egal, wie die juristische Seite des Ganzen aussieht, jedoch für mich ist und bleibt es eine autorisierte Biographie. So sehr die Erfolgsgeschichte auch von Dysons rhetorischen Talenten und seiner Fähigkeit, die eigenen technischen Produkte wortgewaltig zu schildern, geprägt sein mag, wann immer ich seither von ihm hörte und las, blinkte sofort das Wort „Autobiografie" vor meinem geistigen Auge auf. Und so wird es auch bleiben.

Zweiter Faktor: Ungeachtet der „Autobiografie" muss man einräumen, dass der Mann ein technisches und wissenschaftliches Genie ist. Ich weiß zwar nicht, wie das mathematische Gegenteil dazu heißt, aber das wäre ich. In meinem letzten naturwissenschaftlichen Examen (das, glaube ich, 1962 stattfand) schaffte ich weniger Punkte, als Lehrern und Krankenschwestern normalerweise an prozentualer Gehaltserhöhung zugestanden wird. Ich hege also eine gesunde Antipathie für jeden, der erklären kann, was eine Pipette ist.

Der Anschaulichkeit halber möchte ich all jenen, die mich nicht persönlich kennen, einen Einblick in meine wissenschaftliche Erkenntnisfähigkeit geben, indem ich an dieser Stelle meine Überzeugung zum Ausdruck bringe, dass es irgendwo in einer Kleenexpackung eine Batterie geben *muss*. Anders kann ich mir einfach erklären, warum jedes Mal ein neues Tuch herausspringt, wenn man eines entnommen hat. Und schließlich ist mir nicht unbekannt, dass in unserer modernen, technikversessenen Welt nichts funktioniert, ohne dass irgendwo eine winzige, kleine Batterie im Spiel ist. Vertrauen Sie mir. Aber zeigen Sie mir einen Menschen, der all das auf einer Tafel skizzieren und in Formeln fassen kann, und ich verrate Ihnen, welche Leute ihr Land mittels tödlicher Langeweile verteidigen können. Im Pub fühle ich mich grundsätzlich eher zu denjenigen hingezogen, die Chips futtern als zu denen, die ausführlich über Computerchips dozieren. Und zu letzterer Sorte zählt für mich Dyson.

Dritter Faktor: Wir besitzen nicht ein Dyson-Produkt, weder in unserem englischen noch in unserem amerikanischen Haushalt. Und soweit ich informiert bin, planen wir auch nicht, in absehbarer Zeit eines zu erwerben. Gerade was unseren britischen Wohnsitz betrifft, mag das verwunderlich sein, denn gegenwärtig wird man hier überall mit Dysons bombardiert. Außerdem zählen wir zu denjenigen Briten, die keine Gelegenheit auslassen, die heimische Wirtschaft anzukurbeln. Trotzdem kaufen wir diese Produkte nicht. Dafür gibt es gewiss einen Grund, doch den kenne ich nicht. Meine Frau ist die Hüterin Des Grundes, wie sie die Hüterin Der Meisten Gründe ist. Und ich werde sie nicht danach fragen, sondern mich blind darauf verlassen, dass es bei diesen Dysons *irgendeinen Haken* geben muss.

So viel zu meinen Vorurteilen.

Dieses Kapitel wird sich grundlegend von dem über Benetton unterscheiden. Ich werde nämlich von zwei grob verallgemeinernden Voraussetzungen ausgehen, die einige meiner Leser mit Missmut erfüllen dürften. Die erste wäre die, dass ich annehme, in erster Linie ein männliches

Publikum anzusprechen. Das ist eine einfache (und traurige)[2] Tatsache, die sich jedoch statistisch belegen lässt, wenn man sich ansieht, welche Leute sich Wirtschaftsliteratur kaufen. Dementsprechend gehe ich weiter davon aus, dass Sie, als Mann, sich *verdammt gut* mit Staubsaugern auskennen. Meine zweite grob verallgemeinernde Voraussetzung bezieht sich darauf, dass einige meiner Leser außerhalb Großbritanniens leben - d.h. wenn mein Verleger seinen Job ordentlich gemacht hat. In diesem Fall dürften Sie über Dyson und Dysons ebenso umfassend informiert sein.

Der Mann hat den Staubsauger neu erfunden. Dabei stand bis dahin das englische Wort „hoover" faktisch als Synonym für den Staubsauger überhaupt – dabei war es eigentlich das Unternehmen, das so hieß: Hoover. Auf diesem Markt war, ähnlich wie bei „Tempo" oder „Aspirin", der Markenname zur Produktbezeichnung geworden.

In der Geschichte Dysons ist die (Neu-)Erfindung nur die eine Seite. Die andere ist, wie es ihm gelang, in der heutigen Zeit damit Erfolg zu haben, und zwar entgegen allen Widrigkeiten (und trotz feindlich gesinnter Unternehmensgiganten, heftiger Kritiker und endloser Prozesse). Beides ist erstaunlich. Die Traumreise des Dyson Dual Cyclone (alias „Not A Hoover") zog sich von seiner technischen Genesis im Jahre 1978 bis zu seiner Markteinführung 1993 hin. Man vergleiche diese Entwicklung mit meiner Erfindung des batteriebetriebenen Billardqueues, die ungefähr zeitgleich stattfand, aber bis dato keine Anstalten macht, die Billardwelt – oder überhaupt irgendeine Welt – im Sturm zu erobern.

Fünfzehn Jahre also, die ihm wie Millionen Jahre vorgekommen sein müssen, sind gemessen an Zeiträumen, die bahnbrechende Entwicklungen normalerweise in Anspruch nehmen, gerade mal eine Mikrosekunde. Schließlich hat es Jahrhunderte gedauert, bis man endlich einen Weg gefunden hatte, mit dem man Entfernungen auf See messen konnte. Und Burger King hat *bis heute* nicht entdeckt, wie man Pommes frites richtig hinkriegt.

Unabhängig davon, ob einem diese fünfzehn Jahre lang oder kurz vorkommen, waren sie in erster Linie von einem gewaltigen Hindernis bestimmt, das es zu überwinden galt. Beinahe jeder, der mit dem Projekt in

---

Berührung kam, hatte ein und denselben Einwand parat: Wenn ein besserer Staubsauger möglich wäre, *hätten Hoover oder Electrolux ihn längst erfunden.* An diesem Punkt sollten wir uns noch einmal vor Augen führen, dass Dyson ihn nicht nur erfunden hat, sondern ihn auch entwickelte, produzierte und vermarktete – und er gehört ihm immer noch. Seine Verkaufszahlen in Großbritannien haben die von Hoover inzwischen überholt, obwohl er deutlich teurer ist. Und er erobert die Welt. Sogar die Japaner importieren ihn. Ja, Sie haben richtig gelesen: Es gibt Elektrogeräte, die die Japaner importieren. Dysons Traum ist wahr geworden – und was war das für ein Traum!

Wenn wir für einen Moment meine Vorbehalte außer Acht lassen, müssen wir zugeben, dass dieser Mann ein echter Visionär ist. Allerdings bin ich nicht bereit, meine Zugeständnisse dahingehend auszuweiten, ihn als Querdenker noch so geringer Güte anzuerkennen. Da mag er so viel über legere Kleidung am Arbeitsplatz faseln, gegenseitige Motivation predigen und jede Menge Ringelpiez mit Anfassen in seinem Unternehmen propagieren wie er will – mir macht er nichts vor. Der Typ taucht im Flachen. Auf jeden Fall hat ihn seine Überzeugungskraft als Querdenker gewiss nicht auf Platz zwei meiner Spinnerliste gebracht.

Wenn wir uns ausschließlich auf Dyson als Visionär konzentrieren, werden wir die eine oder andere Parallele zu Benetton ausmachen. Die beiden stimmen in genügend Punkten überein, um uns die Grundlage für weitere Analysen und (vielleicht) ein paar spannende Theorien zu liefern. Ich möchte an dieser Stelle gleich ein paar Weisheiten über Visionäre einstreuen. Diese Leute begegnen uns weit häufiger, als wir bislang dachten, und sie sind auch nicht halb so unergründlich, wie wir gern glauben möchten. Außerdem möchte ich bei der Gelegenheit den Irrglauben ausräumen, dass Spinner und Träumer immer Exzentriker sind, die verrückte Kaninchen aus verrückten Zylindern zaubern, weil irgendeine launige Gottheit sie Dinge sehen lässt, für die wir anderen blind sind. All diese irrigen Annahmen führen so oder so zu nichts, weil es letztlich nur darauf ankommt, was wir aus den Erfolgsgeschichten dieser Menschen lernen können. Die Verwirklichung von Träumen entpuppt sich am Ende vielleicht doch eher als Wissenschaft denn als Kunst.

Bei Dyson hatte der große Traum gewiss nichts mit Glauben zu tun. Er war kein armes Würstchen aus einer Drückerkolonne, das die Hauptstraße von Damaskus entlang wandelte, als er plötzlich von der Vision des

Dual-Cyclone-Staubsaugers (inklusive detaillierter Designspezifikationen und Entwicklungsfinanzierungsmodell) geblendet wurde. Selbst mir, dem technisch minderbemittelten Neandertaler, ist sonnenklar, dass Dysons „Traumumriss" dem Kopf eines genialen Spinners entsprang – d. h. eines Menschen, der ziemlich abgedreht ist und sich bewusst gegen konventionelles Wissen (alias Wirtschaftsdenken) versperrt. Ebenso klar ist, dass seine Vision weder aus dem Nichts noch schlagartig als Ganzes erschien.

Wie Luciano Benetton hat auch Dyson *Teile eines Puzzles* zusammengesetzt. Das Bild, das schließlich dabei herauskam, war einzigartig, aber die Teile waren es keineswegs, und es waren nicht einmal viele. Die Einzigartigkeit rührt nur daher, dass vor ihm niemand auf die Idee gekommen war, diese oder andere Teile zu diesem einen Bild zu kombinieren. Womit wir ein weiteres Mal bei meiner beliebten Puzzle-Metapher angekommen wären. Das Bild wird sich wiederholen.

Dyson hatte fünf Puzzleteile, die er zu seinem Dual-Cyclone-Staubsauger zusammenfügte, und es lohnt sich, sich jedes dieser Teile genau anzusehen.

PUZZLETEIL NR. 1

Jeder wird von anderen irgendwie beeinflusst. In jedem Leben gibt es Menschen, die als Rollenvorbilder, als Mentoren, Lehrer oder Idole fungieren. Sie müssen uns nicht einmal besonders nahe stehen, ja, in manchen Fällen haben wir nie eine persönliche Beziehung zu ihnen. Vielleicht kennen wir ihre Bücher oder haben über sie gelesen; wir haben sie in Filmen gesehen oder ihre Platten gehört. Wir nehmen sie aus der Entfernung wahr – sowohl der räumlichen als auch der zeitlichen. Bisweilen sind wir uns ihrer Person oder ihres Wirkens nicht einmal bewusst – und dennoch beeinflussen sie uns auf die eine oder andere Weise.

Für die meisten Menschen ist der Einfluss der Eltern entscheidend, aber die wenigsten würden zugeben, dass sie komplett ohne weitere Vorbilder ausgekommen sind. In meinem Fall nahmen Brendan Behan, Denis Law, Albert Finney, John Lennon und Tom Peters entscheidenden Einfluss.[3] Sie alle haben mein Inseldasein bereichert und in unterschied-

---

[3] Kein Wunder, dass nicht ich den Staubsauger neu erfunden habe.

licher Weise auf mein Denken und mein Verhalten eingewirkt. Nun darf man sich dieses Wirken natürlich nicht als einen stringenten Ablauf von Aktion und Reaktion vorstellen. Oft dringen Einflüsse in unseren Geist ein und schlummern daselbst ruhig vor sich hin, bis die Umstände wert erscheinen, sie zu wecken.

So viel vorweg, ehe wir uns der Evolution James Dysons zuwenden. *Voilà.* Während seiner Collegejahre lernte er die Werke von Buckminster Fuller kennen, dem späteren Patentinhaber für die Traglufthalle (1954).

SPINNERSPRUCH:

„Jeder kann innerhalb von sechs Monaten ein Fachmann für alles Mögliche werden."

JAMES DYSON

Diese Konstruktion wurde seither über 300.000fach kopiert, für den Bau von Sportstadien, subtropische Wohnanlagen und die Forschungsbasis am Südpol. Ich werde hier nicht näher auf die technischen Details eingehen (außer dass diese Halle nach dem Ei-Prinzip gebaut wird – ein schwaches Material, in eine äußerst effiziente Form gebracht). Doch es gibt zwei Dinge, die Dyson zweifellos dem Einfluss Fullers schuldet. Durch ihn hat er die Erkenntnis gewonnen, dass das Ingenieurswesen per se immer etwas Gutes und Design ungeheuer wichtig ist. Nun musste er nur noch herausfinden, dass beides zusammen von geradezu alchemistischer Wirkung sein kann.

Und als wäre Fuller allein nicht schon genug, beruft Dyson sich auf ein weiteres großes Vorbild: Isambard Kingdom Brunel. Er (Dyson) lebte lange Zeit im Schatten von Brunels Bogentunnel in Box (bei Bath) und war somit ständig mit der genialen Idee konfrontiert, die bestehende Konstruktionsmodelle (für Brücken) vollkommen neuen Anwendungen zuführte (Tunnel). Aber das wohl Entscheidendste, was Dyson durch Brunel lernte, war, dass man sich nie von einer Sache abhalten lassen sollte, nur weil kein anderer sie je versucht hat. Die Tatsache, dass es niemand zuvor getan hat, sollte kein Hindernis sein, sondern vielmehr als offene Möglichkeit betrachtet werden. Darüber hinaus machte sich Dyson eines von Brunels Grundprinzipien zu Eigen: niemals die Kontrolle über die eigenen Projekte aus der Hand geben.

Ich verlange nicht viel von Ihnen in diesem Buch, aber dieser Punkt ist mir wirklich wichtig. Also lesen Sie den letzten Absatz bitte noch einmal – und zwar gründlich. Ich habe es auch gerade getan. Es dauert nur eine Minute oder so. Und dann stellen Sie sich vor, Sie wären ein junger Knabe mit einem hellen Köpfchen und stünden unter dem Einfluss dieser beiden Männer. Was Sie dadurch bereits gewonnen haben, wird sich beinahe von allein wecken und in die Tat umsetzen lassen, sobald die entsprechenden Umstände eintreten. Damit wäre das erste Puzzleteil an der richtigen Stelle und wir können uns den anderen Teilen zuwenden.

PUZZLETEIL NR. 2

Es wird behauptet, dass John Lennon kein Wort in Ruhe lassen konnte. Als sich die (vor-ringosche) Ursprungsgruppe der Fab Four zusammentat und man nach einem Namen suchte, war einer der ersten Vorschläge „Beetles" (Käfer, *d. Übers.*). Dieser Name war nachgeäfft, denn Buddy Holly hatte zuvor seine Gruppe „Crickets" (Grillen, *d. Übers.*) genannt. Also nahm Lennon sich das Wort vor und änderte es in „Beatles". Der Rest ist Geschichte.

Ein rastloser Geist ist ein wahres Juwel – wenn er nicht zufällig Ihrem Kind gehört, das Sie mit der endlosen Fragerei in den Wahnsinn treibt. Haben Sie jemals über das *allererste* Mal nachgedacht, dass ein Mensch eine Kuh gemolken hat? Wie, zum Teufel, ist er überhaupt darauf gekommen? Was reitet jemanden, der auf ein Säugetier losgeht, das zwei- bis dreimal so groß ist wie er selbst, und an dessen Euter zieht[4] (*der* war garantiert ein *Er*, vertrauen Sie mir)? Würde dieser Jemand allen Ernstes trinken, was aus diesem Euter kommt, wenn er nicht vorher Informationen zu diesem Thema eingeholt hätte?

---

[4] Gehen wir einmal davon aus, dass er über die Geschlechterunterschiede informiert war und das weibliche Rind wählte – die Konsequenzen eines möglichen Irrtums möchten wir uns lieber nicht ausmalen.

Es gibt Leute, die nichts in Ruhe lassen können; Leute, denen der *Status quo* ein Gräuel ist. Dyson zählte und zählt noch zu ihnen. Ich will hier, wie gesagt, nicht den Technikfreak heraushängen lassen, aber wir sollten an dieser Stelle unseren Film in das Jahr 1978 zurückspulen, als Dyson sich noch beruflich mit dem Design und der Entwicklung von Gartengeräten beschäftigte. Er hatte gerade geheiratet und war – gelinde gesagt – pleite. Die Hausarbeiten teilte er sich mit seiner Frau und hierzu gehörte unter anderem der tägliche Kampf mit einem alters- und leistungsschwachen, generalüberholten Handstaubsauger, Modell Hoover Junior. Während eines Beutelwechsels stellte Dyson fest, dass durch den neuen Beutel die Saugleistung zwar verbessert wurde, allerdings nur für kurze Zeit.

Also tat er genau das, worauf ich und die weit überwiegende Mehrheit meiner Leserschaft nicht einmal im Traum kämen: Er schnitt den Beutel auf, um sich den Inhalt anzusehen. Dabei erkannte er, dass die Beuteltechnik einen Haken hatte; bei neuen Beutel verstopften sehr schnell die Poren und die Saugleistung ließ nach – und das lange bevor der Beutel voll war. Des Weiteren schloss er, dass wiederverwendbare Beutel faktisch dauerverstopft wären, während Einmalbeutel es kurze Zeit nach dem Einsetzen wurden. Und so kam er zu dem Fazit, dass der Fehler im Beutelsystem an sich stecken müsste, auch wenn sich diese Technik seit über hundert Jahren hielt. Dieser Fehler ging ihm gewaltig auf die Nerven. Ich, und Sie natürlich auch, hätten in so einem Moment beschlossen, dass das Ding nicht funktioniert, es zurück in den Besenschrank unter der Treppe gepackt und die Sportschau eingeschaltet.

Dyson tat etwas gänzlich anderes, aber das gehört nicht zu diesem Puzzleteil, das lediglich zeigt, wie wenig er Dinge auf sich beruhen lassen konnte.

PUZZLETEIL NR. 3

Bei diesem Teil geht es um Übertragungsfähigkeiten, die auf keinen Fall mit „übertragbaren Fähigkeiten" zu verwechseln sind. Für Letztere interessieren sich hauptsächlich Personalchefs – insbesondere wenn sie nach Kandidaten für mittlere Managementpositionen suchen. Dann sind Leute gefragt, die die Fähigkeit besitzen, von der

Buchhaltung in die Betriebsführung zu wechseln (um ein immer wieder beliebtes Beispiel anzubringen). Wer Übertragungsfähigkeiten besitzt, kann durchaus ein Leben lang Ingenieur oder Marketing-Guru (oder sonstwas) bleiben, ist jedoch in der Lage, Lösungen eines Problems in einem bestimmten Fachgebiet auf ein anderes Problem in einem anderen Fachgebiet anzuwenden.

Und damit zurück zu dem verärgerten Dyson, der fluchend durchs Haus stampft und jedem, der ihm zuhören mag, von seinem Beuteldefekt erzählt. Die Zuhörerzahl war, so vermute ich, recht begrenzt. Außerdem würde ich schwören, dass mancher zufälliger Ohrenzeuge ihm spontan vorschlug, doch etwas mehr aus seinem Leben zu machen.

Wie es der Zufall wollte, hatte Dyson exakt zu dieser Zeit mit der Produktion von Schubkarren zu tun, die mit einem Epoxydpuder besprüht wurden, das nach einer Brennofenrunde eine sehr haltbare Farbschicht ergibt. Nun gingen bei jedem Sprühvorgang gewaltige Pudermengen daneben, die anschließend mit einer Art Riesenstaubsauger wieder aufgenommen werden mussten. Und dieser Riesenstaubsauger erwies sich als noch weniger effizient als die Hoover-Krücke, mit der Dyson sich daheim abmühte. Die Sprühmaschinenhersteller teilten ihm auf Nachfrage mit, dass große Industriebetriebe einen Cyclone benutzten, um dem verstreuten Puderüberschuss beizukommen. Jemand erzählte ihm von einer Sägemühle in der Nähe, die ein solches Gerät besaß. Und jetzt kommt's: Dyson hatte daraufhin nichts Besseres zu tun, als eines lauschigen Abends – während ich mir mal wieder das Tor des Monats im Fernsehen ansah – über die Mauer des Sägewerks zu klettern und dieses Ding nachzuzeichnen. Anschließend baute er einen 9-Meter-Cyclone für seine Werkstatt. Irgendwann muss ihm dann sein Hoover Junior wieder eingefallen sein; jedenfalls konstruierte er zu Hause einen Papp-Cyclone, der gute 8,5 Meter kleiner war als sein Werkstattmodell, und würgte das Teil irgendwie (werde ich eventuell zu technisch speziell?) in oder an seinen Ärgernis erregenden Beutelstaubsauger. Mit diesem Ungetüm saugte er sein Haus, von oben bis unten – mit gleich bleibend hoher Saugleistung. So wurde er (und das sind seine Worte) zum einzigen Mann auf der Welt mit einem beutellosen Staubsauger. Ich weiß nicht, wie es ihm gelang, seiner grenzenlosen Aufregung Herr zu werden, aber zumindest sind nun schon drei Puzzleteile zusammengefügt.

PUZZLETEIL NR. 4

Dyson tauchte nicht etwa zehn Stunden später wieder auf, trank einen Kaffee, kümmerte sich um die Finanzierung, baute eine Fabrik und leierte Tags drauf den Vertrieb an. Oh nein, was als Nächstes passierte, zog sich über fünfzehn Jahre hin. Wir werden später noch sehen, dass es nicht so lange dauern muss, einen Spinnertraum zu verwirklichen, aber es erfordert ein ganz besonderes Talent und genau dieses Talent findet sich auf diesem Puzzleteil. Jeder Traum ist anders, aber alle erreichen sie irgendwann eine kritische Phase, und der Spinner muss darauf vorbereitet sein, diese Phase durchzustehen, *koste es, was es wolle.* Vom Dual-Cyclone-Staubsauger sollte es fünftausend Prototypen geben, bevor er 1993 tatsächlich auf den Markt kam. Und der zweite Prototyp wurde erst 1982 konstruiert.

Nun hat jeder echte Spinnertraum eine Art eingebaute Fortschrittsbarriere. Zynismus, Zufriedenheit mit dem, was man hat, Investitionen, die man bereits anderweitig verwandt hat, blanker Neid, Angst vor dem Unbekannten, Misstrauen – einzelne oder manchmal sogar eine Kombination aus mehreren dieser Vorbehalte lassen den Weg zur Verwirklichung des Traums zu einer regelrechten Odyssee werden. Dyson sind sie scharenweise begegnet und selbst mir sind einige von ihnen vertrauter, als mir lieb ist. Seit ich mich aus dem Big Business zurückgezogen habe, habe ich mehrmals mit potenziellen Investoren gesprochen. Ihr Hang zur dreisten Lüge, vorgetragen im Brustton der Überzeugung und mit einem selbstzufriedenen Lächeln, erstaunt mich immer wieder aufs Neue. Ihre Risikobereitschaft zeichnet sich dadurch aus, dass sie keine Verluste machen wollen, sich dafür aber die Option offen halten, bei Erfolg das ganze Unternehmen zu übernehmen – ohne Zusatzkosten, versteht sich. Ich hatte einst eine besonders erquickliche Unterhaltung, während der mein Gegenüber nicht müde wurde, von den „goldenen Regeln" zu sprechen, die in diesem „Spiel" gelten würden – er meinte damit, dass der Mann mit dem „Gold" auch der sein müsste, der die „Regeln" machte. Ich habe in einem Wörterbuch nachgeschlagen und ihm dann mit dem größten Vergnügen in seiner kubanischen Muttersprache erklärt, er könne mich mal ... gern haben.

Um auf den verschlungenen Pfaden zwischen Traum und Verwirklichung zu bestehen, braucht es bisweilen mehr als Durchhaltevermögen. Manchmal muss man auf komplexe technologische Durchbrüche hoffen;

oder man gerät darüber mit einem Partner in Konflikt, was erstmal überstanden sein will. Unzählige Hindernisse können sich auftun, deren Überwindung jede Menge Geschick und eine gesunde Portion Verbohrtheit erfordert. Entscheidend ist, dass man bei seinem Traum bleibt. Und über eine ganze Weile bedeutet das nichts anderes, als jeden Morgen aufzustehen und den Tag über das zu tun, was getan werden muss, ehe man sich ihm wieder zuwenden darf. Man macht alles, was nötig ist, um ihm konkretere Formen zu verleihen und seine Verwirklichung voranzutreiben. Und das kann eine Woche oder fünfzehn Jahre so gehen.

PUZZLETEIL NR. 5

Bei diesem Teil handelt es sich um das Wohlfühlelement. Oberflächlich betrachtet mag sich das kaum mit dem vertragen, was die vorherigen vier Teile uns vermittelt haben, bei denen der gemütliche Aspekt absolut fehlt. Es ist aber auch ein etwas merkwürdiges Wohlfühlelement – jedenfalls eines, mit dem ich mich nicht besonders wohl fühle. Bei anderen Leuten habe ich schon bemerkt, dass dieses Element ihnen ausgesprochen gefällt: vor allem junge Start-up-Unternehmer und potenzielle Spinner. Sie fühlen sich wohl, wenn sie ihr gesamtes Hab und Gut für ihren Traum aufs Spiel setzen.

Sobald man seine erste Hypothek aufgenommen hat, sollte man normalerweise auf eine gewisse materielle Sicherheit bedacht sein. Ich habe sogar schon Leute sagen hören, dass, wer mit über dreißig Jahren noch öffentliche Verkehrsmittel benutzt, im Leben versagt hat. Das mögen recht fragwürdige Thesen sein, aber sie drücken implizit eine Einstellung aus, die die meisten von uns teilen: Erfolg ist im Großen und Ganzen gleichbedeutend mit Sicherheit. Ganz gleich, nach welcher Art von Erfolg wir streben, eine treibende Kraft dabei ist für viele Menschen der Wunsch danach, ihren Familien ein Heim und einen zufriedenstellenden Lebensstandard zu sichern. Einmal erreicht, werden diese Dinge unantastbar, und was immer wir darüber hinaus an Mitteln zur Verfügung haben, können wir zum Spaß verspielen.

Bei Spinnern mit echten Träumen verhält es sich vollkommen anders. Ihre Spiele sind für sie kein Spaß, sondern in vielen (den meisten?) Fällen handelt es sich um einen Drahtseilakt ohne Netz und doppelten Boden.

Vielleicht setzen sie anstelle eines Hauses „nur" ihren Ruf aufs Spiel – doch was immer ihr Einsatz ist, sie geben sich nie mit halben Sachen zufrieden. Sie handeln nach dem Ganz-oder-gar-nicht-Prinzip. Der Gewinner bekommt alles, der Verlierer nichts. Und dieses Prinzip finden wir auf Dysons fünftem Puzzleteil wieder. Fünfzehn Jahre lang lebte er von der Hand in den Mund und verschuldete sich bis unter die Hutschnur, um seinen Traum wahr zu machen. Ich würde mir lieber die Füße abschneiden, als mich in eine solche Lage zu bringen, aber ich glaube, die wahren Spinner fühlen sich dadurch regelrecht bestärkt. Wahrscheinlich gehorchen sie derselben Logik wie in einem Spruch, den ein Freund von mir gern zitierte: „Das Bewusstsein der Allgegenwart des Todes schärft die Sinne." Ich glaube wirklich, dass einige dieser Leute ihre missliche Situation als motivierend empfinden, aber wie sie das anstellen, entzieht sich meinem Fassungsvermögen.

Zumindest haben wir die fünf Teile aus Dysons Puzzle beisammen. In unserer Wertung geht er, wie gesagt, als Visionär erster Güteklasse durch. Die wenigsten Träume sahen bei ihrer Entstehung wohl bescheuerter aus als seiner, und kaum jemandem wurden so viele Knüppel in den Weg geworfen wie ihm, als er von links auf die Bühne trat. Und von den wenigen, denen es ähnlich erging, haben wiederum nur die wenigsten es geschafft, so erfolgreich gegen alle Widrigkeiten zu bestehen.

Was ist denn nun so Besonderes an diesem Puzzle? Schließlich hat jeder von uns Puzzleteile in den Händen, die Dysons irgendwie ähnlich sehen. Wie kommt es dann, dass mein elektrischer Billardqueue bis heute kein Renner geworden ist? Ganz einfach, weil eben Dyson allein *alle* fünf Teile hatte und sie zu einem Bild legte, *das seinem Umriss entsprach.* Niemand sonst hat dieses Bild gesehen oder hätte es sehen können.

Wie ich bereits zuvor erwähnte, werde ich ihn nicht in die Liste der Querdenker aufnehmen und dabei bleibe ich. Zugegeben, er führt sein Unternehmen ohne Anzug- oder Krawattenzwang und ohne die ewigen Memos; er faselt unentwegt von Motivation und serviert Salate in seiner Fabrikkantine. Aber wenn er das alles genauso macht, wie er seine *Auto*biographie „schreibt", möchte ich lieber nicht weiter darauf eingehen.

WAHNSINNS-WERTUNG:

VISIONÄR: ☆☆☆☆☆

QUERDENKER: ☆

MICHAEL DELL

Jetzt bin ich erst bei dem dritten Kandidaten auf meiner Liste angekommen und schon stelle ich fest, dass ich mit diesem Burschen Schwierigkeiten bekommen werde.

Wenn Sie sich meine Spinnerliste noch einmal ansehen – selbst wenn ich voraussetze, dass Sie grundsätzlich mit meiner Theorie übereinstimmen - werden Sie wahrscheinlich die eine oder andere Änderung vornehmen wollen. Und sobald Sie Ihre eigenen Favoriten mit auf die Liste setzen, werden ein paar von meinen Randkandidaten von der Liste wandern. Aber ich schätze, dass es ziemlich egal ist, wie unsere Liste am Ende aussehen wird; auf jeden Fall werden darauf reichlich unterschiedliche Charaktere vertreten sein. Womit wiederum meine These bestätigt wäre, nach der es keine Stereotypie für Spinner gibt. Sie sind eben nicht alle extrovertiert oder selbstsüchtige Egomanen.

Vielleicht sollten wir die Sache von der anderen Seite angehen: Gibt es bestimmte Persönlichkeitsmerkmale, die ihnen allen *fehlen*? So herum scheint es einfacher. Unsere Spinner mögen sich in vielen Dingen voneinander unterscheiden, aber keiner von ihnen ist wirklich *langweilig*, oder?

Falsch. Und damit kommen wir zu Michael Dell. Seine spinnerten Ideen haben alle bisherigen Verkaufs-, Marketing- und Vertriebskonzepte seiner Branche auf den Kopf gestellt. Er hat wahrscheinlich dafür gesorgt, dass der *Gesamtzuwachs* innerhalb dieses Marktes in die Höhe schnellte, und er hat einige große – und damit meine ich GROSSE – Konkurrenten dazu gebracht, die Hosen herunterzulassen. Er hat für alle Unternehmen aller Branchen neue Maßstäbe vorgegeben, wie sie sich ihren Kunden gegenüber zu verhalten haben – egal ob sie Waren hin und her verfrachten, Dienstleistungen anbieten, im Groß- oder im Einzelhandel tätig sind. Zweifellos ist er superschlau und von einer krypton-verstärkten visionären Energie getrieben. Aber – meine Güte, ist der Typ langweilig!

Wenn ich mir noch einmal die Statistik vor Augen halte, welche Lesergruppe sich Bücher wie meines hier kauft, dann kann ich wohl annehmen, dass Sie über eine Hochschulbildung beliebiger Art verfügen. Ich übrigens auch. Ich war Mitte der Sechziger drei Jahre lang nichtzahlender Gast an der Universität von Liverpool. Während dieser Zeit teilte ich mir die Stadt mit mindestens tausend Möchtegern-Beatles-Gruppen. Ich tat, was unbedingt nötig war, um meinen Abschluss zu bekommen, und war schätzungsweise ein ziemlich durchschnittlicher Student. Der Campus der Liverpooler Universität ist insofern einzigartig, als an dem einen Ende eine katholische und am anderen eine anglikanische Kirche steht. Ich ging in keine von beiden. In der Mitte zwischen den beiden Kirchen befand sich die Bar der Studentenvereinigung und dort war ich meistens anzutreffen. Außerdem spielte ich mindestens viermal die Woche Fußball. Zu Beginn meines letzten Studienjahres wurde ich von einem Erstsemesterstudenten angesprochen, als ich gerade aus der Bar kam; er fragte mich, wo die Universitätsbibliothek wäre. Ich hatte keine Ahnung. Wie gesagt, ich war ein ziemlich durchschnittlicher Student.

Vielleicht drücken wir an dieser Stelle besser die Schnellvorlauf-Taste und „beamen" uns aus den Sechzigern ins Jahr 1982 auf den Campus der University of Texas in Austin. Wir sehen einen jungen Mann mit einem adretten Haarschnitt, der im weißen BMW vorfährt, welchen er sich mit den Verdiensten aus einem Teilzeitjob finanzierte, in dem er vor und nach (und manchmal auch während und anstelle) der Highschool gearbeitet hatte. Der Job bestand darin, Zeitungsabonnements zu verkaufen, und brachte dem jungen Mann im letzten Highschooljahr mehr Geld ein, als seine Lehrer verdienten. Sein Erfolg in diesem Geschäft basierte auf einer recht simplen Idee – er erkannte, dass als Neu-Abonnenten vor allem Jungverheiratete und/oder Leute infrage kamen, die gerade ein Haus gekauft hatten. Ich möchte nicht im Einzelnen ausführen, wie er sich dieser Zielgruppe zuwandte, aber er fand Wege, sie *direkt* anzusprechen. Schon segelt das erste Puzzleteil in die Schachtel.

Und wie er nun gemütlich auf Austin zurollt, liegen auf der Rückbank seines Wagens drei Computer. Nochmal zur Erinnerung: Es ist 1982 und er ist ein achtzehnjähriger Bursche auf dem Weg ins College. Hätte man mich durch das Raum-Zeit-Kontinuum an seine Stelle befördern können, wären auf meiner Rückbank zwei Paar Fußballschuhe, fünfzehn Kisten Bier, ein Karton essbare Kondome (Geschmacksrichtung Pfefferminz), eine Tube Anti-Akne-Creme, eine Tube Sportsalbe, mit der ich mir vorm

Fußball die Schienbeine einrieb (wer nicht fit ist, muss wenigstens fit *riechen*), meine Musikanlage, eine Auswahl Platten und Tonbänder, Sandwiches von meiner Mutter, die für die nächsten drei Monate reichen, ein Notizblock und ein Kugelschreiber gewesen. Die beiden letzten Gegenstände waren meine Notfallausrüstung, falls ich jemals versehentlich in eine Vorlesung geraten sollte.

Wie wir gesehen haben, hatte Dell ziemlich früh kundenbewusstes Denken entwickelt. Jetzt sollte ich das mit den drei Computern erläutern. Michael hatte sich schon in jungen Jahren für Zahlen begeistert und bereits in der Schule an Förderkursen für Mathematikinteressierte und -begabte sowie zahlreichen Schulwettbewerben teilgenommen. Und er interessierte sich für alle Technologien, die irgendwie mit Zahlen zu tun hatten. Entsprechend ging er sehr früh eine tiefe und (wie wir annehmen) lebenslange emotionale Bindung zu Computern ein.

Zu seinem fünfzehnten Geburtstag kauften ihm seine Eltern einen Apple-PC. Als ahnte er bereits, dass er in absehbarer Zeit zu einer Legende heranwachsen sollte, ging Michael damit nach oben und baute ihn auseinander – auf jeden Fall ist das die Geschichte, die alle Journalisten zu hören bekommen. Na ja, das mit dem Auseinanderbauen ist eigentlich nicht der Stoff, aus dem Legenden gemacht sind; das hätte ich auch gekonnt. Was den legendären Teil ausmacht, ist die Tatsache, dass er erst fünfzehn war und *ihn wieder zusammenbaute*. Dadurch wurde dieses Ereignis zu einem Meilenstein in seiner Spinnerkarriere und wir haben unser nächstes Puzzleteil.

Hätten Sie oder ich gerade einen Apple-Computer auseinander genommen und wieder zusammengesetzt, wären wir wahrscheinlich anschließend in einer Abart post-koitaler Trance auf unserem Jugendbett kollabiert. Aber so einer war unser Michael nicht. Stattdessen erkannte er seine Chance, ein Geschäft aufzubauen, das innerhalb von zwanzig Jahren die dreifache Größe des Apple-Konzerns erreichen sollte.

Er begann damit, Computer aufzurüsten. Dabei verlegte er sich von Apple-PCs auf IBM-kompatible PCs, die er mit derselben Besessenheit erstand wie manche anderen Leute Häuser oder Autos kaufen, die sie anschließend „aufmotzen" und mit Gewinn weiterverkaufen. Das machen sie so lange und in immer größerem Rahmen, bis sie irgendwann am Traurige-Gauner-Dasein sterben. Genau das also tat Michael mit PCs. Allerdings hatte er sich noch vor dem Studium darauf verlegt, Aufrüstungsmaterial für Computer im Dutzend einzukaufen. So kam es, dass er bei Studienantritt drei aufgerüstete PCs auf der Rückbank seines Wagens mitführte (wissen Sie noch?). Und was schließen wir daraus? Der Mann hat den schwarzen Gürtel der Computerfreaks und wir haben unser nächstes Puzzlestück.

Doch nun müssen wir uns einen Moment von Michael Dell verabschieden, um einen Blick auf das Computergeschäft der frühen Achtziger zu werfen.

Sie wissen ja auch ohne mich, wie rasant die Bedeutung von elektronischer Datenübermittlung und die dazugehörige Wissenschaft zunahm. Außerdem möchte ich gleich darauf hinweisen, dass, wer exakte Zahlen will, sie sich selbst suchen darf – sie sind zweifelsfrei beeindruckend und verschlagen einem die Sprache. Was wenige Jahrzehnte zuvor eher die Ausnahme als die Regel gewesen war, wurde zur absoluten Regel. Jedes größere Unternehmen und jedes kleinere, das etwas auf sich hielt, besaß einen Computerraum (in einigen Fällen sogar ein Computerzentrum), der mit blauschimmernden Kühlschränken vollgestellt war und in dem sich seltsame Mitarbeiter tummelten, die in einem unverständlichen Jargon kommunizierten.

Für unsere Geschichte ist ausschlaggebend, dass sich innerhalb dieses Trends ein „Unter-Trend" entwickelte. Dem Gros der Bevölkerung in der Computerwelt ging es vor allem darum, große Datenmengen zentral zu verarbeiten. Sie sahen den unternehmerischen Nutzen in der Erfassung von Löhnen, Zahlungsverkehr, Kostenstellenkontrolle, Inventarlisten, Produktionszahlen, Verkaufsdaten und Blabla. Wo überhaupt Teile dieser Zentralverarbeitung auf einzelnen Schreibtischen von einzelnen Mitarbeitern ankamen, waren sie nichts als ein Terminal, der wiederum direkt mit dem Rechenzentrum verbunden war. Auf diese Weise wurden zahlreiche innerbetriebliche Abläufe funktionalisiert und entsprechend rationalisiert, was zu Stellenabbau führte und bis heute führt. Millionen Arbeitskräfte zahlten einen hohen Preis für die historische Steigerung unternehmerischer Effizienz. Und ihnen werden weitere folgen.

Innerhalb dieser Entwicklung wurde aber auch ein anderer Trend spürbar. Er wuchs zu einer Stärke heran, die dem aufkeimenden Trend der Rationalisierung mindestens die Waage hielt. Der Durchbruch lag darin, den dezentralen Arbeitsplätzen selbst die Verarbeitung von Daten zu überlassen. Mit der Entwicklung von speziellen Betriebssystemen und individualisierter Software hielt der PC Einzug in die Unternehmen.

Obwohl uns all das aus heutiger Perspektive wie ein natürlicher Prozess erscheinen mag, waren sich in den frühen Achtzigern die wenigsten Menschen des Potenzials bewusst, das in den Rechnern steckte. IBM beispielsweise wurde von dieser Entwicklung beinahe überrannt, und ihre Kurzsichtigkeit hätte sie um ein Haar die Existenz gekostet. Genau genommen waren es drei Aspekte, die zusammenwirkten und unser Leben von Grund auf revolutionieren sollten:

- Erstens: Die Chip-Technologie machte Riesenfortschritte, wodurch immer größere Verarbeitungsprozesse an Einzelplätzen möglich wurden.

- Zweitens: Parallel dazu wurden die Betriebssysteme und die Softwarepakete direkt am individuellen Bedarf ausgerichtet.

- Drittens: Ein neuer Markt tat sich auf – der späterhin unter dem Kürzel SOHO für „Small Office, Home Office" geführt werden sollte. Neben der individualisierten Anwendung innerhalb von Unternehmen wurde damit ein neuer Bereich erschlossen, in welchem sich eine gewaltige Nachfrage auftat. Kleinunternehmen, die mit von der anhaltenden Schrumpfung der Großunternehmen profitierten, entdeckten, dass sie mittels PC-Einsatzes nicht nur ihre Produktivität steigern, sondern darüber hinaus ihr professionelles Auftreten verbessern konnten. Ganz abgesehen von den Vorteilen, die ihnen die elektronische Datenverarbeitung ohnehin brachte, stellten sie fest, wie erstaunlich sich ihr Image und ihre Marktposition zum Positiven verändern ließen, wenn sie Rechnungen verschickten, die nicht minder professionell aussahen als die der größeren Konkurrenten. Außerdem glaubten mehr und mehr Leute an die potenziellen Vorteile eines solchen Datenverarbeitungskastens für den heimischen Gebrauch.

Ergo war ein neuer Markt geboren – der Verkauf von PCs an Einzelpersonen, die damit entweder ihr eigenes kleines Unternehmen betrieben oder ihn zu Hause benutzten. Anfang der Achtziger wurde zweierlei klar: Dieser Markt barg ungeheure Umsatzmöglichkeiten und *niemand wusste, wie man diese Dinger verkaufte.* Der letzte Teil des letzten Satzes bildet ein weiteres Stück in Michaels Puzzle.

Zunächst wurden PCs eher wie Fernsehen anstatt wie Autos angesehen – d.h., sie landeten auf den Regalen von Elektrohändlern (neben Mikrowellen, Stereoanlagen, Telefonen, Staubsaugern, etc.). Es gab keine Einzelhändler, die sich ausschließlich auf Computer spezialisiert hatten. Also verkaufte der Hersteller an den Händler und der Händler an den Kunden, wobei der Händler einen Aufschlag auf den Einkaufspreis berechnete, der häufig mehr als fünfzig Prozent des Herstellerpreises betrug.

Dieser Aufschlag reflektierte traditionellerweise, dass der Händler in Grundbesitz, Gebäude, Management und Personal, Kontroll- und Informationssysteme sowie Inventar investieren musste. Und bei dem Standardkunden, der sich einen neuen Fernseher kaufte, hatte es bisher auch keine Probleme gegeben. Dieser Kunde ging in ein Geschäft, sah sich sechzehn verschiedene Modelle an und ließ seine Frau entscheiden, welches gekauft würde. Die benutzerrelevanten technischen Details sind nicht sonderlich komplex und die Unterschiede oft rein kosmetischer Natur. Letztendlich handelte es sich bei einem Fernseher um ein Möbelstück.

Vielleicht wäre es den Beteiligten gegenüber nett zu beschreiben, wie schnell man erkannte, dass sich PCs so nicht verkaufen ließen, aber dem war leider nicht so. Niemand schien auf die Idee zu kommen, man könne es auch anders machen, weshalb, mit Ausnahme von einem, alle bei dieser Verkaufsmethode blieben. Dabei war es wirklich offensichtlich, wie wenig die Einzelhändler zum Umsatzerfolg beizutragen hatten und wie teuer man sie dafür bezahlte.

Aus Sicht der Kunden fehlte den Händlern nicht nur das Fachwissen, sondern ebenso die Qualifikation, den notwendigen Service für diese Spezialprodukte zu leisten. Es handelte sich nun einmal weder um Mikrowellen noch um Fernseher. Die potenzielle Kundschaft wiederum spaltete sich in zwei Gruppen: Die einen hatten selbst nur wenig Ahnung, so dass ihnen ein Elektrofachverkäufer mit rudimentärem Wissen kaum zu helfen vermochte („Ähm, also dieser hier hat einen sehr schönen blauen Bildschirm ...") – hier gingen unwissender Käufer und unwissender Verkäufer eine unheilvolle Liaison ein. Die anderen wussten bereits einiges über Computer, in welchem Fall es kaum besser ausging. Mit der Zeit gewann letztere Kundengruppe die Oberhand. Hinzu kam, dass der Service herstellerspezifisch sein musste, da er auch eine Hotline einschließen musste – so der übliche Verkäufersermon („Die Herstellergarantie ist vollkommen in Ordnung, Sir, aber wenn Sie *wirklichen* Service wollen, würden wir Ihnen raten, unsere spezielle Verkaufs- und Serviceversicherung abzuschließen, die das uns angeschlossene Finanzierungsunternehmen anbietet ... laber, laber, laber").

Als wäre all das noch nicht schlimm genug, waren PCs exorbitant teuer, und Händler sind gemeinhin nicht froh, wenn in ihren Lagern größere Mengen hochwertiger Waren herumstehen. Demzufolge überließen sie es ihrem geschulten Verkaufspersonal, die Kunden von einem bestimmten Ausstellungsmodell zu überzeugen, um anschließend acht Wochen auf die Lieferung zu warten. Dieser Umstand erwies sich als besonders frustrierend für die Kunden, da ständig neuere und bessere Produkte auf den Markt kamen.

SPINNERSPRUCH:

„Vergiss die Leute, die dir erzählen,
dass es nicht funktionieren kann, und hol dir die,
die sich für deine Ideen begeistern."

MICHAEL DELL

Ergo schaffte es der Einzelhandel nicht, die Kunden zufrieden zu stellen. Erstaunlicherweise ging er den Herstellern nicht minder auf den Geist. Die wiederum mussten wahres Verkaufsgenie entwickeln, um ihre Produkte an die großen Einzelhandelsketten loszuschlagen, was für sich genommen immer schon eine besondere Wissenschaft war. Eine große Einzelhandelskette vom Verkauf seiner Waren zu überzeugen, gehört zu den wahrhaft großen Momenten im Leben. Normalerweise spricht man dabei mit einer Stelle namens „Zentraleinkauf". Hier wird man behandelt wie der letzte Dreck und das Gespräch kreist ausschließlich um einzelhandelsrelevante Aspekte: Wann muss der Einzelhändler allerspätestens den Titel auf die Waren erwerben (sprich: das Zeug bezahlen, das er bei sich stehen hat) und ist es möglich, dass dieser Fall erst eintritt, *nachdem* der Kunde das Produkt vom Einzelhändler gekauft hat? Lässt sich am

Einkaufspreis noch etwas drehen? Gibt es irgendwelche Zuschüsse für „Werbemittel", die dem Einzelhändler vorweg bezahlt werden?

Mit diesem furchtbaren Kram mussten sich also die Verkäufer der PC-Hersteller herumschlagen und sich möglichst gegen die Konkurrenz durchsetzen. Dabei spielte sich der eigentliche Wettbewerb auf bislang unbekannten Gebieten ab – hoch spezialisierter und ständig verbesserter Technologie und entsprechend anspruchsvollem Service.

Der Einzelhandel versagte den Herstellern jedwede Form von Unterstützung. Vielmehr forderten die Händler gewohnheitsmäßig, dass sich die Computerlieferanten ebenso für eine große Nachfrage rüsteten wie alle anderen Großhändler auch. Diese Forderung mochte vielleicht nicht weiter schwierig zu erfüllen sein, wenn man mit Weihnachtskarten handelte, aber in einer vollkommen neuen Branche (wie es die PC-Branche in den frühen Achtzigern war) war die einzig verlässliche Vorhersage, die man mittelfristig treffen konnte, die, dass diese Dinger schneller *veraltet* waren als irgendeine andere Ware.

Außerdem waren die Vorlaufkosten für die Hersteller, die mit Einzelhändlern kooperierten, viel zu hoch. Sie mussten teures Zubehör einkaufen, aus dem sie die PCs bauten, die sie dann in ihren Lagerhäusern bereithielten, um sie an den Einzelhandel auszuliefern, der sie wiederum in seinen Lagern hielt, bis sie verkauft wurden. Erst dann sahen die Hersteller etwas von ihrem Geld wieder. Derlei Abläufe waren schon eine Zerreißprobe für jeden Seifenfabrikanten; für PC-Hersteller waren sie mörderisch. Schließlich handelten sie mit einer Ware, die sich praktisch täglich veränderte. Was Verarbeitungsgeschwindigkeiten und -kapazitäten, Betriebssysteme und Softwareanwendungen betraf, jagte eine bahnbrechende Verbesserung die nächste, weshalb Computer, die auch nur einen Tick zu lange in den Lagerhallen standen, unverkäuflich wurden. Nicht umsonst wurde behauptet, dass PCs dieselbe Haltbarkeit aufwiesen wie Kopfsalat.

Die letzten tausendetwas Worte habe ich zu Übungszwecken geschrieben – für den Fall, dass ich jemals einen Job als Journalist bei der *SUN* angeboten bekommen sollte. Ich habe den Stil absichtlich in einer Mischung aus „BWL für Anfänger" und Comic-Heft gehalten. Und das hat auch einen Grund: Auf diese Art klingt es überzeugend nach einer Binsenweisheit. Ich meine, selbst ein Manchester-United-Fan hätte auf den ersten Blick erkannt, was hier falsch lief. Das Einzelhandelselement trieb zwar den Endverbraucherpreis in die Höhe, trug aber rein gar nichts zur Wertsteigerung des Produktes bei, sondern minderte diesen Wert eher noch. Klar, oder? Also weg damit. Da verkauft man doch besser gleich selbst an den Verbraucher.

Na ja, hinterher ist jeder klüger. Ich war damals selbst dabei. Ich war Mitte Dreißig und relativ erfolgreich. Ich hatte ein bisschen Geld über, das ich investieren wollte, und auf meinem Schreibtisch stand ein Wang-PC. Ich hätte sehen können und sehen müssen, wo der Fehler im System lag, und Squillionen verdienen können. Habe ich aber nicht. Und Sie offenbar auch nicht. Nur ein einziger Mensch hat es erkannt – jemand, der die richtigen Voraussetzungen, die entsprechende Mentalität, das technische Wissen, den Willen und die visionäre Energie (sprich: alle Puzzleteile) mitbrachte, um das Versorgungssystem grundlegend zu verändern.

Seine Spinneridee basierte auf drei Elementen:

- Er verzichtete auf eine Kooperation mit dem Einzelhandel und wandte sich stattdessen direkt an die Endverbraucher. Dabei ging es nie darum, massenproduzierte Güter unter die Leute zu bringen, sondern vielmehr um den Aufbau einer Beziehung zwischen Händler und Kunden. Der Verbraucher konnte seine Bestellung via Telefon oder Telefax aufgeben, wobei das bestellte Produkt den individuellen Bedürfnissen entsprechend hergestellt wurde. Das „Verkaufspersonal" wurde darauf geschult, sich nach den Wünschen des einzelnen Kunden zu richten, anstatt nach denen einer mächtigen Einzelhandelskette. Erst wenn feststand, was genau der Verbraucher von seinem PC erwartete, wurde mit der Produktion begonnen, in deren Prozess allein die bestellten Wareneigenschaften entscheidend waren. Kurz: Das Unternehmen baute eine Beziehung zu dem individuellen Kunden auf und legte damit den Grundstein zu einer Massenproduktion von kundenfreundlichen Waren.
- Um es dem Kunden leichter zu machen, ein teures Produkt zu bestellen, das er zuvor weder sehen noch testen konnte, bot Dell eine Garantie, nach der innerhalb von dreißig Tagen eine Rückgabe mit voller Kaufpreiserstattung möglich war. Damit war dieses Problem aus der Welt.
- Es gibt bereits zahlreiche Literatur darüber, wie sehr das Direktmarketing die Effektivität und Effizienz des Bestandsmanagements steigert. Das stimmt auch – zumindest bis zu einem gewissen Grade. Aber

das wirklich Spinnerte an Michael Dells Konzept war, dass er Ihren Computer für Sie baute, *indem er Ihr Geld dazu benutzte*. Natürlich konnte der Bestand auf einem Minimum gehalten werden, natürlich konnten die neuesten Technologien eingebaut werden, aber nur dadurch, dass der Einzelhändler wegfiel und der Nutzen des Cashflow allein beim Hersteller blieb, konnte der Kunde ein besseres Produkt und einen besseren Service bekommen. Dell gewann einen enormen Wettbewerbsvorteil und machte gigantische Gewinne.

Der Rest ist Geschichte. Vier Jahre nachdem er als Student ins Geschäft eingestiegen war, ging Dell an die Börse. Der Marktwert des Unternehmens lag bei 59 Millionen Dollar. Weitere vier Jahre später zählte er zu den fünf größten Computerherstellern weltweit. Aber wie alle Unternehmen, die rasant wachsen, brachte auch bei Dell schon die Beibehaltung dieses Wachstums Probleme mit sich. In den Jahren 1992–94 verlor man vorübergehend die Kernelemente von Dells Spinnerprinzipien aus dem Blick. Man konzentrierte sich nicht mehr auf den Kunden als Individuum und brachte den Einzelhandel ins Spiel. Dieser kurzfristige Ausrutscher führte allerdings nur dazu, dass man endgültig begriff, wie sinnvoll das Direktmarketing-Modell war. Dell erholte sich wieder, sobald man zu den spinnerten Ideen zurückgekehrt war.

Der anfängliche Kundenkontakt per Telefon und Fax wurde bis Mitte der Neunziger beibehalten. Dann fing eine kleine technische Neuheit namens Internet an, allmählich flügge zu werden. Dell ging 1996 mit einer eigenen Website, www.dell.com, ins Netz. Heute belaufen sich die Umsätze, die Dell allein übers Internet macht, auf über 14 Millionen Dollar täglich. Michael Dells Traum war bereits ein Brandherd – der durch das World Wide Web zu einem Flächenbrand wurde.

Wir haben es also mit einem Visionär erster Güte zu tun. Zwar war es kein Kunststück zu sehen, dass der Einzelhandel für den aufkeimenden PC-Markt so nützlich war wie ein großer Misthaufen, aber es war etwas gänzlich anderes, die richtigen Puzzleteile zusammenzufügen, um eine Alternative zu schaffen – eine Alternative, die die moderne Wirtschaft für immer verändern sollte. Innerhalb weniger Jahrzehnte wurde Massenmarketing beinahe vollständig durch Angebotsindividualisierung in Massen abgelöst. Und den Weg dahin konnte nur ein Spinner weisen.

Einer der Faktoren, der meinen Beobachtungen zufolge Visionäre von

Träumern unterscheidet, ist die Widerstandsfähigkeit der Konzepte. Als die Hightech-Industrie nach der Jahrtausendwende in den Sturzflug ging, konnte Dell weiterhin Gewinne verzeichnen. Das Unternehmen hält seine Bestände durchschnittlich fünf Tage am Lager, während sie bei der Konkurrenz zwischen 30 und 90 Tagen liegen. Dort glaubt man immer noch daran, teure Güter auf Vorrat haben zu müssen. Man fragt sich, warum die nicht schlau geworden sind. Einige wenige, wie Apple, kündigen inzwischen an, dass sie dem schwierigen Markt begegnen wollen, indem sie ein eigenes Einzelhandelssystem aufziehen wollen. Ich weiß, auf welches Pferd ich setzen werde.

Je mehr wir über Michael Dell erfahren, umso unbedeutender wird, dass ihm nach wie vor das Etikett „langweilig" anhaftet. Und was wir darüber hinaus erkennen, ist, welche gute Figur er als Querdenker macht. Tatsache ist, dass er längst nicht mehr die alleinige Kontrolle über sein Unternehmen hat, sondern als ein Vorsitzender von mehreren fungiert; doch bis heute sieht seine Firma aus wie er, riecht wie er und schmeckt wie er. Sie ist sauber, effizient, zielstrebig und mutig. Was anfangs verrückt anmutete – und mittlerweile zur weltweit akzeptierten Geschäftspraxis avanciert ist –, bleibt unantastbar erhalten. Dell ist nach wie vor ein relativ junges Unternehmen, das sich in der chaotischen Welt ständig neuer PC-Technologie zu behaupten sucht – aber die Haare sind ordentlich gekämmt und man sieht es selten ohne Schlips. Verstehen Sie, was ich meine? Na ja, ein cooler Querdenker ist er allemal.

WAHNSINNS-WERTUNG:

VISIONÄR: ☆☆☆☆☆

QUERDENKER: ☆☆☆

ANITA RODDICK

Schon wieder jemand, bei dem ich meine Vorurteile besser gleich offen auf den Tisch lege. Allerdings bin ich in diesem Fall der Ansicht, dass der Leser mit seinen Vorurteilen ebenso wenig hinter dem Berg halten sollte. Jeder, einschließlich ihrer eigenen werten Person, hat eine Meinung über diese Frau und „ihren" Body Shop und diese Meinungen gehen erstaunlich weit auseinander.

Niemand wundert sich, dass sie und/oder ihr Body Shop es weiter gebracht haben als die meisten anderen Marken. Obwohl Body Shop „nur" 1.800 Läden unterhält, zählt die Marke zu den fünfzig bekanntesten weltweit. Wie bei Benetton und Bill Clinton findet sich kaum ein Mensch, der keine Meinung zum Body Shop und seiner Gründerin hat.

Also werden wir diese Vorurteile aus dem Weg räumen müssen. Ich fange an.

Ich bin für diese Frau eingenommen. Das ist eine rein geistige und einigermaßen emotionale Sache. Der Grund dafür dürfte ihr selbst absolut nicht gefallen und hat rein gar nichts mit geschäftlichen Dingen zu tun: Es ist, weil sie in einer bestimmten Beleuchtung und mit zusammengekniffenen Augen betrachtet ein bisschen aussieht wie die dunkelhaarige Sängerin von ABBA. Und in die (das sollte ich der wissenschaftlichen Genauigkeit halber erwähnen) war ich einmal schwer verliebt. Bedauerlicherweise gibt es keinerlei historische Quellen, aus denen ersichtlich wäre, inwieweit sie meine Gefühle erwiderte. Meine Liebe blieb also unerhört. Doch bis heute verspüre ich jedes Mal, wenn ich an einem Body Shop vorbeikomme oder ein Foto von La Roddick sehe, den dringenden Wunsch, meinen sanften Tenor erklingen zu lassen und „Fernando" zu singen.

Das ist natürlich extrem sexistisch. Wie Anita Roddick bemerkte, oder besser: schimpfte, interessiert sich kein Schwein dafür, wie ein wirtschaftlich erfolgreicher Mann aussieht, während eine geschäftstüchtige Frau unwillkürlich an ihrem Äußeren gemessen wird. Was das angeht, möchte ich betonen, dass ich vollkommen unschuldig bin. Ich habe schon mit vielen Frauen geschäftlich zu tun gehabt, aber von denen sah keine auch nur *entfernt* wie die ABBA-Schwalbe aus. Daher ist Anita Roddick für mich etwas ganz Besonderes und das sollten Sie von vornherein wissen. Alle anderen Frauen, denen ich in der Wirtschaft begegnet bin, habe ich kein Stück anders betrachtet und als Menschen bewertet, als ich es mit den männlichen Vertretern der Spezies tat. Ich bin farbenblind, geschlechterblind und körperblind, wenn es um Geschäftsleute geht. Ich gebe allerdings zu, dass ich mich in der Gesellschaft von Rauchern nicht direkt wohl fühle, und es gibt einige männliche Erscheinungen, die mir zutiefst zuwider sind. Mir gehen Männer auf die Nerven, denen dicke goldene Taschenuhrketten aus der Westentasche baumeln, während an ihrem linken Handgelenk Fünftausenddollar-Rolexuhren klemmen. Und solche, die ihre Initialen in die Hemden sticken lassen, gehören meiner Meinung nach standrechtlich erschossen.

Puh, *das* wäre geschafft. Wo war ich gerade? Ach ja, Anita.

Kommen wir direkt zu meinem zweiten Vorurteil, was Anita Roddick angeht. Obgleich die oberflächliche Beweislage dagegen spricht, würde ich sagen, dass wir es hier nicht mit einem Visionär erster Güteklasse zu tun haben. Dafür denke ich, dass sie ein Querdenker sondergleichen ist. Natürlich sollten wir im Interesse der Gleichstellung der Geschlechter besser von einer Querdenkerin sprechen.

So, damit wären meine Vorbehalte hinlänglich geklärt, und ich werde die nächsten fünf Zeilen freilassen, damit Sie Ihre Vorurteile notieren können. Fassen Sie sich kurz und *seien Sie ehrlich*.

Stimmt. Ich hätte es nicht besser ausdrücken können. Ich möchte lediglich hinzufügen, dass meines Erachtens „albern" keine zwei „l" enthält. Und „frömmelnd" schreibt man ganz bestimmt nicht so, wie Sie das eben geschrieben haben. Ich bin sicher, dass in diesem Wort kein „t" vorkommt.

Zugegeben, meine Ausgangshypothesen scheinen schwerlich haltbar, wenn ich einerseits Benetton als einen Traumtypen allererster Sahne hinstelle und andererseits nicht wahrhaben will, dass es gewisse Parallelen zwischen ihm und Anita *gibt*. Schließlich hat er mich von seinem Spinnertum überzeugt, indem er eine Werbekampagne in den USA startete, die wie eine Bombe einschlug. Hat Body Shop nicht nach *genau* demselben Prinzip gehandelt, als sie ihre unglaubliche „Kondomwerbung" in San Francisco brachten? Auch diese Aktion war ein Juwel kontroverser, hochwirksamer, kostengünstiger und sachbezogener Werbemethodik – wennschon diesmal ein Text im Spiel war und kein Foto von Toscani. In Reaktion auf die sich zuspitzende AIDS-Krise hängten sie ein Schild vor ihr Vorzeigegeschäft in San Francisco, das der Welt den Rat erteilte:

„2-4-6-8, USE A CONDOM OR MASTURBATE"[*]

Selbstverständlich können sich nur diejenigen Leser, die mit amerikanischen Geschäfts- und Managementgepflogenheiten (insbesondere im Bereich Franchising) vertraut sind, bildlich vorstellen, auf welche überwältigende Ablehnung dieses Plakat stieß. Alle Übrigen können es nur vage erahnen.

In den USA hält sich unterschwellig, aber hartnäckig ein enormes Potenzial von etwas, das ich nach eingehender Betrachtung „religiös-fundamentalistische Idiotie" nennen möchte. Dieses Sammelsurium fragwürdigen Gedankenguts brodelt direkt unter der Oberfläche, und es existiert eine Art stillschweigende Übereinkunft darüber, dass im Markenmanagement ALLES erlaubt ist, außer an dieser Oberfläche zu kratzen. Wer sich im Markt etablieren will, darf nicht einmal *andeuten*, dass seinem Unternehmen Homosexualität bekannt ist (ganz egal, ob man sie persönlich unterstützt oder nicht). Das ist ungefähr so, als würde man mit einem Sportflugzeug gegen eine Steilwand knallen.

Es lässt sich kaum beschreiben, wie stark diese Kräfte wirken, aber Sie können mir glauben, dass ich sie des Öfteren am eigenen Leib zu spüren bekam. Ich hatte ja bereits geschildert, was passierte, als wir die 30-Millionen-Dollar-Kampagne starteten, die unter dem provokativ-amüsanten Motto „Manchmal muss man die Regeln brechen" stand. Damals wurden

---

[*] Sinngemäß: „1-2-3-4, Nimm ein Kondom oder masturbier", *Anm. d. Übers.*

wir mit Protestschreiben und Klageandrohungen *bombardiert*, und ganz Amerika beschimpfte mich, weil ich die guten Amerikaner vom rechten Weg abbringen wollte. *Und in unserer Werbung kam nicht ein einziges Mal das Wort „masturbieren" vor.*

Ich brauche Ihnen wohl kaum zu erzählen, wie die Reaktionen auf die Kondomgeschichte ausfielen. Aber rückt diese Sache Anita in Sachen Visionen auf eine Stufe mit Luciano? Nein. Ebenso wenig helfen ihre eigenen Worte, sie im Rang mit Luciano gleichzustellen. In ihrem Buch[1] stellt sie eine ganze Liste „natürlicher" unternehmerischer Eigenschaften zusammen, aus der ich einen kurzen Ausschnitt zitieren möchte:

„Es gehört ein Hauch von Verrücktheit dazu ... Verrückte Menschen sehen und fühlen Dinge, die andere nicht bemerken. Der Traum *[meine Hervorhebung] eines Unternehmers ist oft eine Art Wahn ..."*

Trotzdem bleibe ich bei dem, was ich gesagt habe. Und ich will Ihnen auch sagen, warum. Anita Roddick ist eine ausgesprochen talentierte Frau, die durchaus als Spinnerin gelten kann. Sie hatte schon auch einen Traum, aber das ist nicht der Grund, weshalb sie in dieses Buch aufgenommen wurde oder warum ihr in der *Großen Geschichte der Weltwirtschaft* (die sicherlich irgendwann von David Attenborough verfilmt werden wird) eine eigene Seite zusteht. Ich meine nämlich, dass ihr Traum eine Macke hatte, und das wiederum disqualifiziert sie für einen Eintrag auf der Visionärsliste. Außerdem hatte ihr Traum meiner Meinung nach wenig mit dem zu tun, was sie als Spinnerin erreichte.

Was sie getan hat, hätte sie ebenso gut machen können, wäre Body Shop eine Kette von Naturkostläden oder Geschäften für Baumwollkleidung aus biologischem Anbau gewesen. Was sie in dieses Buch gebracht hat, ist die Art, *wie* sie tut, was sie tut. Ihr Triumphzug verdient sich in erster Linie ihrer ausgeprägten Rastlosigkeit und ihrem tiefen Vertrauen in die Gesellschaft, die Politik, die Menschen und das Leben. *Body Shop war lediglich der Bus, den sie nahm, um ihr Ziel zu erreichen.*

Der Fairness halber muss man zugeben, wie originell die Idee war. Die Branche selbst allerdings – Kosmetik, Parfum und Seifenwaren – ist alles andere als neu. Erste Spuren von Körperpflege und dem Gebrauch

---

[1] *Business As Unusual*, Anita Roddick (Thorsons, 2000).

parfümierter Öle finden sich bereits früh in vorchristlicher Zeit. Und der neugeborene Jesus wurde schon in der Krippe mit Weihrauch beschenkt. Die Verwendung von Duftseifen war im Mittelalter in praktisch allen europäischen Städten gang und gäbe.[2]

SPINNERSPRUCH:

„Verrückte Menschen sehen und fühlen Dinge, die andere nicht bemerken. Der Traum eines Unternehmens ist oft eine Art Wahn."

ANITA RODDICK

Die moderne Version dieser Branche entwickelte sich parallel zur Industrialisierung. Je größer der persönliche Reichtum wurde, umso stärker wuchs das Bedürfnis, sich von anderen zu unterscheiden. Die Mittelklasse wurde geboren. Der Markt wurde besonders empfänglich für Roddicks Idee, als eines der stärksten Marktprinzipien überhaupt in den Mittelklasseköpfen Einzug hielt – *man gewöhnte sich an die Idee, sich selbst hin und wieder zu verwöhnen*[3]. Und dies geschah exakt zu jener Zeit, als Anita Roddick ihre Rezepturen zu mixen begann.

Dies alles kam zusammen und machte die Branche zu dem, was sie heute ist. Große internationale Konzerne (Colgate-Palmolive, Procter & Gamble, Unilever) produzierten Massenwaren für die Massen, während Chanel, Revlon und Estée Lauder einzelne Produkte elitär und sexuell aufluden. Die Kosmetikabteilungen der Kaufhäuser wurden zusehends größer – heutzutage haben sie Maße angenommen, die den Autoren immer wieder in blankes Staunen versetzen, wenn er durch ein Kaufhaus schlendert (oder meistens: rennt).

---

[2] Aus irgendwelchen Gründen konnte ich keine französischen Städte auf der Liste finden ...

[3] Das ist das Prinzip, das hinter dem Erfolg von Häagen-Dazs und Starbucks steht. Glauben Sie mir.

Die Kosmetikindustrie wurde zur tragenden Kraft einer anderen Branche – der Werbung. In sämtlichen Medien (insbesondere den Printmedien) konnten vor allem mit Kosmetikwerbung gewaltige Umsätze erzielt werden. Infolgedessen verschmolz Unternehmensmanagement mehr und mehr mit Markenmanagement, wobei die Wirtschaftsprinzipien anderer Branchen in dieser nicht zu greifen schienen. Die Gewinnspannen waren enorm und das Geld wurde direkt in neues Elite-Marketing und Ladendekoration investiert. In vielen Fällen war es sogar so, dass sich durch Preiserhöhungen die Nachfrage steigern ließ.

Überhaupt wurden während der Siebziger zahlreiche Wirtschaftsmodelle infrage gestellt. Ich hatte gerade bei Shell in Großbritannien angefangen und mein Job bestand darin, unser Motoröl an einzelne Tankstellen und Werkstätten zu bringen. Wenn man zu jener Zeit Öl brauchte, wurde es meist von jemandem eingefüllt, der beim Betanken den Ölstand prüfte und einem so viel Öl verkaufte, wie man brauchte. Oder es wurde in der Werkstatt aufgefüllt, in die man seinen Wagen zur Inspektion gebracht hatte. Und normalerweise zahlte man dafür einen geradezu lächerlich hohen Preis – aber das wusste man damals natürlich nicht.

Ich bekam ein Grundgehalt und Punkte für das Öl, das ich verkaufte, die ich in einem Geschenkkatalog einlösen konnte. Dann hörte ich eines Tages von einem Burschen, der im Motorölmarkt war und das Öl *anders* unters Volk bringen wollte. Und das tat er auch. Mein gängiger Wochenumsatz lag bei sechs bis zehn Kisten. Er kaufte eine *LKW-Ladung*. Sein Plan war, dieses Öl über den Einzelhandel an Autofahrer zu verkaufen, und zwar zu einem Preis, der ihnen nachhaltig klar machte, wie teuer sie bisher ihr Öl bezahlt hatten. Entsprechend pfiffen sie auf die Werkstatt und füllten ihr Motoröl selbst nach. Der Erfolg war sagenhaft und kurz darauf lud mich ein neuer Supermarkt in meiner Nähe, Asda, ein, damit ich ihnen ein Angebot machte. Sie wollten ebenfalls eine LKW-Ladung kaufen. Ich zehre bis heute von den Katalogpunkten.

Was hat das alles mit Hautlotion und Reinigungscreme zu tun? Einfach alles. Die Revolution auf dem Motorölmarkt, vom Verkauf zu vollkommen überhöhten Preisen unter dem Vorwand von Service und Qualität hin zum Abstoßen von Massenprodukten, war dieselbe, die Body Shop auf dem Kosmetikmarkt einläutete. Und sie sollte zahlreiche Branchen wie ein Lauffeuer durchziehen, die Supermärkte von Grund auf verändern und schließlich zum Konzept der so genannten „Branchenkiller" und Großhandelsclubs führen. Von überallher tönte die neue Forderung: *„Weg mit dem ganzen Klimbim. Wir wollen nur das für unsere (Marken-)Produkte bezahlen, was es kostet, sie vor uns hinzustellen und keinen Pfennig mehr."*

Mit einer ähnlichen Herausforderung trat Body Shop dem traditionellen Einzelhandel mit Kosmetika entgegen. Die Produkte waren billig. Sie wurden billig produziert und billig weitergegeben, weil die Zwischenstufen von der Fabrik bis zum Ladenregal auf ein Minimum reduziert waren. Das Konzept stützte sich auf sehr wenig geldwertes, dafür jede Menge „Schweiß"-Kapital. Man gab so gut wie nichts für Werbung aus. Ähm ... es existierte gar kein Werbebudget. Die ausgefallene Idee, Verpackungsrecycling einzuführen, entsprang wohl eher einer wirtschaftlichen Notwendigkeit als einer bewussten Entscheidung, dem „Zeitgeist" zu entsprechen, der unter den Verbrauchern aufkeimte. Ebenso hatte die Verwendung traditioneller Materialien wohl mehr mit den kleinen Produktionsmengen für eine einzige Filiale zu tun als mit einer absichtlichen Abkehr von den existierenden Konventionen.

Dennoch ist es unfair, Body Shop einfach mit Kwik Save oder Asda in einen Topf zu werfen. Die Aufmachung der Geschäfte, die Produktpositionierung und die Produktspanne signalisierten von Anfang an, dass Body Shop anders als die anderen war. Und damit meine ich die Zeit, *bevor* die Marke im Allgemeinen und Anita Roddick im Besonderen für eine bestimmte Kampagne standen. Das grüne Logo, woher auch immer es stammen mochte, hob Body Shop von Anfang an klar ab. Der Erfolg des ersten Geschäftes veranlasste sie, ein zweites zu eröffnen, und in diesem Augenblick entstand die Idee, sie alle gleich aussehen zu lassen.

Ich glaube nicht, dass hier jemand die Teile eines Puzzles zu einem Bild, zur Kontur eines Traums, zusammengefügt hat. Für mich klingt das zu wenig nach einem Ineinandergreifen von Persönlichkeit, Genialität, Umständen und bestimmten Fähigkeiten, die nur darauf warteten, sich eines Tages vereinen zu dürfen, um eine anhaltende und unumkehrbare Revolution konventionellen Geschäftsdenken auszulösen. Das beginnt schon damit, dass Body Shop aus purem Pragmatismus gegründet wurde, nämlich weil eine höchst – und damit meine ich *höchst* – talentierte Frau sich ihren Lebensunterhalt verdienen musste. Sie verfügte nur über begrenzte Mittel, da ihr Ehemann zur fraglichen Zeit als vermisst galt.[4] Heraus kam The Body Shop.

Es gibt noch einen weiteren Grund, weshalb ich hinter diesem Traumgebilde keine echte Spinneridee ausmachen kann. Das Konzept weist eindeutige Fehler auf. So wurde das Unternehmen allzu schnell zu einem Vehikel, das Anita Roddick mit allen möglichen Dingen belud – zu welchen auch einige zählten, die mit ihrer Branche reinweg gar nichts zu tun hatten. Zu den Glaubensbotschaften, die sie vermittelte, gehörten auch solche, die sich mit der Rolle des Unternehmertums in der modernen Welt beschäftigten. Darunter gibt es zwei Themen, die sich besonders hartnäckig halten. Eines davon ist ihre Überzeugung, Unternehmen könnten im Hinblick auf soziale Belange eine weit größere Rolle einnehmen, als sie es bisher tun. Sie sollten ihre Mittel, ihre Macht und ihren Einfluss in der Welt wachsender Globalisierung geltend machen, um die Kluft zwischen Individuum und Staatsapparat zu überwinden, angefangen von umweltpolitischen Fragen bis hin zur Verfechtung der Menschenrechte.

Ihr zweites Lieblingsthema ist dem ersten in gewisser Weise verbunden und berührt dennoch einen ganz anderen Bereich. Es ist ihre These, dass Unternehmen sich nicht ausschließlich an konventionellen Maßstäben wie Gewinnen und Verlusten messen sollten. Sie verbreitet in einem fort, dass sie Body Shop zu einem guten und nicht zu einem großen Konzern machen wollte und will, sprich (gemäß *„Business as Unusual"*): *„Ich würde lieber danach beurteilt werden, wie ich die schwächeren und gefährdeteren Bevölkerungsgruppen behandle, mit denen ich Geschäfte mache, als danach, wie hoch meine Gewinne sind."*

Es mag vielleicht überraschend scheinen, aber nach über dreißig Jahren im Geschäft kann ich mit derlei Ansichten durchaus sympathisieren. Genau genommen habe ich dem Big Business den Rücken gekehrt, weil ich es nicht mehr ertragen konnte, tagtäglich wider mein Rechtsempfinden zu handeln. Außerdem habe ich beobachtet, dass diese Weltanschauungen in der Wirtschaft (deutlich) häufiger vorkommen, als man glaubt. Dafür braucht man sich nur die gängige Wirtschaftspresse anzusehen. Und das ist

---

[4] Gordon Roddick wird an keiner anderen Stelle dieses Buches auftauchen. Auf jeden Fall war er zu jener Zeit damit beschäftigt „seine Identität zu suchen" oder so etwas in der Art. Sollte ich jemals ein Buch über Kerle schreiben, die mit ihrer Ehe echt Glück hatten, dann wird mein erstes Kapitel von ihm handeln. Das zweite wird über mich sein.

die Stelle, an der ich ein Problem habe. Ihr oben zitierter Satz besteht aus 26 Wörtern, von denen drei „ich" und eines „meine" lauten. Im Body Shop ist *sie* diejenige, die den Ton angibt, und das Unternehmen spielt den Resonanzkörper für *ihre* Ideen. Daran lässt sich nichts aussetzen, solange einem das Unternehmen gehört, das man zur Verbreitung der eigenen Ideologien benutzt, doch sobald man externe Finanzhilfe benötigt oder über ein Franchisingsystem wachsen will, stellen sich Interessenkonflikte ein, die eine Marke nicht minder gefährden können als der Andreasgraben – alles scheint bestens und der Alltag läuft reibungslos, aber die ganze Sache kann von jetzt auf gleich von einem Erdbeben vernichtet werden.

Menschen, die man bittet, gewaltige Schecks für Unternehmen auszustellen, erwarten gemeinhin, dass sich ihre Gewinne auf konventionellere Art niederschlagen. Zumindest verlangen sie, dass diese Unternehmen ihre Daseinsberechtigung aus kalkulierbaren Faktoren beziehen. Zweifellos ist es nett und irgendwie abgefahren, potenzielle Franchisenehmer zu bitten, ein Essay zu verfassen, anstatt ein herkömmliches Bewerbungsformular auszufüllen, aber investieren müssen sie trotzdem noch. Genauso wie die Aktionäre. Sie sind möglicherweise ein bisschen anders als andere Aktionäre, aber glauben Sie mir, sie wollen sich nicht für soziale Probleme engagieren *anstatt* Gewinne zu machen, sondern sich für soziale Probleme engagieren *und dabei* Gewinne machen.

Ich bin mit diesem Phänomen in Berührung gekommen, als ein amerikanischer Musikkonzern an mich herantrat und mir einen Vorstandsposten anbot. Sie hatten sich von einem Familienunternehmen zu einer Aktiengesellschaft gewandelt und 51 Prozent ihrer Aktien in den Handel gebracht. Ich brauchte ungefähr eine Woche, bis ich begriffen hatte, dass die Familie zwar das Geld eingesteckt hatte, aber keineswegs bereit war, irgendetwas zu verändern. Ich glaube, sie haben gar nicht *verstanden*, dass ihre familiären Interessen denen der mehrheitlichen Eigner zu weichen hatten, welchen sie Rechenschaft schuldig waren.

Anita Roddick hat sich weit von der Kommandobrücke der MS Body Shop zurückgezogen und fungiert heute sozusagen als Signallampe am Mast. Dieser Rückzug geschah teils aus freien Stücken und teils auf Veranlassung Dritter, die von unterschiedlichen Motiven angetrieben waren. Sie lenkt das Unternehmen nicht mehr, bleibt aber nach wie vor die Person, von der man als Erstes hört oder sieht, wenn es um Body Shop geht. Diese Konstellation hat innerhalb der Unternehmensmauern wiederholt zu heftigen Konflikten geführt. Während ich diese Zeilen schreibe, tobt gerade eine erbitterte Schlacht um eine Rückkaufsoption, die das Unternehmen dem Betreiber der amerikanischen Filialen eingeräumt hatte. Anita Roddick hatte clevererweise Aktien in den Verkauf eingebracht, die kein Stimmrecht enthielten, um sich so die Kontrolle des Unternehmens durch ihr Schattenkabinett zu sichern. Nebenher hat sie unermüdlich mit dem erhobenen Zeigefinger Kritik an den Investoren von Body Shop geübt. Das kann man nicht ewig machen. Sollten ihre festen Überzeugungen ihr also den nötigen Mut verweigern, die Firma wieder ganz und gar zu privatisieren, dann hält sie sich besser zurück. Die Alternative wäre, dass sich über die nächsten Jahre enormer Frust aufstaut, der irgendwann in einer unheilvollen Explosion münden wird.

Verstehen Sie mich nicht falsch. Body Shop ist ein großartiges Konzept und Anita Roddick gehört einfach in dieses Unternehmen.

Wenn wir die bisweilen bizarren Äußerungen ignorieren und eine Prise Zynismus beigeben, ist Body Shop heute eine erfolgreiche globale Marke, die ihr Marketing „für die gute Sache" effektiver und effizienter gestaltet als irgendeine andere Marke. In der Unternehmensführung sitzen Profis, die jede Menge Dinge „richtig" gemacht haben, wie beispielsweise die Auslagerung der Produktion an Drittunternehmen und so weiter und so fort. Innerhalb der Branche hat die Marke einen sicheren Stand und vielleicht lohnt es sich, ein paar Euro in dieses Unternehmen zu stecken.

Ach ja, und außerdem hat Body Shop, als Marke, eine der eloquentesten Vorzeigefiguren auf diesem Planeten zu bieten, und (in derselben Gestalt) eine der weltweit größten Missionarinnen, nicht zu vergessen, im Bedarfsfall (und in derselben Gestalt) eine Repräsentantin, die uns kollektives Unbehagen verursachen kann. Und das gegebenenfalls auch in kontrollierter, wenig markenschädlicher Weise.

Warum ist sie in diesem Buch? Ganz einfach, weil sie ein Querdenker der Luxusklasse ist – ganz oberste Kategorie. Ob man den zynischen Blickwinkel einnimmt (die Marke benutzt sie) oder den altruistischen (sie benutzt die Marke), ist vollkommen gleichgültig. Sie war, ist und bleibt die Personifizierung dessen, wofür die Marke steht. Niemand interessiert sich ernsthaft für das, was Body Shop tut (zumal es mittlerweile zahlreiche Nachahmer gibt), doch viele Leute bekommen zwangsläufig mit, *wie* dieses Unternehmen funktioniert. Und dabei geht es immer wieder und vor allem um Anita.

Deshalb sollten wir uns mit ihren Talenten als Querdenker beschäftigen. Soweit ich feststellen konnte, unterteilen diese sich in zwei Gruppen. Die erste hat etwas mit *Rastlosigkeit* zu tun. Ich gebe zu, dass ich während meines Studiums und meiner ersten zwanzig Jahre im Geschäft nie darauf gekommen wäre, Rastlosigkeit als Talent anzusehen. In dieser Verwendung begegnete es mir erstmals, als ich meinen Boss bei GrandMet einige Jahre nach meinem Arbeitsantritt in Miami fragte, warum er ausgerechnet mich mit der Leitung von Burger King betraut hatte. Immerhin wusste ich so gut wie gar nichts über Amerika, kannte mich kaum mit Franchising aus und hatte keinen Schimmer von Fast Food. Er erklärte mir, dass die Marke Rastlosigkeit brauche; seiner Meinung nach hatte sich dieses Unternehmen zu lange in einer Art Winterschlaf befunden und bedurfte dringend einer Periode frenetischer Aktivität. Seither weiß ich, dass man in der Wirtschaft ohne solche Rastlosigkeit praktisch mit einem Arm auf dem Rücken kämpft. Rastlosigkeit ist *die* Führungseigenschaft *überhaupt*. Und Anita Roddick verfügt über einen wahren Wildwuchs an Rastlosigkeit. Sie ist unermüdlich im Kampf für die gute Sache unterwegs und sucht pausenlos nach neuen Wegen, diesen Kampf nach außen zu manifestieren. Ihrer Rastlosigkeit verdankt Body Shop sein Image erfrischender Andersartigkeit. Wenn wir etwas von ihr lernen können, dann dass vorbildliche Spinner rastlos sein sollten. Sie wollen eine Vorzeige-Führungskraft sein? Dann sollten Sie Rastlosigkeit verstärkt im Gepäck haben.

Natürlich ist sie nicht „nur" rastlos. Ihre zweite Stärke, die sie als echten Querdenker auszeichnet, ist *Überzeugung*. Zugegeben, einige ihrer Überzeugungen sind reichlich naiv. Wenn ich jedes Mal, wenn sie von jemandem fallengelassen wurde, dem sie vertraut hatte, ein schönes Britisches Pfund in mein Sparschwein gestopft hätte, wäre ich schätzungsweise heute ein schwerreicher Mann. Aber sie *glaubt* an Dinge, hat einen ausgeprägten Sinn für Moral und eine Nase, die Ungerechtigkeit und Unterdrückung über zwei Kontinente hinweg erschnüffeln kann. Und im Gegensatz zu Ihnen oder zu mir kann sie die Dinge, an die sie glaubt, nicht einfach von den billigen Plätzen aus bejubeln und anfeuern. Sie begibt sich mitten aufs Spielfeld, nimmt es mit dem Gegner auf und sorgt dafür, dass etwas passiert.

Ich werde hier nicht im Einzelnen aufzählen, für was alles Anita Shop oder Body Roddick (die diesbezüglich nahtlos ineinander greifen) sich stark gemacht haben. Das wäre reine Seitenschinderei, da Sie davon gehört haben dürften, es sei denn, Sie haben zwischenzeitlich ein Sabbatical auf dem Jupiter eingelegt. Einige der Dinge, für die sie sich einsetzte, hatten sogar mit der Kosmetikindustrie zu tun – wie etwa die Ablehnung von Tierversuchen oder die Verwendung von Produkten aus armen oder unterdrückten Ländern („Trade Not Aid" – „Hilfe durch Handel"). Andere wiederum waren rein politisch motiviert, wie beispielsweise die Unterstützung von Greenpeace oder die beeindruckende Kampagne gegen die Misshandlungen der Onogi durch die nigerianische Regierung (und, wie sich herausstellen sollte, durch Shell) zugunsten höherer Ölfördermengen. Wie gesagt, es gibt zahlreiche weitere Beispiele.

Vor hundert Jahren hätte man Anita Roddick als Reformatorin bezeichnet und sie wäre gewiss stolz darauf gewesen. Im frühen einundzwanzigsten Jahrhundert haben wir keine solche Kategorie mehr, weil wir meinen, dass alle großen Reformen bereits hinter uns liegen. Was freilich imperialistischer Bockmist ist. Das rücksichtslose Wohlstandsstreben des letzten Jahrhunderts hat uns zu viele Reiche in armen Ländern und umgekehrt beschert.

Anita Roddick ist nicht Sting. Sie faselt nicht irgendwelches Zeugs über Regenwälder, während sie parallel Fernsehwerbung für Jaguar macht. Sie ist eher ein hundert Jahre zu spät geborener John „Es gibt keinen größeren Reichtum als das Leben" Ruskin, der sehr wohl weiß, welcher eklatante Reformbedarf nach wie vor besteht. Das größte (persönliche) Kompliment, das ich ihr machen kann, ist, dass in meinen Augen der Body Roddick zur eigentlichen liberalen Partei Englands geworden ist. Dieses Unternehmen ist an die Stelle der Partei getreten, die sich früher mit Entschiedenheit für Reformen und aufgeklärtes Denken einsetzte und die heute erbärmlich desorientiert wirkt.

Der Weg dahin war nicht eben unbeschwerlich, und ein börsennotiertes Unternehmen macht es Mrs. Roddick nicht leicht, ihre Sache zu verfechten. Die Medien haben sie und/oder ihre Marke wiederholt ins Visier genommen – wobei es immer dann besonders rau wurde, wenn hitzeempfindliche Waffen zum Einsatz kamen. Von innen wurde sie nicht minder scharf attackiert, sei es durch missgestimmte Franchisenehmer, Aktionäre oder Geschäftsführer, die die Idee des Ganzen aus den Augen verloren hatten. Doch Anita Roddick und ihr Unternehmen haben all das unbeschadet überstanden und wachsen und gedeihen weiter. Wie immer man ihre Rolle sehen mag, ihre Rastlosigkeit und ihre Überzeugtheit sind das Erste, was jedermann in den Sinn kommt, wenn er auf die Marke Body Shop angesprochen wird.

Also schließen Sie die Augen und stellen Sie sich ihr Gesicht vor. Sie sehen vielleicht kein gestochen scharfes Bild, aber das macht nichts. Ist sie es nicht, die da singt? Hören Sie genau hin, dann verstehen Sie den Text. Na, kommen Sie schon, keiner kann Sie hören. Werfen Sie Ihre Hemmungen über Bord, und singen Sie mit mir:

„If I had to do the same again, I would, my friend Fernando"

WAHNSINNS-WERTUNG:

VISIONÄR: ☆☆

QUERDENKER: ☆☆☆☆

WALT DISNEY

Es hat zwar eine Weile gedauert, aber nun sind wir endlich bei einem Ganz Großen Fisch gelandet. Er ist der geistige Vater aller Spinner. Und deshalb sollten wir uns ein paar Dinge klar machen, ehe wir uns auch nur auf Zehenspitzen zu ihm vorwagen.

Disney, wie wir alle es kennen und wie einige von Ihnen es lieben, ist voller positiver, glücklicher, durch und durch guter Figuren – mit Ausnahme von Euro-Disney in Paris, wo alle sieben Zwerge „Grumpy"* heißen; ihr Name ist sozusagen Programm, da er das Temperament der Nordfranzosen trifft wie der Nagel auf den Kopf. Aber bis auf diesen einen Lapsus werden die Myriaden von Disneyfiguren weltweit als durchweg positiv empfunden. Was man von ihrem Erfinder keineswegs behaupten kann. Ebenso wenig gilt es für die Mitarbeiter des Unternehmens, die mir bislang begegnet sind und die angeblich für die bestangesehenste Marke der Welt arbeiten.

Ich habe mich genau zweimal mit dem Disney-Team duelliert. Das erste Mal war in den frühen Neunzigern, während meiner Zeit als oberster Ritter von Burger King. Wir stahlen uns bei Nacht und Nebel an unserem schlafenden Erzrivalen vorbei an unsere Beute heran (ich will nicht leugnen, dass ich hier und da einen Hang zu bildreicher Ausdrucksweise entwickle) und sicherten uns die Exklusivrechte auf den Namen „Disney" und die damit verbundenen Produkte für den US-Hamburgermarkt. In den USA firmiert diese Branche übrigens unter der Abkürzung „QSR", wie in „Quick Service Restaurant". Wer immer sich diese Bezeichnung ausdachte, wusste wahrscheinlich nichts von den Dingen, die wir bisweilen in unseren „Drive-Thrus" erlebten. Für alle diejenigen, die im Englischunterricht prima aufgepasst haben: Ja, im US-amerikanischen Einzelhandel buchstabiert man *through* so: *thru*. Der Vollständigkeit halber sei hier erwähnt, dass in unseren „Drive-Thrus" tatsächlich Leute *gestorben* sind; aber das ist eine andere Geschichte.

---

* Sinngemäß: „Quengler", *Anm. d. Übers.*

Nun muss dazu gesagt werden, dass sowohl für McDonalds (wo offenbar alles im Tiefschlaf war) als auch für uns (die wachen Auges erkannten, was die anderen verschliefen) diese Idee vollkommen neu war. Bisher war niemand darauf gekommen, sich gezielt an die Kinder zu wenden, indem man sich mit einer starken, kinderspezifischen *anderen* Marke zusammentat, und unser Erfolg war umwerfend.[1] Während der Verhandlungen und im Verlaufe der darauffolgenden Partnerschaft habe ich mehrfach mit Disney-Geschäftsführern an einem Tisch gesessen. Wie die meisten Menschen kannte ich Walt Disneys Lebensgeschichte in groben Zügen, hatte aber nicht einmal entfernt Kontakt zu ihm oder Vertretern seines Teams gehabt. Ich war etwas enttäuscht von diesen Burschen – die doch immerhin die unternehmerische Frucht der Lenden eines großen Mannes sein sollten: Sie waren *kein bisschen* anders als alle anderen amerikanischen Managementtypen. Ganz nett und freundlich an der Oberfläche, aber im Grunde ganz gewöhnliche Anzugträger – nicht mehr, nicht weniger.

Fünf Jahre nachdem ich mich aus dem Big Business zurückgezogen hatte, ging ich ein zweites Mal mit dem Disney-Unternehmen in den Ring – diesmal unter gänzlich anderen Vorzeichen. Ich war (und bin immer noch) Mitbegründer eines Service-Konzepts, das Restaurant und Theater kombinierte. Wir tauften es *Y Arriba Y Arriba*. Die Kosmopoliten unter den Lesern werden auf den ersten Blick erkennen, dass dieser Name etwas mit Lateinamerika zu tun hat – richtig! Unsere Restaurants servieren Tapas aus allen 21 lateinamerikanischen Ländern und bieten parallel dazu Entertainment aus selbigen Ländern im angeschlossenen *Café-Teatro*. Wenngleich das Konzept neu war, wir ein neues Unternehmen waren und man bei Disney normalerweise unter diesen Umständen nicht einmal im Traum eine Partnerschaft erwägt, machten sie eine Ausnahme, weil sie noch kein Latino-Konzept für ihren Ausbau von Disneyland hatten. Wir eröffneten unser erstes Restaurant-Theater 2001 im Disneyland

---

[1] Wir haben uns einfach an die aktuellen Kinderkinofilme von Disney herangehängt und die dazugehörigen Merchandisingartikel entweder gratis oder zu einem geringen Aufpreis mit unseren Kindermenüs angeboten. Die Erfolge, die wir mit den Merchandising-Artikeln beispielsweise aus *Der König der Löwen* verzeichnen durften, waren schlicht erstaunlich – sogar so erstaunlich, dass McDonalds die Rechte „kaufte", nachdem ich BK verlassen hatte. Soweit ich weiß, haben sie einen astronomischen Preis dafür bezahlen müssen. Ha! Ha!

Anaheim. Haben Sie jemals mit Disney-Leuten über einen Leasingvertrag verhandelt und anschließend versucht, die Vertragsvereinbarungen durchzusetzen? Das ist in etwa so, als würde man sich die Brustwarzen in Eisenzwingen klemmen, die jemand anderes anzieht, während im Hintergrund die Breimusik von Kenny G. läuft.

Diese beiden Geschichten verdienen wahrlich ein eigenes Buch, aber nicht in diesem. Dass ich sie hier dennoch erwähne, dient einzig der Illustration dafür, wie wenig schwierig es ist, den Gegensatz zwischen einem Disney-Manager und einem sonnigen Gemüt auszumachen – um ein Zitat von P. G. Wodehouse zu entstellen. Und das, obwohl bei Disney Trilliarden Dollar in eine Imagekampagne fließen, die der Marke den Anschein von sonnigem Gemüt und unbeschwerter Fröhlichkeit einhauchen soll.

Der nahe liegendste Schluss wäre der, dass die Erben Disneys seine Idee verraten haben. Doch das ist ein Trugschluss. Eine schlappe Stunde Nachforschungen reicht um herauszufinden, dass der große Mann des Entertainments keineswegs seine eigene Persönlichkeit einbrachte, die fürderhin im strahlenden Lächeln einer Mickey Mouse oder eines unschuldigen Schneewittchens den Globus erobern sollte. Nein, die Quelle für seinen Traum hat er nicht mit einem Blick in den Spiegel gefunden und daraufhin die Welt mit seinem persönlichen Lebensstil und seiner Philosophie beglückt. Walt selbst, zitiert in Bob Thomas' Biographie von Disneys Bruder Roy, macht die Sache eigentlich ganz klar:

„Ich habe mein Leben lang daran gearbeitet, ein bestimmtes Image von Walt Disney zu kreieren. Aber das bin nicht ich. Ich rauche, ich trinke und ich tue all die Dinge, von denen wir nicht möchten, dass die Welt sie erfährt."

Ebenso wenig war er der größte Animator und Künstler aller Zeiten, als der er in der Öffentlichkeit gern gesehen wird. Ihm selbst war ziemlich schnell klar, wie unzulänglich sein künstlerisches Talent war – weshalb er diese Seite des Geschäftes an bessere Künstler übertrug.

Kurz: Er war kein Querdenker. Er hatte zwar einen Traum, aber er verkörperte ihn nicht. Und an dieser Stelle wird es ein bisschen kompliziert. Er dürfte das erste lebende Beispiel – in diesem Buch und wahrscheinlich überhaupt – für jemanden sein, der einen Traum nicht allein deshalb wahr macht, weil darin eine Möglichkeit sieht, die Grenzen des physisch Möglichen zu erreichen. Das tat er natürlich auch und allein dadurch hat er sich ein Denkmal verdient, aber zu seinen Ideen gehörte weit mehr als etwas zu schaffen, was niemand zuvor geschaffen hatte. Es gehörte dazu, um Ecken zu denken. Er schuf Dinge, mit welchen Kundenbedürfnisse befriedigt wurden, von denen bis dato gar keiner gewusst hatte, dass sie existierten. Ein Beispiel: Er baute seine Themenparks nicht einfach so irgendwohin, sondern er ahnte, wie explosionsartig der Reise- und Tourismusmarkt wachsen würde. Und für diesen Markt lieferte er die entsprechenden Produkte.

Ich möchte auf eine gewagte Theorie zurückgreifen. Man kann in jeglicher Gesellschaft eine lauschige halbe Stunde mit den herrlichsten Streitereien verbringen, indem man diskutiert, was Disneys größte Errungenschaft ist. Die Bandbreite ist ziemlich groß. Mein Favorit ist unangefochten sein erster Zeichentrickfilm in Spielfilmlänge. Und meine Argumente sind äußerst schlagkräftig: Ich führe nämlich den Vergleich zwischen einem Disneyfilm und meinem geliebten Fußball an. Wie Ihnen wohl bekannt sein dürfte[2], dauert ein Fußballspiel 90 Minuten. Und nun stellen Sie sich vor, wie die Reaktionen ausfallen würden, wenn Sie mit einer vollkommen neuen Idee kämen. Gehen wir einmal davon aus, dass Sie bereits einen ersten Durchbruch erzielt haben, indem Sie die Spielübertragungen von schwarz-weiß in bunt wandelten, und jetzt wollen Sie das Ganze noch ein Stück weiter voranbringen. Ihr Plan ist oberclever – statt 90 Minuten soll jedes Einzelspiel *fünfzehn Stunden* dauern.

Sie können sich denken, was passieren würde. In den Reaktionen würden die Wörter „Blödsinn" und „Idiot" nicht ausbleiben. An schlechten Tagen würde man Sie sogar einen durchgeknallten Volltrottel nennen. Und dabei entspräche Ihr Plan exakt dem, was Walt Disney vorschlug, als er seinen ersten Comic in Spielfilmlänge drehen wollte – *Schneewittchen und die sieben Zwerge*. Er streckte das bereits vorhandene Acht-Minuten-Format auf Spielfilm-Format. Das war 1937 – und der Rest ist Geschichte. Aber den wenigsten ist heute noch bewusst, wie abwegig (und gefährlich) seine Idee damals schien.

---

[2] Das heißt, falls Sie Amerikaner sein sollten, ist es Ihnen möglicherweise nicht bekannt. Also, „Fußball" ist diese merkwürdige Sportart, für die sich die restliche Welt begeistert. Und – was besonders wichtig ist – wenn es einen „World Cup" gibt, ist daran mehr als eine Nation beteiligt.

Also, was ist Ihrer Meinung nach die größte Errungenschaft Disneys? *Schneewittchen*? *Fantasia*? Disneyland? Ich persönlich halte keines davon für seine beste Leistung, genauso wenig würde ich seine unzähligen anderen Comicfiguren, seine Freizeitparks, seine Veranstaltungen oder das Markenmerchandising für das Größte halten, was er vollbrachte. Für mich geht er als unsterblicher Träumer in die Annalen ein, weil er die drei großen Trends des letzten Jahrhunderts vorhersah, die ich der besseren Betonung halber noch einmal in Fettdruck auflisten möchte:

- **Fernsehen**
- **Reisen und Tourismus**
- **Produkt**

Ja, ja, ich höre schon die ersten Rufe „Aufhören!" oder „Quatsch!" aus dem Publikum. Produkt? Hat nicht der erste Höhlenmensch, der eine Tonschale knetete und sie dann gegen ein Tierfell eintauschte, ein Produkt hergestellt? Haben die Jungs von Coca-Cola nicht bereits ein Produkt geschaffen, bevor Disney überhaupt auf die Welt gekommen war? Hat Ford nicht eine ganze Produktserie auf die Beine (oder Räder) gestellt, lange bevor *Schneewittchen* auch nur geplant wurde? Stimmt alles und daran soll auch gar nicht gerührt werden. Doch ich sagte nicht „ein" Produkt oder „das" Produkt oder „einige" Produkte. Ich sagte „Produkt", und dieses Wort steht für ein komplexes Phänomen der modernen Wirtschaft; daher gibt es hierzu weder Singular, Plural noch einen Artikel. Das Konzept lässt sich am besten veranschaulichen, wenn wir uns für einen Moment in die Lage von Fliegen an den Wänden einiger hypothetischer Konferenzräume versetzen:

BEISPIEL 1:
DER VORSTAND SPRICHT

Hört mir mal alle ganz genau zu, ja! Wir haben gerade einen Kabelkanal gekauft und mit diesem Zukauf besitzen wir nunmehr vier Fernsehkanäle plus diverse Tageszeitungen. Zusammen ergibt das 300 Fernsehstunden und ungefähr eine Meile Zeitungskolumnen, die wir wöchentlich füllen müssen. Was wir also dringend brauchen, ist PRODUKT, o.k? Wir brauchen STOFF, mit dem wir diese Räume füllen."

BEISPIEL 2:
DER VORSTAND SPRICHT

Hört mir mal alle ganz genau zu, ja! Unsere Hamburger-Kette geht in die Sommerphase und es gibt zwei Dinge, die wir alle über diese Handelssaison wissen. Erstens, dass die Kinder keine Schule haben. Zweitens, dass SIE entscheiden, wo die Familie isst, wenn sie gemeinsam unterwegs sind. Außerdem wissen wir, dass es sie KEIN BISSCHEN interessiert, wie unser Essen oder das anderer Ketten schmeckt. Sie machen ihre Entscheidung und damit die für die ganze Familie einzig davon abhängig, zu welchem Menü ihnen welches Gratisspielzeug oder sonstiges Zeug angeboten wird. Das heißt: Wir brauchen Produkt. Wir brauchen KRAM, den wir ihnen anbieten können, wenn sie ihr Essen bei uns kaufen."

Walt Disney hat diese Trends vorhergesehen – Fernsehen, Reisen und Tourismus und den Produktbedarf – und zwar LANGE bevor es irgendein anderer ahnte. Er hat seine Träume so geformt, dass er auf die Trends vorbereitet war. Darin bestand seine Genialität.

Beginnen wir mit dem Fernsehen. Als Disney 1936 seinen Vertrag mit United Artists über den Cartoon-Vertrieb verlängerte, war das Fernsehen noch meilenweit davon entfernt, ein fester Bestandteil des täglichen Lebens zu werden. United Artists bestand nun darauf, die Rechte für dieses neue und noch unbedeutende Medium für sich zu behalten. Nun gilt es zu bedenken, dass Disney damals ein relativ junges Unternehmen war; erst zehn Jahre zuvor waren erstmals die drei magischen Worte „Walt Disney Studio" auf einem Stockwerk eines Altbaus in der Hyperion Avenue 2719 in Los Angeles erschienen. Diese ersten zehn Jahre waren alles andere als einfach gewesen und jeder kleine Erfolg war durch Rückschläge oder Misserfolge wieder aufgehoben worden. 1936 war das Unternehmen nach wie vor knapp bei Kasse und das Fernsehen ein Medium, das noch für lange Zeit unbedeutend bleiben würde. Doch erstaunlicherweise weigerte sich Disney trotzdem, die Fernsehrechte abzutreten, und verließ United Artists. Das nenne ich Vorausdenken wie es im Buche steht. Diese Entscheidung versetzt mich bis heute in Erstaunen, zumal wenn ich mir die jungen Unternehmen ansehe, mit denen ich gegenwärtig zu tun habe und von denen die überwiegende Mehrheit alles unterschreiben würden, um kurzfristig zu Geld zu kommen.

Ich sage ganz offen, dass ich selbst es nicht anders gemacht hätte als 99,9 Prozent aller Jungunternehmer, die ich kenne oder gekannt habe. Ohne zu zögern hätte ich 1936 und unter den betreffenden Umständen die Fernsehrechte abgetreten und das Geld dafür eingesteckt. Disneys Bruder Roy, der für die Finanzen des Jungunternehmens zuständig war, wollte es auch. Und nicht zum ersten Mal (auch nicht zum letzten) unterlag Roy seinem kreativen, aber sturköpfigen Bruder.

Was zum Teufel sah dieser Mann, ein Produzent von animierten Cartoons, in der Zukunft des Fernsehens, das außer ihm höchstens eine Handvoll Dreißigerjahre-Technofreaks erkannten?

Was auch immer es gewesen sein mochte, seine Überzeugung von den Möglichkeiten dieses Mediums ging weit genug, um ihn 1953 zum ersten Produzenten zu machen, der einen Vertrag mit einem Fernsehsender einging – in seinem Fall waren es die angeschlagenen ABC-Studios. Diese Allianz ließ in Hollywood jedermann den Atem stocken – immerhin galt das Fernsehen als der erklärte Feind der traditionellen Filmstudios. Doch für einen Visionär von Disneys Kaliber war es das nicht.

Ein Teil des Abkommens bestand darin, dass ABC sich an der Finanzierung des ersten Disneyland beteiligen sollte, weshalb zahlreiche Kommentatoren behaupten, es habe sich um blanken Pragmatismus gehandelt: Man wollte sich anderswo das Geld für ein Projekt besorgen, auf das sich keine Bank einlassen würde. Das glaube ich kaum. So weit ich beobachten konnte, war Disney mindestens genauso viel wie an dem Geld daran gelegen, in die amerikanischen Wohnzimmer zu gelangen. Und wenn er erstmal die amerikanischen Familie für sich gewonnen hatte, konnte er alle Familien dieser Welt für sich erobern.

Die ABC-Disney-Partnerschaft erwies sich für beide Seiten als gewinnbringend. Dank der Disneyland-Show erzielte ABC nie gesehene Einschaltquoten, was zur Produktion weiterer Shows führte. Letztendlich gingen die beiden Unternehmen im Streit auseinander, doch worum es eigentlich geht, ist, dass die Entstehung dieser Allianz nicht auf das Jahr 1953 zurückgeht, sondern bereits 1936 im Kopf eines echten Visionärs angelegt war.

Mitte der Fünfziger entstand das, was die meisten Menschen heute als den kühnsten Schritt Walt Disneys ansehen: Disneyland.

Niemand kann mit Sicherheit sagen, wann ihm die Idee dazu gekommen war. In den Fünfzigerjahren gab es schon einige Freizeitparks und

Walt sah sie sich alle genau an, sobald er ein grobes Konzept für seinen eigenen entworfen hatte. Aber was für meine Zwecke eigentlich eher von Interesse ist, ist die Tatsache, dass seine Nachforschungen gleichzeitig den Besuch mehrere Touristenzentren vorsahen. Sicherlich hat ihn die entsetzliche Vermüllung der bestehenden Amüsierparks darauf gebracht, etwas vollkommen Anderes und qualitativ Hochwertigeres anzubieten, doch es war gewiss nicht nur eine sauberer Alternative zu den Jahrmärkten der Kleinstädte, die ihm vorschwebte.

Und wieder einmal startete er ein Projekt, das zunächst nichts als stürmische Proteste erntete. In den frühen Fünfzigern war Disney bei der Bank of America hoch verschuldet und kein konventioneller Investor hätte Geld in dieses Unternehmen stecken wollen. Doch mithilfe der Kreditlinie aus dem ABC-Vertrag war es Disney schließlich möglich, 270 Morgen Land in Anaheim zu erstehen, ungefähr 25 Meilen südlich vom expandierenden Los Angeles. Das war im Jahr 1954 und sie zahlten 4.500 Dollar pro Morgen.[3] Im August desselben Jahres wurde der erste Orangenbaum gefällt und die Eröffnung des Parks für nur elf Monate später angekündigt. Die Kosten beliefen sich am Ende auf 17 Millionen Dollar anstelle der kalkulierten 4,5 Millionen, was das Unternehmen an den Rand des Ruins brachte. Es kam zu einer Krise, die zeitweise die gute Zusammenarbeit und das harmonische Verhältnis der beiden Brüder Walt und Roy heftig erschütterte, doch Walt wich keine Sekunde von seinem Vorhaben ab. Er war bereit, jeden Preis zu zahlen, um dieses Projekt umzusetzen.

Und damit kommen wir zu dem Punkt, an dem ich mich im Widerspruch zur Mehrheit der Wirtschaftskommentare bezüglich dieser erstaunlichen Geschichte befinde. Zweifellos war Walt Feuer und Flamme für das, was er vorhatte. Er kannte jedes Detail in jedem Bauabschnitt und überwachte den gesamten Bau beinahe lückenlos. Zweifellos handelte es sich bei diesem Projekt um einen kreativen und „visionären" Durchbruch. Und dennoch glaube ich, dass das, was Walt wirklich sah, wenn er seine Augen schloss und sich seinen Visionen überließ, das explosive Wachstum der Reise- und Tourismusindustrie war – und eben keine bunten Karusselle oder Achterbahnen.

---

[3] In den späten 1990ern lag der Preis für das umliegende Land bei 2 Millionen Dollar pro Morgen. Man kann also davon ausgehen, dass allein dieser Grundbesitz sich in den Bilanzen ausgesprochen gut macht.

Als waschechter Babyboomer reichen meine frühesten Erinnerungen in die beginnenden Fünfzigerjahre zurück. Selbstverständlich befand ich mich zu jener Zeit in England – sowohl geistig als auch klimatisch als auch ökonomisch weit, *weit* weg von Südkalifornien. Aber auch wir, die wir im Dauernieselregen standen, bekamen durchaus mit, dass es ein anderes Leben gab. Wir lebten nach wie vor mit Rationierungen und unsere wichtigsten Wirtschaftszweige begannen unaufhaltsam wegzubrechen, doch wir spürten einen Hauch von Optimismus, der aus der Ferne zu uns drang. Schon ein Jahrzehnt später fühlte sich der damalige Premierminister Harold McMillan bemüßigt uns zu erklären, dass es uns niemals besser gegangen sei. Im Nachhinein stellte sich heraus, dass dies seine einzige erinnerungswürdige Äußerung bleiben sollte.

SPINNERSPRUCH:

„Disney's land: Träume, diversifiziere und verpasse nie einen Trend."

WALL STREET JOURNAL

Auf der anderen Seite des Atlantiks begannen die Vereinigten Staaten, trotz der Schatten, die der Koreakrieg auf sie warf, sich auf ihre neue Rolle als wirtschaftliche und politische Supermacht einzustimmen. Dabei legten sie eine bemerkenswerte Zuversicht an den Tag, die umso bemerkenswerter war, als sie von der überwiegenden Mehrheit der Bevölkerung mitgetragen wurde.

Die untere Mittelklasse und die Arbeiterklasse beiderseits des Atlantiks gewannen an Kaufkraft – wenn auch in sehr unterschiedlichen Dimensionen. Mit dem Auto, dem Zug und (zusehends) dem Flugzeug zu reisen wurde mehr und mehr zu einem Bestandteil individueller Freizeitgestaltung. Diese Entwicklung wurde von den Medien begleitet, indem sie von immer aufregenderen Orten und anderen Lebensweisen berichteten. In den USA an Thanksgiving und in Großbritannien an Weihnachten wurde eine neue „Tradition" eingeführt – nämlich die, sich am Tisch zu versammeln und den Familienurlaub zu planen. Ich bin davon überzeugt, dass Disney genau das vorausgesehen hatte. In seiner Vision gab es Leute, die Geld in den Taschen und verfügbare Freizeit hatten, die sich Reisen leisten wollten und ein Ziel brauchten, das familientauglich war. Und Disneyland war das Angebot, mit dem er diese Nachfrage bediente.

Damit kommen wir zu dem Aspekt, der mich an dieser Geschichte fasziniert – Produkt. Wiederum können wir sehr frühe und sehr konkrete Hinweise ausmachen, weil wir den Vorteil haben, aus einem beträchtlichen Zeitabstand zurückzublicken. In den Dreißigern befanden sich die beiden Disney-Brüder in einem unschönen Disput mit ihren Cartoon-Vertriebspartnern. Die letztlich erzielte Einigung sah vor, dass Disney mit Wechsel zu einem neuen Vertriebspartner ein „Lösegeld" von 100.000 Dollar zahlen musste, um die Rechte für seine ersten zwanzig (kurzen) Filme zurückzukaufen. Ungefähr zur gleichen Zeit hatte er einen heftigen Rückschlag zu verkraften, da einer seiner Hauptzeichner zur Konkurrenz wechselte. Daraufhin traf man eine einfache, aber effektive Entscheidung: Niemals mehr würde man die Kontrolle über das eigene Produkt aus den Händen geben. Die Schwierigkeiten, denen ich in meinen Verhandlungen mit der Disney-Kavallerie im ausklingenden 20. Jahrhundert begegnete, lassen sich also keineswegs ausschließlich darauf zurückführen, dass diese Verhandlungspartner charismatisch gestörte Geschäftsleute waren. Was gewiss mit hineinspielte, war das (auf dem ganzen Planeten) einzigartige Markenbewusstsein, mit dem dieses Unternehmen aufwartet – und es steht zweifelsfrei fest, woher diese Bewusstsein rührt.

In die Zeit dieses Entschlusses, alles und jedes im Zusammenhang mit ihrem Namen unter Kontrolle zu behalten, fällt der Beginn einer Unternehmensentwicklung, die wohl bis heute den meisten Eltern den letzten Nerv tötet, wenn sie mal wieder zu einem Familienessen bei McDonalds et al. geschleppt werden. Nach den ersten Erfolgen mit Mickey Mouse wurde Walt Disney von einem Typen belästigt, der unbedingt die Maus auf seine billigen Schreibtafeln drucken wollte. Wie abzusehen war, ging diese Sache gehörig daneben, und es folgte ein kurzer und heftiger Rechtsstreit, mit dem der Sache Einhalt geboten wurde. Die Disney-Brüder gingen mit zwei neuen Erkenntnissen aus dieser Geschichte hervor: Erstens öffnete sie ihnen die Augen für das Potenzial, das im Merchandising lag, und zweitens wurde ihnen noch einmal klar, wie wichtig es war, die Kontrolle über absolut alles zu behalten, was mit ihrem Namen zusammenhing. 1930 unterschrieben sie einen Vertrag mit einem New Yorker Unternehmen über die Herstellung von Spielzeugen und anderen Objekten mit den Motiven von Mickey und Minnie Mouse. Das genaue Vertragsdatum lautet 3. Februar 1930. Dieses Datum sollte man sich merken, da es das Geburtsdatum von „Produkt" ist.

Der Rechtsstreit, der dieser Vertragsunterzeichnung vorangegangen war, war bezeichnend für den Markenstil und das Produktmanagement, wie wir es bis heute bei Disney vorfinden. Als sie, die Kläger, den Angeklagten besiegten, forderten sie nicht etwa einen geldwerten Schadensersatz. Ihr erstes Ziel war gewesen, ihn von dem abzubringen, was er tat. Ihr zweites und weniger offensichtliches Ziel aber war, diesen Menschen umzukrempeln – ihn dazu zu bringen, ein *rechtmäßiger* Vertreter für Disneys Produkt zu werden. Das ist ein *Modus Operandi*, wie man ihn auch heute noch in Burbank[4] vorfindet.

Auf Spielzeuge folgten Comic-Heftchen. Auf Comic-Heftchen folgten – na ja, alles eben. Und auf den US-Markt folgten alle anderen Märkte dieser Welt. Der Rest ist, wie man so schön sagt, Geschichte.

Nach aktuellen Schätzungen ist der durchschnittliche Mensch in der „entwickelten" westlichen Gesellschaft mindestens 3.000 Marken-„Botschaften" täglich ausgesetzt. Ein Großteil dieser „Botschaften" dürfte logischerweise auf das Konto von Disney gehen. Da ich noch nie eine Zahl gesehen habe, die angibt, wie häufig der moderne Konsument „Produkt" ausgesetzt ist, habe ich versucht, diese Zahl anhand meines eigenen Lebensstils zu ermitteln. Ich habe allerdings vor Erschöpfung aufgeben müssen, als das Ergebnis siebenstellig geworden war. Da hatte ich auch schon fast mein Frühstück beendet.

Disneys Produktspanne rangiert irgendwo zwischen „erschreckend" und „furchterregend". Wahrscheinlich ist es unmöglich, eine vollständige Liste zu erstellen. Das *Tapas-Teatro*, das ich zu Beginn dieses Kapitels erwähnte und das bereits in Disneyland in Anaheim eröffnet hat (ACHTUNG! SCHLEICHWERBUNG!), trägt keinen Disney-Namen im Logo. Trotzdem ist es für Disney Produkt. Produkt ist sozusagen das Unkraut,

---

[4] Der Unternehmenshauptsitz. Hier ist es auffallend unmärchenhaft, insbesondere wenn man versucht, einen Parkplatz zu finden.

das den Weltgarten überwuchert. Und ich hoffe, dass auch Sie nach diesem kurzen Essay erkennen können, was sich hinter diesem Begriff verbirgt. Falls ja, haben Sie bereits *genaue* Auskunft über dessen Schöpfungsdatum erhalten.

Fernsehen. Reisen und Tourismus. Produkt. Das waren Disneys Träume. Alle drei wurden zu vorherrschenden Trends des 20. Jahrhunderts und alle Indizien deuten darauf hin, dass er diese Trends in ihrer pränatalen Form erkannte. Seine Vision war klar genug, um ihn schon vorher reagieren zu lassen. Er hat all seine Ressourcen genutzt – seine Kreativität, seinen Bruder als Gegenpol zu seiner eigenen Person, seine Märchenfiguren, seine Verträge, schlicht *alles*. Und in dem Moment, da die Welt ihre Bedürfnisse auf diesen drei Gebieten entdeckte, hielt er bereits die Mittel in Händen, sie zu befriedigen.

Sollte es einen besseren Visionär auf dieser Welt geben, haben er oder sie sich bislang erfolgreich meinem Forscherblick entzogen.

WAHNSINNS-WERTUNG:

VISIONÄR: ☆☆☆☆ (plus doppelter Auszeichnung
für besondere Verdienste)

QUERDENKER: ☆

STEVE CASE

Abhängig davon, woher Sie es haben, und auch davon, ob meine Verleger ihren Job ordentlich erledigen, besteht eine reelle Chance, dass Sie dieses Buch um das Jahr 2002[1] lesen. Falls ja, sollten Sie einen Moment innehalten und sich auf folgende Fakten besinnen:

* vor nicht einmal *zehn Jahren* gab es praktisch noch gar kein World Wide Web (www) und
* vor nicht einmal *zehn Jahren* gab es praktisch noch gar keinen Internethandel.

Man mag es kaum glauben, oder? Hat es jemals eine technische Neuerung gegeben, die so schnell so eine Wirkung zeigte? Meines Wissen nicht.

Und ich habe noch ein drittes atemberaubendes Faktum für Sie – obwohl es hauptsächlich atemberaubend für mich selbst war. Im Oktober 1989 kam die endgültige Bestätigung, dass ich fortab die Führung von Burger King in Miami übernehmen sollte, falls der Kauf der Pillsbury Gruppe durch meinen Mutterkonzern erfolgreich verlaufen würde. Dieser Mutterkonzern war GrandMet und Burger King war einer von mehreren unglücklichen Ablegern der Pillsbury Gruppe. Während ich nun diese Zeilen schreibe, scheinen seither zwölf Jahre vergangen zu sein – in der Wirtschaftsgeschichte ein winziger Nadelstich von einem Zeitabschnitt[2], ganz zu schweigen von der Menschheitsgeschichte. Und dennoch geschah es zeitgleich, *sogar im selben Monat*, dass ein täuschend jungenhaft und

---

[1] Natürlich besteht auch die Möglichkeit, dass Sie dieses Buch im Jahr 3005 öffnen, nachdem Sie es in einer kürzlich entdeckten Zeitkapsel gefunden haben. In diesem Fall würde ich Sie bitten, meinem Fußballteam (Manchester City) die Aliendaumen zu drücken, weil sie nämlich morgen in der intergalaktischen Champions League gegen ein Team vom Neptun spielen. Ja, ich wusste immer, dass eines Tages der große Durchbruch kommen würde ...

[2] Immerhin kann es in Europa bis zu hundert Jahre dauern, einen anständigen Rasen anzulegen.

scheu wirkender Unternehmer namens Steve Case eine Firma gründete, die er America Online taufte.

Seitdem sind das Web und der Internethandel zu einer Größe herangewachsen, die den wenigsten Normalsterblichen begreiflich ist. Parallel dazu wuchs America Online (AOL) in einer Geschwindigkeit, die die Verständniskapazität des Durchschnittsbürgers auf eine harte Probe stellt. Kurz vor dem „Ehebündnis" mit Time Warner, das knapp ein Jahrzehnt nach der Firmengründung geschlossen wurde, hatte AOLs Marktwert den von Coca-Cola deutlich überschritten. Zwischen 1993 und 1997 kletterte die Zahl der eingetragenen Mitglieder von 300.000 auf *dreißig Millionen*.

Wow. Steve Case hat sich zweifellos einen Ehrenplatz auf meiner Visionär-/Querdenker-Liste verdient. Möglicherweise sollten wir ihm sogar eine eigene Kategorie einräumen; beispielsweise eine für „Träumer, die gigantische Träume in halsbrecherischer Geschwindigkeit wahr machen". Wir könnten ihn auch als „den Typ mit dem größten Traum, der am schnellsten wahr wurde", bezeichnen. Werden wir aber nicht – weil ich fürchte, ihm damit nicht gerecht zu werden.

Er ist ein Träumer, aber sein Traum beinhaltet zwei Aspekte, die für unsere Zwecke bessere Unterkategorien abgeben. Ich werde in wenigen Minuten auf die Details beider Kategorien eingehen, doch zunächst möchte ich ein paar einschränkende Punkte klären. Meine erste Kategorie wird die Bezeichnung *der Traum, der aus dauerhaftem Kampf gegen Widrigkeiten geboren wurde,* tragen. Die zweite wird einen noch längeren Namen bekommen müssen, da es mir trotz erheblicher Anstrengung nicht gelingen wollte, eine kürzere Form dafür zu finden: *der Traum, der daraus entstand, die KOMPLEXESTE Technologie einzusetzen, um den Kunden das Leben LEICHT zu machen.*

Sobald ich diese beiden Kategorien näher behandelt habe, werde ich belegen, dass Steve Case ein überdurchschnittlicher Querdenker ist. Hinter seinem engelsgleichen Äußeren verbirgt sich ein echter Spinner und noch dazu ein ausgesprochen effektiver Spinner.

Aber dazu kommen wir später. Zunächst möchte ich mich ein Stück weit von Steve Case und AOL entfernen. In der Beschäftigung mit Visionären und Querdenkern ist es natürlich gut und richtig, sich mit den Leuten zu beschäftigen, die sich für eines von beidem oder für beides qualifizieren. Doch gelegentlich ist es auch sinnvoll, sich ein paar Beispiele vor Augen zu führen, für die weder das eine noch das andere zutrifft – Unternehmen und/oder Menschen, die einen großen Traum hatten und ihn wieder verloren. Von ihnen können wir ebenfalls eine Menge lernen.

1960 erklärte Theodore („Ted") Levitt in der *Harvard Business Review*[3], wie und warum die Kerosin-Industrie zu Beginn des 20. Jahrhunderts in eine tiefe Krise schlitterte. In jener Zeit war Kerosin, neben Gas, die Hauptenergiequelle, was die Beleuchtung unseres Planeten anging. Infolgedessen konzentrierten sich die Ölgesellschaften ganz und gar darauf, sich gegen die Gaskonkurrenz zu behaupten und Kerosin zu produzieren, das sich optimal zu Beleuchtungszwecken nutzen ließ. Kurz: Die Ölmagnaten bildeten sich ein, sie wären im Kerosingeschäft, und da sie das, was sie taten, sehr gut beherrschten, glaubten sie, eine fantastische Zukunft zu haben. Dann jedoch verschwand Kerosin als Lichtquelle binnen weniger als zwei Jahrzehnten von der Bildfläche. Das Unmögliche war eingetreten – Edison hatte ein Licht erfunden, für das man weder Öl noch Gas brauchte.

Levitts These ist die, dass, wenn die Jungs aus der Ölindustrie sich eingebildet hätten, im *Beleuchtungsgeschäft* zu sein anstatt im *Kerosingeschäft*, sie wahrscheinlich die Elektrizität erfunden hätten (und nicht irgendein Kerl von draußen). Dieselbe Theorie wandte er hinterher übrigens auch auf die fatalen Einbrüche in der Eisenbahn- und Kinowelt an.

In den frühen Neunzigern nun machte sich die Erkenntnis breit, dass die Kommunikationstechnologie sich in einer spektakulären Entwicklungsphase befand. Allerdings hatten anfangs nur ein paar Computerfreaks (und Steve Case) eine Ahnung davon, was am Ende dieser Phase stehen könnte. Zwei Branchen hätten in dieser Zeit eine Vorhutstellung beziehen müssen, hätten sie den Willen gehabt, innerhalb dieser Entwicklung die Rolle zu spielen, die letztlich AOL übernahm. Das waren die Post- und die Telefondienste der Wirtschaftsnationen. AOL.com *hätte* heute ebenso gut USPS.com, GPO.com, AT&T.com oder BT.com heißen können. Und tatsächlich gibt es heute vergleichbare Ableger der einstigen Branchengrößen – aber sie alle entstanden mit einer erheblichen Zeitverzögerung, die ihnen erhebliche Dollareinbußen einbrachte.

Im Nachhinein kann man sagen, dass sich die Telekommunikationsunternehmen und Postdienste ähnlich verhielten wie seinerzeit die Kero-

---

[3] „Marketing Myopia", Theodore Levitt, *Harvard Business Review*, 1960.

singiganten. Sie glaubten irrtümlich, sie wären im Post- oder Telefonge-schäft. Dabei waren (und sind) sie im Kommunikationsgeschäft. Sie hiel-ten eine Führungsposition inne, die ihnen eigentlich abverlangte, diese Führung auch zu übernehmen. Was ich damit sagen will, ist: Wenn wir verstehen wollen, warum Visionäre gewinnen, hilft es manchmal, sich an-zusehen, warum Nieten verlieren.

Bevor ich mich endgültig AOL zuwende, möchte ich erwähnen, dass ich bezüglich dieses Unternehmens voreingenommen bin. Ich nutze AOL und bin ein erklärter Fan. Außerdem gehöre ich als Babyboomer einer Generation an, die beinahe (mit Betonung auf *beinahe*) von den techno-logischen Fortschritten überrollt wurde. Das Gros der vorangegangenen Generationen weigerte sich schlicht, auch nur den Versuch zu wagen, mit den neuen Techniken zu arbeiten, während die Mehrheit der Folgegene-ration die ausgefeiltesten neuen Technologien benutzt wie zum Zähne-putzen. Sie sind Alltagsroutine und nicht weiter erwähnenswert. Meine Generation bildet sozusagen die Brücke zwischen beiden Extremen und die meisten von uns spielten diese Rolle eher widerwillig, langsam und schlecht.

Mein Einstieg in die Online-Technologie erfolgte von meinem Schreib-tisch als CEO von Burger King aus. So weit ich mich erinnere, war das 1992. Wir hatten IBM-Computer, und ich war wild entschlossen, unser technologisch rückständiges und konservatives Unternehmen in eine neue Ära zu führen, indem ich so viel moderne Technologie einführte, wie irgend sinnvoll und möglich. Ich ließ mich in die Benutzung meines PCs einarbeiten und machte gar keine so schlechte Figur dabei. Sears und IBM besaßen damals gemeinsam Prodigy, einen der wenigen Internet-Provider zu jener Zeit – und man brachte mir bei, wie ich diesen Service nutzen könnte. Nach meiner ersten Einarbeitungsstunde stellte ich fest, dass ich diese Dienstleistung so dringend nun auch wieder nicht bräuch-te, und ich hatte absolut keine Lust, mich weiter damit zu beschäftigen.

Einige Jahre später, nachdem ich mich aus dem Big Business zurück-gezogen hatte, flatterte mir eine Gratis-CD von AOL ins Haus. Ich lud sie auf meinen PC und bin seither treuer Kunde. Zugegeben, es gab Momen-te, in denen ich frustriert oder verärgert war, aber ich blieb dabei. Der Grund für meine ungebrochene Loyalität ist rein pragmatisch. Mein Internetzugang muss es mir *leicht machen*. Und soweit mir bekannt ist, gilt dieses Argument für die meisten meiner Generation – ich vermute, dass wir wesentlich zum Wachstum von AOL während der Neunziger beitrugen. Der Vollständigkeit halber sei erwähnt, dass ich nach meiner Rückkehr auf die britischen Inseln sechs andere Provider ausprobierte, weil ich mich nicht mehr über den US-Server von AOL einklicken konnte. Nachdem ich sie alle durch hatte, „wechselte" ich zu AOL UK, und zwar aus demselben Grunde, aus dem ich ursprünglich bei ihnen gelandet war: Der Preis stimmt und sie sind soooo benutzerfreundlich. Meinen Beobachtungen zufolge war AOLs Fähigkeit, sich auf Kunden wie mich einzustellen, ein ganz wesentlicher Erfolgsfaktor beim Wachstum der Firma.

Doch sehen wir uns einmal die genaue Zusammensetzung dieses Traumes an. Zu diesem Zwecke beginnen wir an einem eher außergewöhnlichen Ort. Vor ungefähr zehn Jahren wurde ich von ein paar hohen Tieren nach Pittsburgh eingeladen, wo ein Abend zu Ehren von Tony O'Reilly veranstaltet werden sollte. Tony O'Reilly war früher irischer Rugby-Nationalspieler, hatte dann die Kerrygold-Butter erfunden und anschließend die Führung des Heinz-Imperiums in Pittsburgh übernommen. Ich saß mit ihm am Ehrentisch und war, glaube ich, derjenige, dem die zweifelhafte Ehre zuteil wurde, ihm seinen Mini-Oscar zu verleihen. Amerikaner machen sowas dauernd und ziemlich überzeugend, aber Europäer fühlen sich dabei meistens irgendwie unbehaglich, weshalb ich mir beizeiten einen Glimmer antrank und nicht allzu klare Erinnerungen an den Abend habe. An seine Rede allerdings erinnere ich mich.

Nach zahlreichen Videos, Lobreden und Vorführungen an diesem Abend erhob sich der Große Mann, um eine kurze Rede zu halten. Sollten Sie niemals Gelegenheit gehabt haben, eine Rede von ihm zu hören, dann haben Sie wirklich etwas verpasst. Sein Auftritt war beeindruckend und das Thema faszinierte mich. Er sprach von seiner Bewunderung für das amerikanische Volk. Dabei erläuterte er seine Theorie, dass die meisten Nationen aus Siegen geboren werden, sprich Nation A nimmt Nation B ein, was meistens mittels Kriegen bewerkstelligt wird. Im Falle der USA allerdings verhält es sich ganz anders. Die Vereinigten Staaten sind in erster Linie aus dem Kampf gegen Widrigkeiten entstanden – gegründet von Flüchtlingen, die vor Eroberern und/oder Diktatoren und/oder dem Elend ihrer Heimat flohen.

O'Reillys Schlussfolgerung war die, dass die USA ein einzigartiges Erbe an Überlebenswillen und Elendserfahrung vorzuweisen haben –

und die Menschen hier infolgedessen über eine gewissermaßen angeborene Sensibilität für das Leiden ihrer Mitmenschen verfügen. Wenn man tief Luft holt und davon absieht, was die Geschichte uns über den Umgang mit den Uramerikanern und den Afro-Amerikanern lehrt und es unter „das war etwas ganz anderes" abspeichert[4], stimme ich ihm zu. Worum es ihm im Wesentlichen ging, war das *Ergebnis* dieses einzigartigen Erbes. Denn anstelle eine durch Erfahrungen von Widrigkeiten und Elend geschwächte Nation hervorzubringen, entstand mit den Vereinigten Staaten eine Nation, die einmalige Stärken aufweist.

In dieser Geschichte klang etwas an, das sich direkt auf Steve Case und AOL übertragen lässt. Nebenbei bemerkt passt Keith Richards, den ich erst kürzlich in einem Fernsehinterview sah, ebenfalls in dieses Muster. Rein technisch gesehen, dürfte er überhaupt nicht mehr leben – tut es aber dennoch. Ich vermute, er hat sich in eine seltsame Lebensform auf Kohlenstoffbasis verwandelt, die beständige Wartung und sorgfältige Pflege erfordert, aber er hat alles überlebt, was das Leben als Rockstar ihm abverlangte. Und bis heute begeistert er eine riesige Fangemeinde, indem er unverdrossen mit einer zusehends altersdementen Band herumturnt.

Für mich passt dieses Phänomen zu meinen Erfahrungen in Miami, wo mir Kakerlaken über den Weg liefen, deren Körpergröße für mein Empfinden nach einer gesonderten Verkehrsregelung verlangte. Ich ZERTRAT diese Viecher gewöhnlich, doch das hatte lediglich zur Folge, dass sie für circa zwanzig Sekunden reglos liegen blieben, um sich sodann putzmunter zu erheben, ihre Gliedmaßen wieder an Ort und Stelle zu rücken und mit dem weiterzumachen, was Kakerlaken halt so tun. Dabei wirkten sie kein bisschen erschrocken, sondern eher noch entschlossener als zuvor.

Steve Case verdankt der Keith-Richards-Kakerlaken-Schule für Visionäre einiges. Nach all dem, was er hinter sich hat, müsste er eigentlich längst verwesen, doch er hat überlebt. Genau genommen sind er und sein Unternehmen mit den Herausforderungen gewachsen.

Ich werde hier nicht im Einzelnen darauf eingehen, welche Glied-

---

[4] Ich will hier nicht den moralischen Oberlehrer spielen. Nicht viele der so genannten „entwickelten" Länder können in Sachen Humanität mit einem guten Gewissen auf die letzten ein bis zwei Jahrhunderte zurückblicken. Wann immer ich in Versuchung bin, mich diesbezüglich aufs hohe Ross zu setzen, erinnere ich mich selbst daran, dass Konzentrationslager ursprünglich in Großbritannien erfunden wurden.

maßen AOL hier und da zertreten wurden. Darüber ist an anderer Stelle genug geschrieben worden, und das zu Recht. Ich werde mich daher auf eine kurze Zusammenfassung beschränken, denn mir geht es in erster Linie um eine Beschreibung der *Dynamik*, die hinter dem Jahrzehnt der Widrigkeiten bei AOL steht. Ich will versuchen zu beschreiben, wie gnadenlos Case in einen Hinterhalt nach dem anderen gejagt wurde – und wie er damit umging, indem er seinem Traum durchgängig treu blieb. Darin liegt das Geheimnis seines Erfolges.

Zunächst sollten wir uns ins Gedächtnis rufen, dass AOL als Unternehmen aus einer Pleite hervorging. Während der Achtziger hatte es unter dem Namen „Home Music Store Inc." (HMS) eine pränatale Version dessen angeboten, was Napster und andere MP3-Piraten fünfzehn Jahre später offerierten. HMS war ein Service für PC-Benutzer, sich über ein Neandertalmodem Hörproben neuer Popsongs herunterzuladen und aufzunehmen. Der Plan war der, dass HMS ihnen dann die Platten zu Vorzugspreisen verkaufen könnte. Mit diesem Projekt erzeugten sie dieselbe Paranoia wie späterhin ihre berühmteren Nachfolger und landeten schließlich frontal an derselben Wand.

HMS verschwand und an seine Stelle trat die Control Video Corp., die online Videospiele anbot. Case war zur fraglichen Zeit in die oberen Etagen des Unternehmens aufgestiegen und beteiligte sich mit Feuereifer daran, 9 Millionen Dollar Kosten zu produzieren, um 2.400 Gameline-Module zu verscherbeln. Wie späterhin von irgendjemandem sehr treffend bemerkt wurde, wären sie allemal besser gefahren, wenn sie ihre Geschäfte von einer Lastwagenrampe aus betrieben hätten. Allerdings meldete sich auch eine weniger kritische Stimme, die meinte, in diesem Unternehmen hätte es einen solchen Haufen Scheiße gegeben, dass niemand mit Sicherheit sagen konnte, ob sich darunter womöglich ein richtiger Schatz verbarg. Falls ja, handelte es sich aller Wahrscheinlichkeit nach um die Online-Technologie, mit der Steve Case schließlich auftrumpfte.

Ein drittes Unternehmen wurde 1985 geboren: Quantum Computer Services Inc. Quantum bot einen Online-Zugangsservice an, der Q-Link genannt und gemeinsam mit PC-Herstellern vertrieben wurde. Anfangs waren sie mit Commodore allein (die aber aus mir unbekannten Gründen nicht bereit waren, die Regenmacher zu spielen), dann kam Apple hinzu. Die Geschäftsbeziehung zu Letzteren mutierte jedoch zu einem haarsträubenden Konkurrenzkampf, der darin mündete, dass Apple Quantums Anteil 1989 aufkaufte. Die 2,5 Millionen Dollar konnte Quantum mehr als gut gebrauchen, da sie 1989 beinahe 6 Millionen Verlust gemacht, jede Menge Investmentkapital verschleudert und weniger als eine Million übrig hatten. Aber immerhin waren sie jetzt „frei", um sich endlich ihrer „wirklichen" Berufung widmen zu können – als America Online. Case' Ausgangsposition lässt sich treffend mit einem sportlichen Fachausdruck beschreiben: Es stand 3 : 0 gegen ihn.

Starke Feinde verursachen immer Notlagen – und AOL bekam es gleich mit zwei starken Feinden zu tun, die ihnen normalerweise den Garaus hätten machen müssen, so lange sie noch auf wackligen Beinen standen. Da war einmal CompuServe, ein spezialisierter Onlineservice, der zu hundert Prozent HR Block gehörte, einer mächtigen, reichlich konservativen Wirtschafts- und Steuerberatungsgesellschaft aus dem Mittleren Westen der USA. Für sie war das Onlinegeschäft nur ein weiterer Geschäftszweig von vielen. Gerade weil man auf riesige Ressourcen zurückgreifen konnte, hätte man dort eigentlich das Zeug gehabt – oder haben müssen –, um sich in dieser neuen Branche an oberste Stelle zu katapultieren. Leider erwies sich die konservative Muttergesellschaft als Erfolgsbremse.

Ungefähr zeitgleich hatten sich mit IBM und Sears zwei echte Branchengrößen zusammengetan, um einen weiteren Online-Zugangsservice anzubieten, nämlich Prodigy. Sie investierten 500 Millionen Dollar in diesen Service – und meine Leser leben wahrscheinlich schon lange genug, um sich erinnern zu können, wie viel Geld 500 Millionen einmal waren. Was die Selbstdarstellung betraf, war Prodigy das genaue Gegenteil von CompuServe: frisch, lebendig und witzig – zumindest behauptete man das. Prodigy konzentrierte sich in allererster Linie auf den Warenabsatz, und von Anfang an schien es so, als ob für alles stand, was Sears über IT und IBM über den Einzelhandel wusste. Nichtsdestotrotz gelang es ihnen, binnen Wochen nach Firmengründung 500.000 Nutzer einzuwerben.

Rückblickend betrachtet war AOL das Schildkrötenbaby, das aus seinem Ei schlüpft und sich auf den gefährlichen Weg ins Meer macht, während um es herum zwei gigantische Raubtiere kämpfen. Dass es überleben konnte, verdankte es zum einen der Tatsache, dass es eben *kein* Riese war. In der bewegten Anfangsphase des Internets konnte ein kleines Unternehmen wendig und schnell auf Neuerungen reagieren, während die großen Unternehmen eher träge und unbeweglich waren. Außerdem war

AOL nicht den Interessen irgendwelcher Muttergesellschaften untergeordnet, weshalb man sich ganz und gar auf die Nachfrageseite konzentrieren konnte.

Diese beiden Faktoren verliehen AOL hinreichend Antriebskraft, um einen überzeugenden Start hinzulegen. Doch es sollte ein drittes Raubtier ins Spiel kommen, das weit wichtiger war, als es CompuServe und Prodigy zusammen sein könnten. Außerdem war mit diesem Widersacher noch viel weniger zu scherzen. Dabei sah er mit seinen dicken Brillengläsern frappierend harmlos aus. Er kam aus Richmond, in der Nähe von Seattle. Der Name des Monsters war Microsoft, ein großes, hässliches Tier, dessen Zügel Bill Gates in Händen hielt.

Dank des Zusammentreffens von Case' Zielsicherheit auf der einen und den Fehltritten seiner beiden großen Kontrahenten auf der anderen Seite konnte AOL in den ersten drei Jahren der Neunziger rapide anwachsen und bis 1993 bereits eine Million Mitglieder vorweisen. Im selben Jahr erklärte Gates gegenüber Case, er sehe drei Optionen, Microsoft den Eintritt in der Cyberspace zu öffnen. Option 1: Microsoft könnte Anteile an AOL kaufen. Option Nummer 2: Microsoft könnte AOL komplett kaufen. Und die dritte und letzte Option war die, selbst in das Onlinegeschäft einzusteigen und AOL ZU BEGRABEN. Gemäß Überlieferung sagte Case ihm daraufhin, dass die ersten beiden Optionen für ihn außer Diskussion stünden und Gates sich von dannen machen und schon mal einen Spaten kaufen solle, falls er die dritte in Erwägung ziehe (oder so ähnlich). Ich könnte mir vorstellen, dass er reichlich Herzklopfen hatte, als er seine Antwort formulierte. Auf jeden Fall waren die Kommentare der Branchenkenner vernichtend.

Mit Argusaugen beobachtete man von den Zinnen der Burg Microsoft, wie AOL sich verhielt, und im Herbst 1994 verkündete Bill Gates, er werde nunmehr das Begräbnis einläuten. MSN, Microsofts ureigener Internet-Service-Provider wurde ins Leben gerufen und die erklärte Absicht war, diesen Service als „Paketbestandteil" des demnächst erscheinenden Windows-95-Betriebssystems anzubieten. Autsch. Die Geier machten sich wieder einmal auf, über dem Aas zu kreisen, zu dem sie AOL bereits verdammt sahen.

Es kam nicht wie erwartet. Vielmehr schlug David den Goliath. Lassen Sie mich an dieser Stelle noch einmal betonen, dass ich hier keineswegs eine chronologisch korrekte und detailgetreue Wiedergabe der

Ereignisse anstrebe. Ich streife lediglich die Spitzen dessen, was geschah, um Ihnen eine Vorstellung davon zu vermitteln, *womit* AOL zu kämpfen hatte. Case begegnet dem geplanten Todesstoß von Microsoft mit einer Dreier-Taktik. Zum einen setzte er seine „völlige Zerbombung" des Marktes fort, um seiner „Marke" AOL zu größtmöglicher Popularität zu verhelfen. Zum zweiten nutzte er den starken Aktienkurs, um weitere Ankäufe zu tätigen, mit denen er inhaltliche und Serviceangebote von AOL ausweiten konnte. Und schließlich (ausgesprochen clever) blies er kräftig mit in die züngelnden Flammen des Anit-Trust-Feuers, das sich bereits vielerorts gegen den Giganten aus Richmond regte.

Letztere Technik war das, was Australier gemeinhin als „Spitzenleistung" bezeichnen. Immerhin zeichnet Case für die unvergessliche Äußerung verantwortlich, Microsoft könne über kurz oder lang zum „Wählton" der PC-Welt werden und prägte populäre Kürzel FG8S.[5] Damit konnte er den Internet-Einstieg seines mächtigen Konkurrenten deutlich ausbremsen. Während ich dieses Buch schreibe, hat MSN gerade mal fünf Millionen Mitglieder zu verzeichnen – ungefähr ein Sechstel dessen, womit AOL aufwarten kann. David hat Goliath zwar nicht getötet, aber er hat mit ihm die Rollen getauscht. MSN konnte sich von diesem Schlag bisher noch nicht erholen. Dennoch war es nur eine verlorene Schlacht in einem Krieges, der nach wie vor andauert und dessen Ende nicht in Sicht ist.

Nach diesem Etappensieg über MSN humpelte das angeschlagene, aber immerhin noch lebendige Unternehmen AOL in die zweite Hälfte der Neunziger. Doch kaum dass es schien, als wäre man wieder in sicheren Fahrwassern, trafen den wachstumsbesessenen Case und sein Unternehmen mehrere heftige Schläge kurz nacheinander.

Der erste erfolgte in Form eines relativ neuen Marktsymptoms mit der Bezeichnung „Churn". Darunter verstand man, dass Kunden sich für den ISP (Internet Service Provider) mit dem „günstigsten" Einstiegsangebot entschieden, aber nach Ablauf der Bonusfrist zum nächsten wechselten, um das Einstiegsangebot dort zu nutzen, und so fort. Churn nahm geradezu epidemische Ausmaße an und AOL traf es wie ein Tritt vor ein ohnehin lädiertes Knie. Plötzlich schien alles, als hätte die Internetbranche auf ihren eigenen Andreasgraben gebaut.

---

[5] Sollten Sie mit Textkürzeln vertraut sein, brauchen Sie wahrscheinlich keine Übersetzung. Falls nicht ... diese Abkürzung steht für „Fuck Gates".

Als Nächstes verließ ein General Manager, den AOL eigens eingestellt hatte, um Wall Street zu befrieden, vier Monate nach seiner Einstellung das Unternehmen. Dann kam heraus, dass Case eine Affäre mit einer seiner Führungskräfte hatte, und das einzig Positive an dieser Nachricht war, dass es sich immerhin um eine weibliche Führungskraft handelte. Er musste sich daraufhin von einem beachtlichen Teil seiner Aktien trennen, damit er seine Scheidung bezahlen konnte. Und wir alle wissen, wie sehr die Wall Street so etwas *schätzt*.

Doch als wäre all das noch nicht Unbill genug, entdeckte man Unregelmäßigkeiten in der Buchführung; nach der entsprechenden Korrektur der Ertragsvorschauen stand AOL plötzlich ohne Gewinnerwartung da. Die schon vorher nicht berauschenden Gewinnaussichten für die Aktionäre wurden „korrigiert" und wandelten sich nun in Verluste von beinahe vier Dollar pro Aktie.

Sie können sich ein ungefähres Bild von der Lage machen? Es kommt noch besser. Denn das alles war nichts gegen das, was anschließend geschehen sollte. Die Erwartungen, die die Kunden an ihre Internetprovider stellten, sollten sich 1996 schlagartig ändern, als einzelner Anbieter den Markt mit Festraten ohne Nutzungsbegrenzung zu stürmen begannen. Nicht genug damit, dass man vonseiten AOLs lauthals verkündete, dieses Preisdumping auf keinen Fall mitzumachen; bei dieser Gelegenheit stellte sich auch noch heraus, dass man bei den bisherigen Abrechnungen seltsame „Rundungsfehler" gemacht hatte. Am Ende blieb AOL gar keine andere Wahl, als sich dem zu fügen, was in Provider-Kreisen als „Big Turd" („Große Kacke") bezeichnet wurde. Man bot Festpreise an. Das Chaos ließ nicht lange auf sich warten. Bildhaft gesprochen, musste man lernen, aus Feuerwehrschläuchen trinken, da die Nutzungsfrequenz in ungeahnte Höhen schnellte (und ich meine wirklich UNGEAHNTE HÖHEN). Die technischen Probleme gipfelten in einem fast 24-stündigen Systemausfall. AOL musste seinen Kunden Ausfallentschädigung zahlen. Davon waren die Investoren genauso beeindruckt wie die Kunden – der Aktienpreis fiel um zwei Drittel.

An dieser Stelle sollten wir einen Augenblick verschnaufen. Erinnern Sie sich an den Film, in dem Joe Frazier mit seinen Fäusten erbarmungslos auf Mohammed Ali einhämmerte? Ali lehnte in den Seilen und hielt seine Verteidigung, während er abwartete, bis Frazier erste Erschöpfungssymptome zeigte – diese Szene ging in die Boxgeschichte ein. Sollten Sie Gelegenheit haben, sie sich noch einmal anzusehen, achten Sie auf Alis Augen. Obwohl ununterbrochen auf ihn eingeprügelt wird, scheint er nicht eine Sekunde lang daran zu zweifeln, dass er siegen wird. In gewisser Weise hallt dieses tiefe Selbstvertrauen in dem wider, was wir an Steve Case Mitte der Neunziger beobachten konnten. Ich für meinen Teil zeige erste Erschöpfungssymptome, was die Auflistung all der Schläge angeht, die er und AOL einstecken mussten – und dabei habe ich diverse ausgelassen.

Ich werde mich auf ein letztes Beispiel beschränken, ehe ich diesen Teil abschließe. Gegen Ende der Neunziger, nachdem AOL zahlreiche Prozesse (inklusive einiger Gruppen- und Aktionärsklagen) hinter sich gebracht hatte, wurde die gesamte ISP-Branche, und mithin auch AOL, durch den Communications Decency Act (CDA) erschüttert, der über Jahre in den US-Gerichten ausgebrütet worden war.

Natürlich gibt es über das Internet eine Menge nette Dinge zu sagen. Ein negativer Aspekt ist allerdings, dass niemand wirklich darüber nachgedacht hatte, wie perfekt ein solches Medium beispielsweise potenziellen Bombenlegern oder Pädophilen in die Hände spielt. Der CDA nun sah vor, dass Internetprovider mit empfindlichsten Strafen belegt werden sollten, falls sie „zuließen", dass irgendwo auf ihren Homepages oder in ihren Chatrooms unzulässiges pornografisches Material auftauchte. Hierin tobte sich selbstverständlich zu einem gehörigen Maße auch die analfixierte konservative Bewegung aus, die in den USA regelmäßig die Massen mobilisiert; das sah man allein schon daran, dass die meisten Analysen und Richtlinienvorschläge von dummdreister Naivität waren. Dennoch mussten die Anwälte von AOL sich krumm schuften und bis zum Obersten Gerichtshof marschieren, ehe Zweifel an diesem Erlass überhaupt angehört wurden.

Doch damit genug. Der US-Supreme-Court wies den Communications Decency Act 1997 ab und ein weiterer Drache war getötet. Ich schätze, damit habe ich nicht nur hinlänglich ausgeführt, mit welchen Widrigkeiten Case sich herumzuschlagen hatte, sondern ich habe es regelrecht in Lettern gemeißelt. Und dabei wollte ich mich wirklich kurz fassen. Möglicherweise hat dieser eine besondere Traum auch mehrere Stützpfeiler, aber eines ist sicher: Er wurde aus dem dauerhaften Kampf gegen Widrigkeiten geboren.

Lassen Sie mich kurz Luft holen. Sie können ja in der Zwischenzeit das Buch beiseite legen und sich etwas zu trinken holen – aber achten Sie darauf, dass es ausreichend Prozente hat, um Ihnen über die nächsten Absätze zu helfen. Denn zu diesem Visionär gibt es *noch mehr* zu sagen.

Ich habe AOL durch all die eben genannten Erschütterungen hindurch die Treue gehalten. Dabei boten sich auch mir neue Alternativen neben CompuServe, Prodigy und MSN. Und ich war einige Male reichlich verärgert darüber, wie oft die Verbindung besetzt war, nachdem der Einheitspreis eingeführt wurde, oder wie häufig meine Verbindungen mittendrin zusammenbrachen. Andererseits ist dies das Zeitalter des unzufriedenen Kunden, weshalb sich die Mühe eigentlich nicht lohnt, sich vom unzufriedenen Kunden des einen Unternehmens zum unzufriedenen Kunden des anderen zu wandeln. Also blieb ich, mit Millionen anderer, bei AOL. Irgendwann kehrten dann auch die „Bonusnutzer" wieder zu AOL zurück und am Ende fassten die Investoren neues Vertrauen in die AOL-Aktie, deren Wert 1998 um 600 Prozent stieg. Und das ist längst noch nicht das Ende, Steve.

Etwas an dieser Marke muss den Zeitgeist der Neunziger getroffen haben. Wir alle machten damals drei Schritte rückwärts und vier nach vorn. Abgesehen von einer kleinen Techno-Elite war die Mehrheit von zwei ganzen Generationen versessen darauf, eingetragene Nutzer neuer Technologien zu werden, und beide brauchten Hilfe (wenngleich in unterschiedlichem Maße). Es herrscht wohl allgemeine Einigkeit darüber, dass die Einführung von DOS und später Windows (bei allem gebührenden Respekt vor der Apple-Technologie) diesen Menschen Tür und Tor in die PC-Welt öffnete. Nicht minder zweifelhaft dürfte feststehen, dass AOL den Weg in den Cyberspace ebnete. Für mich stand es jedenfalls in dem Augenblick fest, als ich erstmals nach dem „Willkommen" den Satz „Sie haben Post" und kurze Zeit später „Datei heruntergeladen" hörte. Ich wusste, ich bewegte mich unter Freunden.

Natürlich war mir von Anfang an klar, dass die Technologie, die hinter dieser ganzen Sache steckte, mein Fassungsvermögen sprengte. Das hat sich bis heute nicht geändert, sondern ist eher noch schlimmer geworden. Aber was mich überzeugte, war, dass jemand all diese technische Raffinesse einsetzte, *um es mir leichter zu machen.* Ich konnte E-Mails an Freunde schicken. Ich konnte im Web Sachen buchen oder kaufen. Und, nicht zu vergessen, andere Menschen bekamen mit, dass ich im Web shoppte.[6] Außerdem bot man mir, was ich wollte, auf eine Weise, wie ich es wollte. CompuServe und Prodigy zielten vor allem auf Verkauf, aber Steve Case sah seine Strategie in den drei „Cs" – Communication, Community (Gemeinschaft) und Clarity (Einfachheit) –, womit er die Urbedürfnisse der Verbraucher ansprach, auch wenn diese selbst sie bislang nicht formuliert hatten.

Zur Vereinfachung wurden „Icons" eingeführt, und die „Keywords" wurde eigens eingerichtet, um die Technologie noch idiotensicherer zu machen. Die Installation war genial einfach. Und nach der ersten Schlacht mit Microsoft sah der heikle Friedensschluss immerhin vor, dass AOL auf dem Windows-Desktop erschien. Im Gegenzug musste AOL sich damit einverstanden erklären, dass der Internet-Explorer als automatischer Ausweich-Browser eingestellt wurde. Im Nachhinein scheint es, als hätte AOL den Frieden ebenso wie den Krieg gewonnen.

1994 engagierte Steve Case Barry Schuler, um von ihm die AOL-Seite entwerfen zu lassen. Das Ergebnis begeisterte ihn derart, dass er ein Jahr später Schulers Unternehmen (und ihn) kaufte. Heute ist Schuler CEO bei AOL und vertritt eine Firmenphilosophie, die simpel klingen mag, jedoch den Nagel auf den Kopf trifft: *„Normale Menschen sind nicht scharf auf die Technologie. Sie wollen das, was die Technologie für sie tun soll."*[7] So spricht der Mann, der für Steve Case das schuf, was ich sehe und was ich tun kann, wenn ich mich bei AOL einwähle. Case' Traum mag ein leuchtendes Beispiel dafür sein, wie man den andauernden Kampf gegen Widrigkeiten besteht, aber er ist ein ebenso schillerndes Beispiel dafür, wie *ein Traum daraus geboren wird, die komplexesten Technologien zu nutzen, um dem Kunden das Leben zu erleichtern.*

Doch dieser Mann hat noch eine dritte Dimension. Nach konventionellen Maßstäben ist er überdurchschnittlich erfolgreich gewesen. Gleichzeitig mag auf den ersten Blick der Eindruck entstehen, er hätte *trotz* seiner Persönlichkeit, *trotz* seiner Art, Dinge zu tun, und *trotz* seines Charakters erreicht, was er erreichte. Nach wie vor wirkt er jungenhaft und introvertiert – Eigenschaften, die im diametralen Gegensatz zum

---

[6] Dieser Punkt ist besonders wichtig, obwohl er in erster Linie das männliche Klientel betrifft. Nach offiziellen Schätzungen tun oder kaufen 90 Prozent aller Männer Sachen nur deshalb, weil sie damit Eindruck auf andere machen wollen.

[7] Zitiert in: *Business Week*, Juni 2001.

gängigen Bild des Unternehmensvorstands oder Managers stehen. Er hat nur wenige enge Freunde und wahrt Distanz zu den meisten Menschen, denen er begegnet. Im Rahmen einer internen Unternehmensstudie wurde er als introvertiert, intuitiv, nachdenklich und aufmerksam bezeichnet. Man beschrieb ihn als zurückhaltend und als stillen Beobachter.

Das alles klingt wenig nach einem viel versprechenden Querdenker. Sticht man den Spaten allerdings ein paar Zentimeter tiefer und gräbt ein bisschen gründlicher, so taucht ein vollkommen neues Bild auf.

SPINNERSPRUCH:

Hinter der „friedfertigen" Miene blitzen bei Steve Case „Funken von vollkommener und entschlossener Verrücktheit auf ... wie man sie bei jedem Visionär sehen kann, der sich in eine Idee verbeißt, von der er niemals ablassen wird."

KARA SWISHER

Sollten Sie jemals im Schützengraben eines Unternehmens feindlichem Beschuss ausgesetzt sein, ist das der Mann, den Sie sich an Ihre Seite wünschen. Ja, er ist still und beobachtend, aber er saugt Dinge in sich auf wie ein Schwamm. Und sobald eine Entscheidung zu treffen ist, wird er sie treffen – allein, wenn nötig und so schnell, wie erforderlich, und es wird eine wertvolle Entscheidung sein. Er scheint niemals den Blick dafür zu verlieren, in welche Richtung sich sein Unternehmen bewegen sollte, ganz gleich, wie ungünstig sich die Umstände darstellen. Und er hat es öfter als genug bewiesen. Er ist sturköpfig, ausdauernd und krisenresistent – wie sonst hätte er all die Tiefschläge und Anfeindungen überstehen können?

Ist er ein Mini-Machiavellist? Und ob! Er wurde Lügner, Fiesling, Klinkenputzer und Idiot geschimpft. Hinter der „friedfertigen" Miene dieses Ewig-jungenhaft-Gebliebenen blitzten „Funken von vollkommener und entschlossener Verrücktheit auf ... wie man sie bei jedem Visionär sehen kann, der sich in eine Idee verbeißt, von der er niemals abzulassen wird."[8] Meiner Meinung nach waren sämtliche Beschimpfungen gerechtfertigt – und er hätte noch mehr verdient gehabt –, insbesondere während der Wildwasserfahrt, durch die er sich in den Neunzigern kämpfte. Aber all das tat er nur, weil er es tun musste, um seinem Traum treu zu bleiben. Diejenigen von uns, die niemals einen Traum wirklich verfolgt haben, sollten daher einen Moment in sich gehen, bevor sie vorschnelle Urteile fällen. Vielleicht können sie das eine oder andere von ihm lernen.

Der Traum dieses Mannes baute auf jene zwei starken Pfeiler, die wir bereits beschrieben haben und er wurde von einem großen Visionär erbaut. Dennoch sollte kein Kritiker oder sonstiger Kommentator unterschätzen, in welchem Maße gerade die Person, die Geisteshaltung und das Verhalten dieses Mannes selbst dazu beitrugen. Ohne diesen Querdenker hätte der Traum möglicherweise nicht einmal bis zum Morgengrauen überlebt.

WAHNSINNS-WERTUNG:
VISIONÄR: ☆☆☆☆
QUERDENKER: ☆☆☆☆

---

[8] Zitiert aus: *AOL.com*, Kara Swisher, Times Books, 1998.

JÜRGEN SCHREMPP

Für unseren nächsten Kandidaten begeben wir uns nach Europa, was manchem Leser etwas peinlich werden könnte. Schon allein deshalb, weil ich dieses Kapitel mit dem Untertitel versehen könnte, „Kann ein Fiesling zum Visionär oder Querdenker werden?"[1]

Ich möchte gern herausfinden, wie es einem richtig ekelhaften Fiesling gelingen kann, einen Traum und/oder einen richtig großen Erfolg hinzulegen, der sich mit jenen Errungenschaften messen kann, die andere auf so viel sympathischere Art erreichten.

Die Entscheidung für eine Person von meiner kurzen Liste fiel mir nicht gerade leicht. Ich wollte ein wahres Prachtexemplar, jemanden, über den andere nichtautorisierte Biografien schreiben, denen sie Titel geben wie „Ein echter Scheißkerl". Eigentlich war Al „die Kettensäge" Dunlap mein Wunschkandidat – der tyrannische Verfechter des Shareholder Value, der sich und seine Aktionäre mit einem Schlag vernichtete. Davon kam ich allerdings wieder ab, als mir klar wurde, dass ein Kerl, der sich mitsamt seinem wie auch immer gearteten Traum in Luft auflöst, kaum zur Untermauerung meiner wirren Theorien nützt.

Also habe ich mich für einen Deutschen entschieden, wobei ich gleich vorweg sagen möchte, dass ich in Bezug auf dieses Völkchen voreingenommen bin – also spare sich jeder seine Protestschreie und wilden Verwünschungen. Verstehen Sie mich nicht falsch: Der Deutsche im Allgemeinen ist durchaus nett und nicht völlig unbegabt, außerdem liebe ich meinen BMW – aber diese Leute haben keinen Schimmer, warum der Rest der Welt sie so schrecklich findet. Wir, der Rest der Welt, wissen hingegen sehr wohl, was wir an ihnen nicht mögen.[2]

---

[1] Mit Rücksicht auf meine potenzielle amerikanische Leserschaft sollte ich hier eine kleine Übersetzung einfügen: ein „Fiesling" ist das, was man in Amerika gemeinhin als „Arschloch" bezeichnet.

[2] Ich persönlich mag sie nicht, weil sie uns – bis auf zwei BEMERKENSWERTE Ausnahmen –, so lange ich denken kann, im Fußball schlagen. Andere haben ihre eigenen Gründe.

Daran kann ich auch nichts ändern, sondern lediglich versuchen zu illustrieren, wie allgegenwärtig das Negativbild des Deutschen ist. Stellen Sie sich einmal vor, Sie müssten einen neuen James-Bond-Film besetzen. Sie haben einen coolen Typen aufgetan, der die Hauptrolle spielen wird, und haben eine atemberaubende Gespielin für ihn gefunden. Jetzt fehlt Ihnen noch der üble Schurke, der die Welt bedroht. Die Rolle ist muss überzeugend rüberkommen, also sehen wir uns um, wer sich anbietet. Wie wäre es mit einem skrupellosen, machtgeilen, bebrillten Kettenraucher, Typ Arier? Er spricht Englisch mit einem scheußlichen deutschen Akzent und ist bekannt dafür, Leute, ja sogar ganze Völker, auszubeuten. Seine biografischen Daten weisen unschöne Verwicklungen in das Apartheid-regime Südafrikas aus, die wenig Raum für positive Deutung lassen – einen seiner ersten „Erfolge" verzeichnete er mit „W-Klasse" – Luxuswagen für die weiße Elite dieses gebeutelten Landes. Die meisten dieser Wagen konnten nebenbei als Militärfahrzeuge genutzt werden. Der Mann ist besessen von dem Wunsch, zu siegen, duldet keinerlei Schwächen und genießt es geradezu, sich physischen Strapazen auszusetzen. Seine Ansichten sind (bestenfalls) selektiv und (schlimmstenfalls) einäugig.

Hand aufs Herz: Wenn Sie so einen Menschen in Ihrem Drehbuch beschreiben, ernten Sie schallendes Gelächter, weil er grotesk stereotyp wirkt. Solche Figuren kann man höchstens in Austin-Powers-Filme einbauen.

Und dennoch handelt es sich hierbei um die Kurzbeschreibung eines Mannes, der als einer der größten globalen (Wirtschafts-)Macher des neuen Millenniums bezeichnet wurde und der für die weltgrößte Fusion verantwortlich zeichnet, nämlich der Gründung der DaimlerChrysler AG. Allein die Größenordnung dieses Unternehmens und Schrempps tragende Rolle bei der Fusion drängen einem förmlich auf, ihn als Visionär in Erwägung zu ziehen. Darüber hinaus legt sein Einfluss seines Geschäftsstils – ganz gleich wie positiv oder negativ man ihn betrachtet – nahe, ihn auf seine Eignung als Querdenker zu überprüfen. Können wir von ihm etwas lernen, was für unsere persönlichen Spielpläne hilfreich ist?

Wer sich mit diesem Mann beschäftigt, stößt auf jede Menge schwerverdauliche Adjektive – zumindest vonseiten derjenigen, die sich trauen, sich über ihn zu äußern.[3] Einige wie „skrupellos" und „fies" tauchen wie-

---

[3] Viele Leute verweigern jeden öffentlichen Kommentar – aus berechtigter Angst vor möglichen Konsequenzen.

der und wieder auf. Andererseits gibt es hier und da auch Wörter, die durchaus als positiv durchgehen können, wie etwa „bezwingend" oder „gewinnend".

Doch falls wir hier anständige Arbeit leisten wollen, sollten wir einigen dieser Adjektive auf den Grund gehen. Als ich 1989 nach Miami flog, um meinen Posten bei Burger King anzutreten, bestand meine Fluglektüre aus einem zwölf Zentimeter dicken Packen von Presseclippings über das Unternehmen. Fast alle von ihnen enthielten dieselben negativen Schlüsselwörter „schlechter Service", „verlottert" und „träge". Ich fand diese Null-Informationen enttäuschend und nutzlos – nirgends wurde genauer gesagt, wann, warum und wo unser Service zu wünschen übrig ließ, unser Unternehmen träge wirkte oder wir verlottert aussahen. Im Grunde waren diese Artikel alle nichts sagend – die üblichen Beschimpfungen, die Journalisten und Wirtschaftsfachleute von ihrem Autopiloten tippen lassen. Ohne nähere Informationen weiß niemand, was ein „träges" Unternehmen eigentlich ist, und ohne es zu wissen, lässt sich nichts ändern.

Wenn Schrempps Traum und sein Modus Operandi auf „Skrupellosigkeit" und „Fiesheit" bauen, müssen wir mehr über das Wie, Wann, Warum und Wo wissen. Erst dann dürfen wir uns ein Urteil erlauben und sehen, inwiefern seine Methoden für uns infrage kommen. Kurz: Wir brauchen einen Maßstab für Wichser. Also habe ich mir Schrempps Berufslaufbahn vorgenommen, um anhand einiger Elemente darin nachzuweisen, aus welchem Holz er geschnitzt ist und wie er die Dinge angeht. Das wird uns zeigen, wie sich ein Traum auf seine Weise verwirklichen lässt. Und sobald ich damit fertig bin, können wir noch einmal über ihn nachdenken und unser Urteil fällen.

Beginnen wir mit dem einfachen Teil, mit der Liebe zum Sieg. Hier werde ich die Hosen herunterlassen und freimütig zugeben, dass ich selbst für mein Leben gern gewinne. Ich gebe offen zu, dass ich regelrecht beleidigt bin, wenn ich verliere – egal ob es sich um eine Niederlage in meinen weniger glorreichen Fußballertagen, um eine Golfrunde, um ein Kopf-an-Kopf-Rennen im Geschäft oder um ein Bewerbungsgespräch handelt. Ich war maßlos entsetzt, als der britische Bevormundungsstaat unter Federführung der antidarwinistischen (alten) Labour-Partei in den Siebzigern versuchte, jedwede Konkurrenz aus den Klassenzimmern und Schulsporthallen zu verbannen (und dabei können mir Politiker normalerweise wenig Schrecken bereiten, weil ich sie nicht beachte). Glücklicherweise machten sie damit lediglich klar, dass man zwar die Strukturen ändern kann, nicht aber das Denken. Wettkampf ist ein zutiefst verwurzelter menschlicher Instinkt.

Womit wir schon bei der nächsten unbequemen Wahrheit wären – dass nämlich die meisten von uns gern gewinnen. Zeigen Sie mir jemanden, der behauptet, es mache ihm nichts aus, dauernd zu verlieren – dann zeige ich Ihnen einen schamlosen Lügner. Die gelegentliche Feier der „kleinen Triumphe", wie Tom Peters sie nannte, ist der Stoff, aus dem unser Leben ist und der uns fit hält.

Es besteht allerdings ein gewaltiger Unterschied zwischen der Freude, die die meisten von uns über ihre Erfolge verspüren, und der emotionellen Schubkraft, die Tyrannen antreibt. Für Letztere ist es nicht genug, zu siegen – sie brauchen einen handfesten Verlierer, und der eigentliche Kick kommt daher, den anderen am Boden zu sehen. *Beim Siegen geht es nicht nur um die Freude am eigenen Triumph, sondern AUCH um die Niederlage eines anderen.*

Dieser Unterschied ist ausschlaggebend, da er sowohl für die Wirtschaft von Bedeutung ist als auch für die Untermauerung meiner bizarren Thesen. Ein schönes neuzeitliches Äquivalent zu den antiken Tierfabeln von Äsop erzählt von zwei Hohen Tieren[4] aus dem westlichen Kapitalismus, die man am frühen Abend in eine Bar bittet und mit ein paar Cocktails versorgt. Anschließend stellt man sie hin, malt eine Trennlinie zwischen sie beide und erklärt ihnen die Spielregel: Sieger ist, wer den anderen davon überzeugen kann, auf seine Seite der Linie zu kommen. Der Spielverlauf ist oft ausgesprochen witzig und das Ganze kann sich leicht bis in die Morgenstunden hinziehen. Beide Teilnehmer haben nur ein Ziel vor Augen: zu gewinnen. Das heißt, pardon, sie haben *zwei* Ziele vor Augen: das andere ist, nicht zu verlieren.

Glaubt man weit verbreiteten Gerüchten, wäre ein solches Spiel in China oder Japan binnen Minuten zu Ende. Ein Topmanager würde zu dem anderen sagen: „Ich werde auf deine Seite gehen, wenn du gleichzeitig auf meine gehst." Und bevor man sich wieder hingesetzt hat, hocken beide Teilnehmer lächelnd an der Bar. Für sie war entscheidend, dass es

---

[4] Der Einfachheit halber blieben wir unserem Standard-Stereotypen treu – die Hohen Tiere sind also zwei männliche Weiße in den Mittfünfzigern.

weder einen Gewinner noch einen Verlierer gab, dass niemand sein Gesicht auf Kosten des anderen wahrt. Wichtig ist ihnen ein Spiel, aus dem beide als „weniger Verlierer" hervorgehen, und an dessen Ende eine Übereinkunft steht, die beide zufrieden macht. Und nun sollten wir einen Moment innehalten und nachdenken: Wenn es um einen Geschäftsabschluss ginge, welche Lösung wäre dann die *haltbarere*?[5]

SPINNERSPRUCH:

„Mr. Schrempp ist im Management nichts heilig – überhaupt nichts."

GOODMAN JORDAN
SAAWU-GEWERKSCHAFTER

Schrempp ist der Fleisch gewordene Beweis für den Willen zu siegen und beim Siegen gesehen zu werden – und zwar immer und überall. Schon als er in jüngeren Tagen Tennis spielte, reichten ihm das gemeinsame Spiel und der Wettkampf nicht. Er musste seinen Gegner beherrschen und zerstören. Von hier lässt sich die Linie geradewegs bis hin zu seinem größten Coup ziehen – der „Fusion" von Daimler und Chrysler. So verpasste er seinen neuen Partnern einen ersten Hieb, indem er zum Abschluss der Verhandlungen, nach der gesamten Due Diligence und nachdem man sich auf die sehr komplexe Architektur des Deals geeignet hatte, damit *drohte*, die ganze Sache platzen zu lassen, falls Daimler im neuen Firmennamen nicht an die erste Stelle käme. Er musste gewinnen. Und er brauchte den Triumph, Robert Eaton, seinen Gegenspieler bei Chrysler, verlieren zu sehen.

Ich hatte einige Mühe, die richtigen Worte zu finden, mit denen sich die

---

[5] Scheinbar entspricht die „östliche" Herangehensweise eher dem Geschäftsgebaren von westlichen Frauen. Hierin *könnte* der Grund liegen, warum sie in Führungspositionen so rar sind. Und es könnte auch erklären, weshalb sie, wenn sie bis an die Unternehmensspitzen vordringen, ihren Job deutlich besser machen als ihre männlichen Kollegen.

psychologische Struktur solcher Burschen beschreiben ließe, weil sie irgendwie etwas Militantes hat. Schließlich endete ich ähnlich wie John Cleese in der unvergesslichen Fawlty-Towers-Folge „Sprich' nicht über den Krieg": Die Meidung des Offensichtlichen führt am Ende dazu, dass man es auf andere Weise erst recht betont. Es ist so, als ob sie sich in Ermangelung eines brauchbaren Schlachtfeldes (was ja, wenn wir ehrlich sind, für einen Deutschen normalerweise kein Hindernis ist), in ihrem Geschäftsleben eben so benehmen, als seien sie auf einem ebensolchen. *Sie werden zu Kriegsherren.*

Zum Teil geht es um rein physische Überlegenheit, darum, dass derjenige „führt", der stärker ist. Und es hat damit zu tun, sich willentlich physischen Gefahren auszusetzen. Sprich: Machogehabe vom Feinsten. Schrempps Ruf als trinkfester, aggressiver, Nächte durchwachender und so gut wie nie schlafender Manager wurde schon in seinen frühen Tagen gefestigt, als er zum Beispiel in seiner ersten Mercedes-Filiale eine Clique alter Luftwaffe-Bomberpiloten versammelte und auf der Trompete aufspielte, während die Kameraden ihre ... ähm ... alten Heimatlieder sangen. Er fühlt sich erst richtig wohl, wenn er an einer Steilwand hängt und jeden Moment abzustürzen droht. Ein schillerndes Beispiel dafür gab er anlässlich eines Familienurlaubes in Südafrika. Dort verursachte er einen schweren Autounfall, bei dem er heftige Blessuren davontrug. Trotzdem wollte er die geplante Campingtour auf Biegen und Brechen mitmachen, wobei ihn die genähten Wunden behinderten. Also stürzte er eine ganze Ladung Brandy herunter und zog sich sämtliche 36 (!) Fäden. Ich bin sicher, dass seine Familie begeistert war, ihn mit klaffenden Schnittwunden in voller Aktion erleben zu dürfen. Unser Jürgen ist halt ein echter John Wayne.

Macho-Macher wie er haben sogar Beziehungen, *doch die sind durchweg zweidimensional.* Für sie teilt sich die Welt in zwei Lager – ausnahmslos jeder ist entweder auf ihrer Seite oder auf der feindlichen. Jemand, der jahrelang Gelegenheit hatte, Jürgen Schrempp aus nächster Nähe kennen zu lernen, allerdings lieber anonym bleiben will, formuliert es wie folgt:

„Wenn man sich dafür entscheidet, ihn zu unterstützen, wird er einen bis aufs Blut verteidigen ... aber falls man sich gegen ihn stellt, sollte man sehr vorsichtig sein ... er wird einen vernichten."[6]

Schrempp ist nicht der erste und wird auch nicht der letzte Topmanager sein, der seine Frau wegen einer anderen verlässt. Allerdings verlief seine Trennung bei weitem nicht nach dem üblichen Muster – man tauscht das alte Modell gegen ein neues „Luxusmodell" ein. Der Bruch der alten Beziehung und die Entstehung der neuen hatte ausschließlich mit Unterstützung zu tun. Seine langjährige – und offenbar sehr leidensfähige – Ehefrau mochte sich irgendwann nicht mehr mit seinem manischen Machthunger arrangieren. Also wandte er sich einer Frau zu, die „Verständnis" für seine persönliche Odyssee zeigte und sich bereit fand, ihm die Unterstützung zukommen zu lassen, die er so sehr brauchte – seiner persönlichen Assistentin. Eingangs wurde diese Beziehung, die bis heute intakt ist, vonseiten der amerikanischen Political-Correctness-Fraktion bei DaimlerChrysler mit großer Sorge beäugt. Insofern hat sie durchaus etwas Gutes.

Sehen wir uns nun den nächsten Pfeil an, den Schrempp und Konsorten in ihrem Köcher tragen: Sie sind jederzeit bereit, *ihre Freunde zu töten und anschließend aufzuessen*, sollten diese sich ihren Zielen in den Weg stellen. Jürgens Weg ist gepflastert mit den abgenagten Knochen von Leuten, die einst seine Freunde und Verbündeten waren. Unter ihnen befindet sich ein Mann, der besonders heraussticht: Edzard Reuter, Anfang der Neunziger Vorsitzender der alten Daimler-Benz AG. Sein Managementstil unterschied sich in vielerlei Hinsicht von dem Schrempps, der viel mehr auf Kontrolle hielt als Reuter. Dennoch wurden die beiden zu engen Freunden, was für den kometenhaften Aufstieg Schrempps ausgesprochen hilfreich war. Reuter war Mentor, Unterstützer und Freund in einer Person. Er war sechzehn Jahre älter als Schrempp und behandelte ihn wie den Thronerben.

Schrempp hat ihn zerstört. Er hat ihn eiskalt abserviert. Wie er es schaffte, sich auf den Posten des Älteren zu manövrieren und diesen anschließend wie ein gebrauchtes Taschentuch wegzuwerfen, ist eine lange Geschichte und gehört hier nicht her. Doch dass er imstande war, so etwas zu tun und sich trotzdem am nächsten Morgen wieder im Spiegel ansehen konnte, gehört sehr wohl hierher. Dass er sämtliche Rückspiegel einklappen konnte und sein Leben weiterleben konnte, als wäre nichts Unge-

---

[6] Zitiert in Jürgen Grässlins Biografie: *Jürgen Schrempp – and the making of an Auto Dynasty*, McGraw Hill, 1998

wöhnliches geschehen, gehört ebenfalls hierher. Denn hierin offenbart sich seine wahre Natur. *Auch du, Brutus?* Wenn's um den Shareholder Value geht, ist alles erlaubt (dazu später mehr).

Männer wie Schrempp vermitteln nach außen einen *gequälten* Eindruck, als würden sie unablässig von inneren Dämonen geplagt. Selbstverständlich kommt es mir nicht zu, irgendjemandes Psyche in der Öffentlichkeit auszubreiten, und ich bewege mich hier auf einem Terrain, dem ich technisch alles andere als gewachsen bin. Trotzdem verleiten mich meine Beobachtungen zu dem Schluss, dass sich in Schrempps inneren Tiefen sicher kein See der Beschaulichkeit findet. Der Mann kann einfach nicht stillsitzen. Er geht nicht, sondern er rennt. Eine Aktivität jagt die nächste, vorzugsweise ohne Pause dazwischen und möglichst überlappend. Er arbeitet unzählige Stunden pro Tag und schläft so gut wie gar nicht. Sein Tempo ist energisch und rastlos. Er raucht Kette und trägt ständig eine Reserveschachtel Marlboro mit sich herum, falls er irgendwo aufgehalten werden sollte. Seine Sicherungen zu anderen, selbst zu Leuten aus seinem engsten Umfeld, brennen schneller durch als man die Hand vor Augen legen kann.

So viel dazu. Aber es besteht ein Unterschied zwischen Rastlosigkeit und Gequältheit. Ich kenne ihn, weil ich selbst des Öfteren als „rastlos" bezeichnet wurde und es als Kompliment auffasste. Ich empfand meine angebliche Rastlosigkeit sogar als hilfreich. In Bezug auf das Geschäft steht sie vor allem für eine Mischung aus Enthusiasmus, Umtriebigkeit, Neugier und einem gewissen Maß an Frustration. Sie verschlingt weder den Rastlosen selbst noch die Menschen um ihn herum. Und sie verträgt sich auch mit anderen Gewohnheiten, wie etwa der, gelegentlich faul abzuhängen (ich muss es wissen). Außerdem lässt sie einem die Zeit, zwischendurch an den Rosen am Wegesrand zu schnuppern. Bei jemandem wie Schrempp sucht man vergeblich nach so etwas wie innerem Frieden. Er tobt, also ist er.

Doch wenden wir uns nun den gehaltvolleren Dingen zu. Leute von Schrempps Kaliber dulden keine Schwächen. Das zeigt sich an allen Ecken und Kanten seiner Karriere, wobei ich ein Beispiel besonders faszinierend finde: Lange vor Schrempps Zeit, nämlich 1957, erkämpften sich die Arbeiter bei Mercedes durch einen harten Streik den Anspruch auf vollen Lohnausgleich im Krankheitsfall. Aus irgendwelchen Gründen nahm Schrempp vier Jahrzehnte später diese Diskussion über dieses Thema mit ihnen (also den Gewerkschaftern) wieder auf – führen und beim Führen gesehen werden war das, was Deutschlands größter Autobauer anstrebte mit dem Versuch, den Lohnausgleich zu reduzieren. Dabei schien diese Diskussion allein deshalb bizarr, weil Daimler-Benz während der Neunziger[7] bereits in erheblichem Umfang Stellen gestrichen hatte, ohne auf ernst zu nehmenden Widerstand der Gewerkschaft zu stoßen.

Warum ausgerechnet dieses Thema? Warum ausgerechnet dieses Schlachtfeld? Schrempp konnte seine Position mit Argumenten verteidigen – und tat es auch –, die klangen wie eine schlechte deutsche Übersetzung von Adam Smith („Wir können unsere Autos nicht einfach teurer machen, indem wir darauf schreiben: *gebaut mit vollem Lohnausgleich im Krankheitsfall*"). Doch zurück zur eigentlichen Frage: Warum ausgerechnet dieses Thema? Er verlor seine Schlacht gegen die Gewerkschaft und musste erhebliche Umsatzeinbußen einstecken. Sein Midas-Ruf bekam einen empfindlichen Dämpfer. Ich vermute, dass er diesen Rückschlag nur deshalb riskierte, weil ihn das Prinzip der Bezahlung bei Krankheit schlicht wurmte. Diese Geschichte wirkt umso schräger und zugleich umso bezeichnender für Schrempp, wenn man berücksichtigt, dass er gleichzeitig *für* andere Rechte der Arbeiter kämpfte. Für mich kommt daher nur ein Grund infrage, weshalb er gegen dieses eine spezielle Privileg rebellierte: Für ihn war die „Schwäche" des Krankseins einfach das Problem anderer Leute – der Kranken selbst, ihrer Familien oder des Staates. Auf keinen Fall durfte man zulassen, dass Krankheit sich der Arbeit in den Weg stellte.

Es ließ ihm keine Ruhe. Er stellte sich erstaunlich taub gegen alle Warnungen. Vielmehr legte er sich 1998, im Zuge der auf die Fusion folgenden Rationalisierungen bei DaimlerChrysler, noch einmal mit den Gewerkschaften an. Er provozierte sie mit einem Programm, das eine erhebliche Reduzierung des Lohnausgleiches sowohl für Arbeiter als auch für Angestellte vorsah. Und diesmal wählte er Peitsche statt Zuckerbrot: Er führte ein Stufen-Bonussystem ein, mit dem er die Mitarbeiter *belohnte*, wenn sie *nicht* krank und/oder schwach waren. Innerhalb dieses Systems waren veröffentlichte Berichte und Tabellen vorgesehen, in denen die Fehlzeiten der Leute aufgelistet wurden.

---

[7] Zwischen 1991 und 1996 wurde die Zahl der Arbeitskräfte um 90.000 reduziert.

Schrempp duldet keinerlei Schwäche bei sich selbst, was wahrscheinlich als Stärke auszulegen wäre. Aber dass er sie bei anderen nicht duldet, hat meiner Ansicht nach nichts mit aufgeklärtem Kapitalismus oder einer motivierten Mitarbeiterschaft zu tun. Diese beiden nämlich dürften wohl *die* wesentlichen Zutaten zu einer modernen Unternehmensvision sein.

Doch kommen wir zu dem richtig dicken Brocken, den ich mir bis zum Schluss aufgespart habe. Und hier überlasse ich Ihnen die Entscheidung. Sind Menschen vom Schlage Schrempp *ausbeuterisch* oder *benutzen sie andere*? Im Falle Schrempp fällt die Wahl leicht: Meiner Meinung nach trifft auf ihn beides zu. Ganz gleich, ob es sich um Einzelne oder um Gruppen von Menschen handelt, nimmt er sich aus jeder Situation das heraus, was er braucht – ohne Rücksicht auf mögliche Kollateralschäden.

So besteht beispielsweise kein Zweifel, dass seine Erfolge für Daimler in Südafrika seiner nachfolgenden Karriere überaus förderlich waren. Wäre er dort nicht so erfolgreich gewesen, hätte er niemals eine Position erreicht, von welcher aus er Reuter schassen und die Firmenleitung an sich reißen konnte. Ebenso wenig lässt sich daran zweifeln, dass man blind und taubstumm hätte sein müssen, um nicht mitzubekommen, welche Veränderungen sich in diesem Land während der Achtziger anbahnten – als unser Held unmittelbar vor Ort war. Die Situation kann man nicht beschönigen: Eine (relativ) wohlhabende, weiße Minderheit unterdrückte eine arme schwarze Mehrheit mittels eines Regimes, das aus einem anderen Jahrhundert stammte. Viele Weiße, die Teil des Apartheidregimes waren, versuchen heute, ihre Beteiligung an diesem System zu rechtfertigen und behaupten, die Lage im Lande hätte es notwendig gemacht. Sie meinen, es wäre leicht, in sicherer Entfernung zu sitzen und Moralpredigten zu schwingen, dabei wäre doch alles gar nicht so gewesen, und man hätte dort sein müssen, um die Komplexität des Ganzen zu erfassen. Was für ein Blödsinn!

Jürgens Rolle bestand darin, Elitewagen zu verkaufen – die „W-Klasse" genannt wurden, um das Ganze noch schlimmer noch zu machen –, und zwar an die weiße Elite. Ach ja, und diese Wagen waren meist so konstruiert, dass sie nebenher für militärische Zwecke genutzt werden konnten. Seine Verteidigung gegen die Vorwürfe, er habe das Apartheidregime für seine Karriere ausgenutzt, besteht darin, dass ihm weder unternehmensintern noch -extern nachgewiesen werden konnte, etwas

„Schlechtes" getan zu haben – obwohl ihn der „Doppelnutzen" der Fahrzeuge bereits damals Sorgen gemacht habe und es bis heute tue. Na, dann ist ja alles in Ordnung.

Wer immer Sie sein mögen und in welchen Umständen auch immer Sie sich befinden – wenn Sie in irgendeiner Weise benutzt und/oder ausgebeutet werden können, *wird* dieser Kerl es tun. Darauf können Sie wetten. Die 89.000 Stellen, die Daimler in den frühen Neunzigern strich (und zu denen ständig weitere hinzukommen), machen mich nicht sonderlich wütend – Schrempp war nicht der einzige Manager, der ein aufgeblasenes Unternehmen zu einer Zeit übernahm, in der der technische Fortschritt enorme Produktivitätssteigerungen ermöglichte. Entlassungen im großen Umfang liegen nun einmal in der Natur der Sache und sie sind der Preis, den wir als Gesellschaft für Fortschritt und Bequemlichkeit zahlen. Ich denke an etwas anderes, nämlich an die berechnende Art, mit der Schrempp Menschen als Mittel für seine Zwecke benutzt. Falls die Umstände moralisch fragwürdig sind oder ein bisschen Unterdrückung ins Spiel kommt, was soll's – *c'est la guerre,* Kleines.

Womit wir unsere Formel gefunden hätten, wie ein Traum wahr gemacht wird, der auf Tyrannei basiert. Und wir haben eine Formel, wie man zu Glanz und Glorie kommt, indem man sich wie ein Querkopf-Wichser aufführt. Alles, was man braucht, ist ein gehäufter Teelöffel von jeder der nachfolgenden Zutaten:

- feiern Sie Ihre Siege *und* die Niederlagen Ihrer Gegner;
- werden Sie ein echter Kriegsherr;
- sorgen Sie dafür, dass all Ihre Beziehungen zweidimensional sind. Die Leute sind entweder für oder gegen Sie. Es gibt keine andere Position;
- vernichten oder töten Sie Ihre Freunde, wenn es sein muss;
- beweisen Sie, wie gequält Sie sind und welche inneren Dämonen Sie plagen;
- dulden Sie keine Schwächen (weder bei sich noch bei anderen);
- nutzen und beuten Sie andere aus. Ignorieren Sie mögliche Kollateralschäden und
- schauen Sie nur mit einem Auge hin, falls es Ihrer Sache hilft.

Diese Liste enthält acht Zutaten, es gibt allerdings noch eine neunte, die meine gesamte Analyse ins Chaos stürzt. *Kerle dieses Schlages können einen Erfolg nach dem anderen verbuchen.* Schrempp hat nach dieser

Formel gehandelt und damit einen Allmachtstraum verwirklicht – die größte Fusion der Wirtschaftsgeschichte.

Ich habe mich bewusst auf die negativen Seiten dieses Mannes und seines Weges zum Ruhm konzentriert. Doch nun sollten wir auch Folgendes beachten: Allein 1997 wurden 715.000 Mercedes verkauft, sprich elf Prozent mehr als im Vorjahr. Zwar waren Tausende „alter" Stellen abgebaut worden, für die effektiv keine Arbeit mehr da war, aber dafür schuf das Unternehmen 12.000 neue Arbeitsplätze. 80 Prozent der verkauften Wagen waren Modelle, die jünger als fünf Jahre waren, die Gewinne lagen bei 79 Prozent vom Umsatz und *all diese Zahlen beziehen sich auf die Zeit vor der Fusion mit Chrysler.*

Unmittelbar vor dem Zusammenschluss der Giganten wartete Schrempp mit einer gewagten Prognose auf – dass das Unternehmen seinen Umsatz bis 2008 verdoppeln würde. Er erreichte diese Zahl, dank der Fusion, innerhalb eines Jahres.

Nein, man kann es drehen und wenden, wie man will, dieser Mann hat in der obersten Liga gespielt und gewonnen. Schrempp mag vielen Menschen nicht sonderlich sympathisch sein, einschließlich meiner Wenigkeit – aber das liegt eventuell auch mit daran, dass wir nicht das Zeug haben, uns so zu benehmen, wie er es getan hat. Zugegeben, er ist wirklich extrem, doch die meisten von uns könnten ein bisschen was von seinen „Talenten" vertragen. Offen gesagt könnten wir damit um einiges effektiver und effizienter arbeiten. Im Grunde trägt sein Verhalten viele Züge eines Machiavelli, und die treffen wir auch in guten Lehrern an, die eine Klasse zu kontrollieren und unmotivierte Schüler zu unterrichten haben. Neben Schrempps extremen Verhaltensmustern finden sich zahlreiche positive Talente, auf die wir alle neidisch sein können: Er ist energiegeladen, zuversichtlich, überlegen, stets gut vorbereitet und hat einen analytischen Verstand.

Wenn wir uns seine Errungenschaften ansehen und seine unbestrittenen Stärken mit in die Waagschale werfen, können wir dann sagen, dass er ein Visionär und Querdenker ist, der unseren Respekt verdient? Sollten wir ihn uns zum Vorbild nehmen?

Die Antwort lautet NEIN.

Lassen Sie mich an dieser Stelle den Schnellvorlaufknopf drücken, bis wir beim 11. April des Jahres 2001 angekommen sind. Der Ort des Geschehens ist Berlin und die Szenerie ist die Aktionärsversammlung der

DaimlerChrysler AG. In den drei bis vier Jahren, die wir übersprungen haben, hat sich das Klima dramatisch verändert. Unser Held ist inzwischen ein Bösewicht, dessen Kopf die Aktionäre rollen sehen wollen. Einer von ihnen hält einen Wecker hoch und sagt Schrempp, es sei Zeit für ihn zu gehen. Ein anderer Aktionär, mein erklärter Liebling, weil er einen so witzigen Namen hat – Lars Labryga[8] –, steht auf und beschuldigt Schrempp, das Verbrechen aller Verbrechen begangen zu haben – er habe *den Shareholder Value halbiert.* Lars hat Recht; in seiner wilden Gier nach dem Heiligen Gral des Shareholder Value hat Schrempp ihn zerstört. Während ich diese Zeilen schreibe, ist der Marktwert von DaimlerChrysler unter den der Daimler-Benz AG vor der Fusion gesackt.

Der Traum ist also zu einem Scherbenhaufen zerfallen – und meiner Meinung nach liegt das eigentliche Problem in der Art, wie er gebaut wurde. Die Schwierigkeiten gründen hauptsächlich in Chrysler und dem späteren Zukauf der 34-prozentigen Beteiligung an Mitsubishi. Diese Käufe entbehrten jeglichen Synergie-Effektes, sondern waren eher wie ein Mungo und zwei Kobras, die zusammen in eine Supermarktplastiktüte gezwängt werden. Sie wurden gekauft, weil sie zu haben waren. Sie wurden aus purer Lust an der Eroberung und Gier nach Macht gekauft.

Die Zeit und wieder einmal die Geschichte lehren uns, dass ein Traum, der auf diese Fundamente baut, keinen Bestand haben kann. Falls Sie einen schlagenden Beweis dafür brauchen, sehen Sie sich einfach die Geschichte der Balkanländer während des vergangenen Jahrtausends an. So lange alles gut läuft, hält der Laden einigermaßen, aber sobald von irgendwo leichter Druck ausgeübt wird, zeigen sich fatale Risse. Dann platzen Dinge hervor wie aus den Brustkörben der Darsteller im *Alien*-Film. Es ist nichts da, *worauf aufgebaut werden kann.*

Schrempps Reaktion auf diese Krise fiel erwartungsgemäß harsch aus. Die Ausgaben werden drastisch gekürzt und weitere 25.000 Kollateralschaden-Stellen werden dem Orkus übereignet. Gähn. Mit einem Fickteuch-ins-Knie-Aufruf an seine Lieferanten zwang er sie, ihre Kosten um einen vorgegebenen Prozentsatz zu reduzieren. So viel zum Thema „Partnerschaft". Schnarch. Den unteren Chargen, den kleinen Vertrieben und Autohändlern, die zumeist mit allem, was sie sind und haben, in ihren

---

[8] Wenn man die Buchstaben lange genug verdreht, kommt Raray Balls heraus. Sie sehen, es braucht nicht viel, mich zum Lachen zu bringen.

Unternehmen stecken, wurden über Nacht die Verträge gekündigt. Ähm ... so viel noch zum Thema „Partnerschaft".

Die Zukunft von DaimlerChrysler ist ein Würfelspiel. Globalisierung und bislang ungenutzte Größenvorteile, die den drei Automobilunternehmen allerdings *echte* Synergie abverlangen, könnten für das Unternehmen arbeiten, ebenso wie die ganzen Streichungen und Kürzungen. Für Schrempp spielt es keine Rolle mehr. Für ihn ist der Krieg vorbei.

Ich habe einen ganzen Stapel Unterlagen über den Kerl, und es würde knapp dreißig Sekunden dauern herauszufinden, wie alt er ist, aber ich habe keine Lust nachzusehen. Außerdem bin ich mir nicht sicher, wie sich sein Alter in Menschenjahre umrechnen lässt. Es ist sowieso egal. Wie alt er auch immer sein mag, ich bin fest davon überzeugt, dass er sich innerhalb von ungefähr fünf Jahren direkt neben Al „die Kettensäge" Dunlap in einem Heim für pensionierte Schulhofrüpel irgendwo in Florida einquartieren wird. Alle Ermittlungen laufen gegen ihn. Sein Traum war ein Dinosaurier. Er war groß, aber einer von dieser Sorte, bei denen Großsein nicht hilft, sondern eher schadet. Und er endete damit, dass ihm das Wasser bis zum Hals stand. Sein Traum hatte kein Durchhaltevermögen, wobei die Neandertal-Methoden, mit denen er ihn anging, einen Gutteil der Schuld an dem Problem tragen.

WAHNSINNS-WERTUNG:

VISIONÄR: ☆ (sehen Sie mich an)

QUERDENKER: ☆

RICHARD BRANSON

Es ist ziemlich schwierig, diesen Mann objektiv zu betrachten. Jeder hat seine eigene Meinung zu ihm. Wie es scheint, kennen über 90 Prozent aller britischen Verbraucher seinen Markennamen Virgin, und – kaum zu glauben – ebenso viele assoziieren Bransons Namen mit dieser Marke. Ich denke, eine erweiterte Analyse würde ergeben, dass diese Menschen ihn entweder lieben oder hassen.

Die Objektivität fällt einem umso schwerer, wenn man ihm begegnet ist. Ich bin mir eigentlich nicht sicher, ob „begegnen" überhaupt jene flüchtige Begebenheit treffend beschreibt, bei der unsere beiden Schiffe in Rufweite aneinander vorbeizogen. Sicher bin ich jedoch, dass er sich nicht daran erinnern wird. Mir reichte es jedenfalls, damit sich sein Bild als PLW[1] für immer in mein Gedächtnis brannte.

Es war anlässlich irgendeines vornehmen Geschäftsessens in der Square Mile – Londons historischem Finanzbezirk. Ich glaube, es war in der Guildhall. Die Größten und Besten der britischen Wirtschaft hatten sich hier versammelt und mich hatte man für GrandMet von der Ersatzbank geholt – als Austauschspieler für irgendjemanden, der schlau genug war, sich eine Ausrede einfallen zu lassen. Ich wurde auf die Tischseite gegenüber von Branson gesetzt, zwei oder drei Plätze weiter links. Er kam zu spät und trug einen verwaschenen Wollpullover, womit er sich garderobentechnisch klar von allen anderen abhob. Wir Sonstigen hatten uns für einen offiziellen Lunch gekleidet, sprich: An unserem Tisch war, bis auf meinen, kein Anzug zu sehen, der weniger als tausend Pfund gekostet hatte. Branson schien diese Tatsache nicht im mindesten zu irritieren. Er setzte sich wie selbstverständlich an seinen Platz, ohne ein Wort der Entschuldigung für sein Zuspätkommen.

Das Essen wurde teilweise von British Airways gesponsert. Sie hatten also einiges Geld springen lassen und sich damit das Recht erkauft, ihr

---

[1] Pompöser Lauter Wichser.

Firmenlogo auf die Speisekarte zu drucken und diese in ein kleines Flug-
zeugmodell zu stecken. Die Veranstaltung fand statt, bevor die Schmutz-
kampagne[2] zwischen den beiden Unternehmen es bis in die Schlagzeilen
geschafft hatte. Dennoch hätte man bereits zu diesem Zeitpunkt sagen
können, dass bei einem Flotten Dreier keiner von beiden Jennifer Lopez
links liegen gelassen hätte, um dem anderen näher zu kommen. Entsprechend fiel auch die Reaktion Bransons auf das Speisekarten-Modellflug-
zeug aus: Wortlos warf er das Modell mitsamt Speisekarte unter den
Tisch.

Mann, haben wir gelacht.

Im Ernst, wenn wir einen Moment davon absehen, dass meine Frau hin
und wieder ihre Wäschekommode verriegeln muss, damit ich nicht den
Revolver heraushole und auf den Fernseher schieße, wenn der Kerl mal
wieder gezeigt wird, sollten wir ihn uns genauer ansehen.

Wodurch qualifiziert sich dieser pompöse ewige Zehntklässler für die
Aufnahme in den elitären Kreis der Visionäre und Querdenker? Dadurch,
dass er ein Visionär und ein Querdenker erster Güteklasse ist.

Beinahe im Alleingang hat er die Wissenschaft neu erfunden, Marken
zu kreieren. Und dabei gelang es ihm, die wohl größte internationale
Marke Großbritanniens der letzten fünfzig Jahre[3] zu etablieren – was ein
erschreckendes Armutszeugnis für mein Land darstellt. Darüber hinaus
sind die Veränderungen, die sich in der Welt der Marken durch ihn, um ihn
herum oder trotz ihm (Unzutreffendes bitte streichen) durchsetzen konnten, unwiderruflich. Welche Rolle er in dieser Wandlung auch spielte (und
ich denke, er spielte eine grundlegende Rolle) – als er begann, definierten
sich Marken darüber, *was* Unternehmen machten (was wiederum vor allem an ihrem Portfolio, an ihren Produkte oder an ihren Dienstleistungen
hing). Vor dreißig Jahren fing er mit einem Plattenversand an, eigenen Be-
richten zufolge von einer Telefonzelle aus und mit weniger Kapital, als die

---

[2] 1993 wurde Virgin ein Schadensersatz von 610.000 Pfund zugesprochen, nachdem
British Airways eine Kampagne lanciert hatte, um dem Konkurrenten in den Boden
zu stampfen. Die Beziehung zwischen den beiden Fluggesellschaften war, gelinde
gesagt, angespannt.

[3] Es macht Spaß, über diese Frage nach ein paar Drinks zu diskutieren. Die Tatsache,
dass meine Freunde in Diageo behaupten, die größte britische Marke sei Baileys Irish
Cream, unterstreicht Bransons Anspruch auf den Titel eher noch als dass sie ihn
unterminiert.

meisten Paare für ein Restaurantessen investieren. Seitdem hat sich beim Markenmanagement einiges getan. Heute entscheidet nicht mehr so sehr, *was* Unternehmen anbieten, sondern *wie* sie ihre Produkte und/oder Leistungen auf den Markt bringen.

Hundert Jahre lang drehte sich alles um Produkte. Hoover, Coca-Cola, Heinz, Rolls Royce (und viele andere mehr) wurden zu mächtigen Namen, die auf Markenprodukten gründeten. Unterscheidbarkeit – diese wunderbare Ein-Wort-Definition dessen, was das Ziel effektiver und effizienter Markengestaltung ist – drehte sich ausschließlich um Produkte, Preise, Merkmale, die „neue, verbesserte Formel" und das Massenmarketing für die Massen vorhandener und potenzieller Kunden.

Bei der Marke Virgin hingegen geht es nicht um Preise oder Produktspezifikationen für eines ihrer mehr als einhundertfünfzig Produkte und Dienstleistungen. Hier geht es einzig um eine Unternehmenspersönlichkeit, die für spezifische Werte und Attribute steht, welche ein möglichst breites Verbraucherspektrum ansprechen sollen. Diese Verbraucher werden dann das eine oder andere Produkt und die eine oder andere Dienstleistung testen. Und dies ist der Moment, in dem man einen Mikromarkt bedient, um sich die Loyalität der Kunden zu sichern, die mittelfristig zu häufigeren Käufen und somit höheren Umsätzen führt.

Diese Ergebnisse dieser veränderten Strategie waren umwälzend – insbesondere bei einigen der Dinosaurier im Geschäft. McDonalds, die seit fünfzig Jahren für ein begrenztes Produktangebot standen und ein eher eindimensionales Unternehmensbild von sich vermittelten, schnappten plötzlich über und kauften ein bekanntes Espresso-Unternehmen. Ohne einen Augenblick zu verschnaufen, investierten sie gleich darauf in mexikanische Lebensmittelmarken, in Hähnchenrestaurants und in ein Hotel in der Schweiz, das gezielt auf *den Geschäftsreisenden*[4] abgestimmt sein soll. Coca-Cola schickte kürzlich Doug Ivester in die Wüste, nachdem er erst wenige Monate im Unternehmen gearbeitet und hier eigentlich

---

[4] Das ist nun wirklich unglaublich – obwohl ich McDonalds für all die anderen Sachen mit Lob überschütten würde. Die sollten trotzdem wissen, worauf sie sich da einlassen. Ich bin der stereotype Geschäftsreisende, doch sollte ich in der Schweiz sein und IM GANZEN LAND KEIN FREIES ZIMMER FINDEN, würde ich trotzdem nie in einem McDonalds-Hotel übernachten. Selbst wenn sie mir die Hosen vom Leib reißen und drohen würden, mir mit einem Bunsenbrenner die Weichteile zu verschmoren, würde ich mich immer noch weigern. Viel Glück den Herrschaften.

zum Nachfolger des legendären Roberto Goizueta erkoren gewesen war. Sie verpassten ihm die kalte Dusche nicht etwa für irgendetwas, *was* er getan hatte, sondern dafür, *wie* er auf die Aktionäre und das breite Publikum wirkte. Anschließend beriet man sich eine Weile hinter verschlossenen Türen und präsentierte einen Nachfolger namens Douglas Daft. Das soll Disney erstmal nachmachen! Ich habe dem jedenfalls nichts hinzuzufügen.

Wenn wir dahinter kommen wollen, was Branson überhaupt die Idee zu seinem Traum eingab, stoßen wir auf gewisse Schwierigkeiten. Es gibt nicht einen Hinweis darauf, dass er einen Plan verfolgte. Vielmehr scheint das Gegenteil der Fall. Man kann sich wohl kaum jemanden vorstellen, der weniger geeignet wäre, den Kopf hinter einem weltweiten Wirtschaftsimperium abzugeben. Er hat keinerlei betriebswirtschaftliche Ausbildung, um nicht zu sagen, eigentlich gar keine Ausbildung irgendeiner Art. Auf Fotos aus den frühen Siebzigern präsentiert er sich als verlotterter Hippie – was mir jedes Mal ein bisschen peinlich ist, weil ich sicher bin, dass ich selbst damals Schlaghosen besaß, die seinen in nichts nachstanden. Es gibt keinen Hinweis auf ein Puzzle nach Art von James Dyson, ebenso wenig wie auf frühe Einflüsse, die auf einen aufgeweckten Intellekt trafen, der sie sodann nutzte, um eine technische Herausforderung zu meistern. Andererseits ist seine Vorgehensweise viel zu strukturiert und seine Erfolgskurve verläuft zu ungebrochen, als dass man all das auf eine Kette glücklicher Zufälle zurückführen könnte. Er ist kein Trottel, der von einem Erfolg zum nächsten stolpert. Wir erkennen in ihm durchaus einen Hauch Sachbezogenheit, viel Intuition, ein paar Dinge, die er mehr oder minder unbewusst tut, und eine Portion Glück.

Außerdem weist Branson einen Charakterzug auf, dem wir in diesem Buch bisher nicht begegnet sind. Das heißt nicht, dass ihn andere Visionäre *und* Querdenker nicht ebenfalls aufweisen, jedoch tritt er bei ihnen weit weniger ausgeprägt auf und äußert sich anders. Dieser Kerl ist ein wandelndes Bündel von Widersprüchen. Infolgedessen ist er vollkommen unberechenbar und reichlich mysteriös. Das gilt sowohl für seine Person als auch für seine Geschäfte. Der nahtlose Übergang zwischen beidem hat etwas von jemand, der freundlich mit allen Nachbarn spricht, aber im Haus hinter ihm die Vorhänge dicht zugezogen lässt.

Diese Widersprüchlichkeit fasziniert mich – aber nur, weil ich davon überzeugt bin, dass sie wesentlich zu seinem Erfolg beiträgt. Denken Sie einmal über die folgenden Behauptungen nach, die ich zu Branson aufstelle:

- *Er ist ein professioneller Amateur.* Immer wieder kehrt er nach außen den Blödmann heraus, der offenbar nicht einmal die Grundbegriffe seines Geschäftes beherrscht. Er ist in der Schule bereits an den Grundrechenarten gescheitert, womit er bis heute prahlt. Doch auf der nächsten Seite lesen wir, wie unnachgiebig und rücksichtslos er verhandelt, wie lückenlos sein Gedächtnis jedes Detail abspeichert, welch einen Riecher er für günstige Gelegenheiten hat und wie unerbittlich er bestehende Verträge ständig neu verhandelt. Außerdem ist bekannt, dass er sich auf ein Schattenkabinett von Experten verlässt.

- *Er ist schonungslos freundlich.* Wir haben jede Menge Hinweise darauf, dass er ein umgänglicher Mensch ist, mit dem (und für den) es Spaß macht zu arbeiten, und der der Mittelpunkt jeder Party ist. Er ist mit all seinen Mitarbeiter per „Du", reist mit seiner Flugzeug-Crew und übernachtet in denselben Hotels wie sie. Aber auf den nächsten Seite des Branson-Buches sehen wir Bilder von den ausgeblichenen Knochen jener, die ihm in die Quere kamen oder für ihn nicht mehr nützlich waren.

- *Er ist ein kontrollierender Befugniserteiler.* Für Branson zu arbeiten, macht Spaß. Er ist ein Abenteurer, bei dem sich hartes Spiel mit harter Arbeit koppelt. Gute Leute erhalten Befugnisse und Verantwortung. Alle Unternehmensgruppen agieren autonom. Oberflächlich betrachtet mutet das Ganze wie ein Netzwerk lose miteinander verbundener Firmen an, die unter einem gemeinsamen Markenzeichen firmieren. Bransons Rolle darin ist die, jede Woche eine neue Idee auszubrüten und ein paar Jungs auszusenden, die dieser Idee hinterher jagen. Nach ein paar Jahren dann können sie ihm sagen, ob es ein Erfolg war oder nicht. Aber diese Fassade ist Bockmist. Denn hinter den verschlossenen Vorhängen spielt sich bei Virgin ein vollkommen anderes Szenario ab. Hier sehen wir plötzlich Mitarbeiter, die unter einem gewaltigen Erfolgsdruck stehen und schlecht bezahlt werden und deren einzige Aussicht auf Wohlstand im Kauf von Virgin-Anteilen besteht, die wiederum von einem Schattenkabinett aus rundum-bevollmächtigten Managern kontrolliert werden. Letztere erhalten in ihrem Job jede Menge Hilfe von kompetenten Finanzbuchhaltern, Anwälten und Bankern.

- *Er ist ein strategischer Guerilla.* Lauscht man seinen Ergüssen, so meint man, einen echten Visionär zu hören. Da ist die Rede von groben, schemenhaften Umrissen, von Missionen und Makro-Strategien. Sobald man die Ohren schließt und sich aufs Hinsehen konzentriert, erkennt man allerdings ein Unternehmen, das ausschließlich um seine schillernde Persönlichkeit, seinen Blick fürs Detail und seine Kontrollbesessenheit kreist.

Diese Widersprüchlichkeit, die Branson größtenteils bewusst kultiviert, hat entscheidend zu dem beigetragen, was er und was seine Marke heute sind. Sie hat ihn in die Lage versetzt, den ersten multinationalen Straßenkiosk der Welt aufzumachen. Die Widersprüche, die dieser Mann in sich trägt, wirken auf unterschiedlichen Ebenen. Zum einen versetzen sie ihn in die Lage, vor jedem Publikum als genau die Person aufzutreten, die dort auf die größtmögliche positive Resonanz stößt – seien es Kunden, Geschäftspartner, Mitarbeiter, die allgemeine Öffentlichkeit oder Politiker. Er ist wie ein Chamäleon, dass sich an jedes Klima, jede Umgebung und jede Gegebenheit anpassen kann.

Wer Lust hat, kann praktisch unbegrenzt paradoxe Beschreibungen seiner Person ergänzen; sie laufen alle darauf hinaus, dass sie unsere Analyse Bransons als Visionär und Querdenker ein ums andere Mal verwässern.

Die meisten sonstigen Genannten in diesem Werk sind entweder mehr Visionär als Querdenker oder umgekehrt. Wenige von ihnen sind beides gleichermaßen. Branson verwirrt uns deshalb, weil er nicht das eine, nicht das andere und schon gar nicht beides ist. Irgendwie scheinen die beiden Kategorien bei ihm zu einem Ganzen zu verschmelzen.

Der verrückte schottische Komiker Billy Connolly, dessen Werk in Ausschnitten in den Tiefen meines Kassettenlagers vergraben ist, hat einmal eine köstliche Verarschung eines schlicht gestrickten Pfarrers gebracht, der seine Schäfchen mit der Sonntagspredigt beeindrucken will. Besagter Pfarrer ruft mit kristallklarer Stimme von der Kanzel herab: *„Ich bin eins in Ihm und Er ist eins in mir!"* Wer jemals einen Sonntagsgottesdienst besucht hat und während der gesamten Predigt wach geblieben ist, kann sich ausmalen, wie sich das anhört: laut genug, um noch im Pub drei Straßen weiter gehört zu werden, und dabei nichts anderes als die Behauptung des längst Bekannten. Sie verstehen natürlich, was das

heißen soll, oder? Genau. Es ist nur, dass wenn tatsächlich darüber nach-
denkt, man unweigerlich feststellt, dass es herzlich wenig bei dem akuten
Problem hilft, nämlich zum Beispiel dem Dickdarmkrebs von Onkel Harry, und man verliert den Faden.

Es nützt uns also nichts, wenn wir den Sinn des Lebens begreifen wollen, aber es hilft uns, Branson zu begreifen. Sein Visionär *ist* der Querdenker. Er ist eins in ihm und umgekehrt. Ganz gleich wie ausschweifend
er darüber dozieren mag, er hätte Virgin bewusst als eine Art *Keiretsu* angelegt, ist letztlich das *Wie* entscheidend (sprich: sein *Modus Operandi*)
dafür, dass der Traum Gestalt annehmen konnte. Heutzutage verbringen
Wirtschaftswissenschaftler Stunden damit, Virgin zu analysieren, und
Businessgurus schwafeln praktisch von nichts anderem mehr. Ich dagegen
halte es lieber mit dem Mitglied von *Spinal Tap*, der beim Anblick von El-
vis Presleys Grab sagte: *„Man kann auch zu viele beschissene Perspekti-
ven haben."*

SPINNERSPRUCH:

„Ich denke, dass dem, was eine Marke erreichen
kann, so gut wie keine Grenzen gesetzt sind. Man
muss sie nur richtig nutzen."

RICHARD BRANSON

Virgins (und Bransons) Alchemie kennt nur drei Zutaten, und die wären:
- *Man nehme einen Teelöffel von Er-hatte-keine-Ahnung-was-zum-
  Geier-er-da-tat.* 1972, als ich noch ein aufgeweckter junger Kerl war,
  hielt ich meinen Einzug in die britische Shell-Zentrale in London. Ich
  war ein Überflieger und mein Boss – ein weiser Schotte – lobte mich
  regelmäßig und überschwänglich. Bei unserem ersten Treffen verwirrte er mich allerdings mit der Feststellung, er würde nur drei Viertel von
  mir loben. Äh? Wie? Seine Logik war faszinierend. Er meinte, es gäbe
  einen Teil in mir (das fehlende Viertel), der undurchschaubar war. Dieser Teil funktionierte nach seinen eigenen Regeln; manchmal kamen

dabei gute Sachen heraus, aber gelegentlich auch irgendwelcher verrückter, selbstzerstörerischer Blödsinn. Andererseits wäre sonnenklar, dass meine drei lobenswerten Viertel ohne dieses ungewisse vierte nicht zu haben waren. Daher sollten wir, seiner Meinung nach, diese Schattenzone sich selbst überlassen und versuchen, mit dem umzugehen, was sie bisweilen hervorbrachte. Ich gebe freimütig zu, dass mich diese Information zur fraglichen Zeit ziemlich verwirrte, und so eilte ich direkt Gordon's Wine Bar, trank mir einen angenehmen Rausch an und habe seitdem so gut wie nicht über diese Sache nachgedacht. Nun will ich mich zwar keineswegs mit Branson vergleichen, aber auf ihn trifft diese Einteilung in drei helle und ein dunkles Viertel allemal zu. Er hat etwas, das dunkel und seltsam ist und dem er vertraut. Er weiß nie vorher, was er tun wird, und hinterher nicht mehr, warum er es tat. Sieht man sich jedoch das Endergebnis an, muss man zugeben, dass dabei deutlich mehr gute als schlechte Dinge herauskommen.

- *Man füge einen Teelöffel einfache, klare Regeln und Rezepturen hinzu, wie sie der gesunde Menschenverstand vorgibt.* Wir erkennen hinreichend Beständigkeit und sich wiederholende Handlungsmuster, um zu dem Schluss zu gelangen, dass ihn die Dinge nicht einfach anfliegen oder er rein intuitiv handelt. Er hat ganz klare Vorstellungen von dem, was *getan werden muss* und dem, was *man nie tun sollte*, die er rigide durchsetzt.

- *Zum Schluss gebe man einen Teelöffel voll von die-Wirtschaft-und-die-Verbraucher-sind-bereit-für-etwas-Neues hinzu.* Zu Anbruch des Wassermann-Zeitalters tummelten sich in unserer „schönen neuen Welt" noch jede Menge alterslahme Vorstellungen. Die herkömmliche Marken-Imagepflege lag in den letzten Zügen (kennt jemand noch „Red Barrel"?). Hierarchische Unternehmensstrukturen bröckelten; Investmentfonds waren fieberhaft auf der Suche nach neuen Pferden mit neuen Reitern, auf die sie setzen konnten; Informationstechnologie und Logistik sprengten sämtliche Hürden und Hemmnisse des Warenhandels. Alte Handlungsmuster wurden verworfen und die Welt wartete dringend auf jemanden, der sie durch neue ersetzte.

Bransons Modell war letztlich nichts anderes als die optimale Ausnutzung dieser Gegebenheiten und er stürmte damit alle Hügel. Zur Belohnung wird es seither dokumentiert und analysiert, bis der Arzt kommt. Daher werde ich, in Berufung auf meinen Kumpel aus *Spinal Tap,* auf eine weitere Analyse verzichten, zumal ich nicht die geringste Lust verspüre, den aufgewärmten Hilfsfreudianer zu geben. Mir geht es nur um eines: Welche Zutaten bringt er mit und wie ergeben sie zusammen ein Visionär-Querdenker-Gebräu? Wenn meine Berechnungen stimmen, sind es diese sechs:

1. *Die Marke über den Ruf, nicht das Produkt definieren.* Dieses Mantra, das korrekterweise Branson zugeschrieben wird, wurde unzählige Male zitiert. Es ist mittlerweile so offensichtlich, dass wir leicht vergessen, welch blasphemischen Beigeschmack es noch für die Generation vor unserer gehabt hätte. Nike hat nichts mehr mit Laufschuhen oder Golfbällen zu tun – Nike steht für die Jagd nach coolen Sachen, in denen man gesehen werden will. Bei einer Marke dreht es sich nicht mehr um Produkte, selbst wenn sie „neu und verbessert" sind. Marken thematisieren beispielsweise den kleinen Genuss, den man sich gönnt (siehe Häagen-Dazs), oder Lifestyle (siehe Starbucks). Bei Virgin geht es nicht um Ticketpreise oder Buchungsbedingungen, sondern um eine amorphe „Wertemischung" aus *Spaß, Innovation* und *stimmigem Preis-Leistungsverhältnis.*

2. *Berühmt dafür sein, berühmt zu sein.* Branson gilt als der CEO, der eigentlich ein Rockstar ist oder zumindest einer sein will. Heute stolpert man überall über neue CEOs, die es ihm nachtun wollen und – glauben Sie mir – es ist verlockend. Vor ungefähr acht Jahren war ich kurz zu Besuch in Großbritannien, wo ich im Frühstücksfernsehen über den Kauf von Wimpy durch Burger King gesprochen hatte. Kurz darauf fuhr ich in einem Taxi zum Flughafen Heathrow, von wo aus ich in die Staaten zurückfliegen wollte. Der Taxifahrer betrachtete mich im Rückspiegel, je weiter wir aus der Stadt herauskamen, umso intensiver. Ich war mir sicher, dass er mein Gesicht wiedererkannte, es aber nicht einordnen konnte. Ich war unendlich geschmeichelt. Um ihm auf die Sprünge zu helfen, wandte ich ihm meine Schokoladenseite zu. Dann sagte er endlich etwas:
,*Und?*'
Wie es schien, war er immer noch nicht drauf gekommen, also musste ich ihm helfen. ,Ähm ... Sie haben mich möglicherweise heute Morgen im Fernsehen gesehen.'

Ich habe mich selbst das sagen hören. Ja, ich sagte das tatsächlich. Und ich werde noch heute schamrot, wenn ich daran denke. Seine Reaktion traf mich mit der Wucht eines Totengräberspatens: ,Nein, nein, nein – zu welchem Terminal *wollen Sie?'*
Das saß! Wer Rockstar-Ambitionen hegt, begibt sich auf gefährliches Terrain. Für Branson war es anfangs leichter, weil er sich mit Mike Oldfield [*wer ist das denn? d. Verl.*] und ähnlichen Figuren zusammentat, die zum Virgin-Stall zählten. Aber diese Zeiten sind vorbei. Bis heute leiden viele hoch dotierte Manager darunter, dass sie noch so reich und noch so erfolgreich sein können, aber niemals dahin kommen, wo ihre Kollegen aus Showgeschäft und Sport sind: *dass jemand sie um ein Autogramm bittet.*
Einige versuchen, dieses Manko zu kompensieren, indem sie sich in Sportclubs einkaufen. Da war es für Branson ungleich einfacher. Er kopierte das gängige Gebaren eines Rockstars und verhielt sich einfach genauso wie die alternden Vertreter dieser Spezies. Denkt man an Branson, so denkt man an einen miserablen Haarschnitt, der seit dreißig Jahren aus der Mode ist, an ein idiotisch hohes Privatvermögen, ein Stoppelkinn, an müdes Rebellentum und an gestellte Schnappschüsse, auf denen es vor Dekolletés nur so wimmelt – eben an einen Doppelgänger von Rod Stewart.

3. *Meister der Medien.* Einer der besten Wirtschaftsköpfe, die ich kenne, sitzt auf dem Hals eines Mannes namens Richard Melman. Er betreibt ein Unternehmen, das sich „Lettuce Entertain You" nennt und zu dem unter anderem ein bunt gemischtes Netzwerk von Restaurants rund um Chicago gehört. Als ich vor zehn Jahren mit ihm sprach, fragte ich ihn, wie viel Geld er für Medienwerbung ausgäbe – immerhin genossen seine Restaurants einen hohen Bekanntheitsgrad. Er erzählte mir, dass er keine Medienwerbung kaufe, sondern lediglich dafür sorgte, in den Medien präsent zu sein. Sein Marketing war darauf ausgerichtet, so oft wie möglich im redaktionellen Teil aufzutauchen, und das war genauso teuer und benötigte genauso viele Ressourcen und Fähigkeiten wie jede konventionelle Marketingkampagne.
Branson gibt unumwunden zu, dass er ein Drittel seiner Zeit damit verbringt, sich und/oder Virgin in die Medien zu bringen. Und er steckt seine Ziele sehr hoch. Mit dem Innenteil gibt er sich nicht ab –

er will auf die Titelseite und seine eigene Schlagzeile haben. Rechnet man nach, was seine Zeit kostet, kommt man auf Millionen Werbeausgaben allein für die Medien, die Virgin natürlich *zusätzlich* zu den normalen Werbeausgaben aufbringt. Das ist reine Wissenschaft, keine Kunst. Es erfordert Planung und perfekte Ausführung. Branson beherrscht den Bühnenauftritt, lässt keine Gelegenheit aus, fotografiert zu werden und spricht in jedes Mikro, das man ihm hinhält. Er ist ein Meister der großen Geste – sehr schön illustriert durch die Tatsache, dass Typen wie ich über ihn schreiben.[5] Durch seine Verbindung zu den Sex Pistols lernte er den Wert der wohl dosierten Schocktherapie schätzen – und dieses Wissens macht er sich immer *wieder* zunutze.[6] Viele (die meisten?) CEOs würden bei dem bloßen Gedanken, zwei Drittel ihrer Zeit für PR aufzuwenden, das kalte Grausen bekommen. Für Richard ist es selbstverständlich.

4. *Neumodische Synergie.* Altmodische Synergiekonzepte sahen beispielsweise vor, dass jemand, der eine Brauerei besaß, sich Pubs kaufte, in denen er sein Bier absetzte. Synergie bestand in dem Kauf oder der Entwicklung eines Geschäftszweiges, dessen Umsatzleistungen sich direkt auf die übrigen Unternehmensbereiche auswirkte beziehungsweise diese sich auf ihn. Im Vordergrund standen dabei gegenseitige Promotion und gruppeninterner Handel. Viacoms Kauf von Blockbuster Video ist ebenso ein Paradebeispiel wie die Einführung von Finanzdienstleistungen bei großen Einzelhandelsketten (Kundenkreditkarten, Versicherungen, etc.). Die neumodische Synergie ist weniger offensichtlich. Unter der Kuppel eines großen Markenzeltes spielt sich der reinste Zirkus ab. Die Darbietungen scheinen in sich geschlossen und nichts miteinander zu tun zu haben. Die Synergie ist marktorientiert und dieser Markt wiederum orientiert sich in erster

---

[5] Zum Beispiel verteilte er die Schadenersatzsumme, zu der BA verdonnert wurde, an seine Angestellten. Oder: Er hat ein paar gestrandeten Virgin-Passagieren Plätze auf einer (British Airways) Concorde gebucht, als sie fürchteten, sie würden die Trauerfeier für einen Angehörigen versäumen. Und das sind nur zwei von unzähligen berühmten Branson-Geschichten.

[6] Virgin Cola wurde mit einer Schwulenhochzeit in New York lanciert. Ich habe zwar keinen Schimmer, was das eine mit dem anderen zu tun hat, *aber hier sitze ich und schreibe darüber.* Also hat es funktioniert.

Linie an Lebensstilen und Lebensgefühl, nicht am Produktbedarf. Sobald sich der Kunde mit dem Image einer Marke identifizieren kann, wird diese Marke in andere Branchen expandieren, wodurch zwangsläufig die Kundenbindung gefördert wird.

5. *Die Davidsposition einnehmen.* Er nimmt es gern mit Riesen auf – den großen Cola-Konzernen, den mächtigen Geldinstituten, den großen Fluglinien und so fort. Das entspricht seinem Image als neuzeitlicher Robin Hood der Verbraucher. Außerdem passt es zu seinem Ruf als Anti-Establishment-Rebell und zeugt von einem wachen Geschäftssinn. Die Großen, mit denen er es aufnahm und bis heute aufnimmt, sind oft von rigiden Strukturen gelähmt und reagieren entsprechend verzögert; sie schleppen einen massigen Überbau mit sich herum, sind festgefahren und angebots- statt nachfrageorientiert. Mit anderen Worten: Sie sind all das, was Branson und Virgin nicht sind. Also kann er sich schnell die Früchte schnappen, die tief genug hängen, und häufig reicht das für seine und Virgins Zwecke vollkommen aus.

6. *Hüte dein Geheimnis.* An diesem Punkt stoßen wir auf gewisse Gemeinsamkeiten zwischen Branson und Benetton, insofern man bei beiden ziemlich tief graben und lange suchen muss, bis man sieht, was im Innern ihrer Imperien vor sich geht. Während er sich ausgesprochen zugänglich gibt und für größtmögliche Präsenz in der Öffentlichkeit sorgt, bleibt das, was sich hinter den Kulissen bei Virgin abspielt, so undurchdringlich, wie es nach dem Gesetz und den GAAP[7]-Vorschriften gerade noch zulässig ist. Natürlich besteht Branson darauf, dass diese Geheimniskrämerei gut und richtig ist, denn sie schützt ja schließlich den guten Ruf seiner Marke. Falls kurzfristige Umsatzeinbrüche auftreten, wird er es verschmerzen, ein paar Millionen Pfund weniger zu machen, und er bleibt unbehelligt von panischen Aktionären, die auf derlei Bekanntmachungen meist mit der Einforderung sofortiger Maßnahmen reagieren – als da wären Werbeausgabenkürzung und Entlassung von Führungskräften. Außerdem kann er ungestört seinen Geschäften nachgehen, ohne dass jeder seiner Misserfolge in

---

[7] Die für die westliche Wirtschaft gültigen allgemein anerkannten Buchführungsprinzipien, die sich übrigens leichter aufweichen lassen als eine alte Semmel.

den Medien breitgetreten wird – wie es beispielsweise Marks & Spencer geschah, denen der Medienrummel den entscheidenden Tritt für den ungesicherten Bunjee-Sprung zur Jahrtausendwende gab. Was die Blätter nicht wissen, können ihre Wirtschaftsredakteure nicht ausschlachten. Keine Fehler machen, lautet Bransons Devise. Er ist und bleibt ein Populist, dessen Geschäftsmodell, ebenso wie sein Mythos, dauerhaften Schaden nähme, würde das Wort *Misserfolg* einmal zu häufig in den Medien erscheinen.

Da wären wir also. Ich wollte eigentlich noch einen Punkt angebracht haben, was die Widersprüchlichkeit dieses Mannes betrifft, nämlich dass er *enervierend liebenswert* ist. Aber den habe ich mir dann doch lieber bis zum Schluss aufgehoben, weil ich ihn schließlich nach meinen strengen Kriterien zu beurteilen habe. Ich bin in diesem Kapitel so oft hin und hergesprungen, dass mir schon ganz schwindlig wurde.[8] Er ist eine komplexe Persönlichkeit, über die nachzudenken ein nicht minder komplexes Unterfangen ist. Der Querdenker ist Teil des Visionärs und umgekehrt – aber das hatten wir ja bereits. Alles, was ich herausfand, war, dass es weit einfacher ist, sich an den positiven Aspekten seiner Widersprüchlichkeit zu erfreuen, als die negativen zu bejammern. Und falls Sie mir nicht glauben, versuchen Sie es selbst: Sie werden feststellen, dass es sich am Ende nach nichts als blankem Neid anhört.

Branson hat die Markenkonzeption neu erfunden und das allein ist beeindruckend genug, um in einen Grabstein gemeißelt zu werden. Sollte irgendwann die Geschichte der Wirtschaft niedergeschrieben werden, wird man ihm sicher – und verdientermaßen – einen weit größeren Abschnitt darin widmen, als wir uns heute ausmalen. Und das, obwohl er eine verblüffende Ähnlichkeit mit einem Hämorrhoiden hat, sobald er die Zunge herausstreckt.

Ich bleibe bei meinen Kategorien und stufe ihn wie folgt ein:

WAHNSINNS-WERTUNG:

VISIONÄR: ☆☆☆☆

QUERDENKER: ☆ (und eine Auszeichnung für besondere Verdienste)

---

[8] Nicht zur Nachahmung geeignet, zumindest nicht *nach* den Cocktails.

ROBERTO GOIZUETA

Eines schönen Herbsttages, ich glaube es war im Jahr 1991, bestieg ich in Atlanta, Georgia, einen Gulfstream-Jet. Ich machte äußerst selten Gebrauch von meinem Privileg, die firmeneigene Flugflotte zu benutzen. Das lag einesteils daran, dass sich diese geflügelten Rockstar/CEO-Attribute gewöhnlich in einem Hangar in Minneapolis befanden, wo Burger Kings „Muttergesellschaft" GrandMet ihren Sitz hatte, und andernteils daran, dass die Nutzungskosten zulasten der „Tochtergesellschaften" gingen – und die waren astronomisch hoch. Da ich zu jener Zeit Askese predigte, hielt ich es für demoralisierend, eines der Dinger für horrendes Geld nach Miami einfliegen zu lassen, damit ich mir den grotesken Luxus gönnen könnte, zu meinen Konferenzen zu jetten statt zu fahren.

Aber schließlich bin ich nun einmal ein echter Mann und als solcher ließ ich mir selbstverständlich keine Mitfluggelegenheit in einem dieser Babys durch die Lappen gehen. Und die bot sich mir an jenem langen und ereignisreichen Tag, an dessen Ende ich mich in einen der weichen Ledersessel setzte – oder besser: fallen ließ.

Ich biete nach langen, anstrengenden Tagen normalerweise den „zerknitterten" Look dar. So auch an diesem. Mein einziger Mitreisender hingegen bot ein makelloses Erscheinungsbild. Er zog seine Anzugjacke aus, hängte sie auf einen Bügel in dem dafür vorgesehenen Schränkchen und streifte eine lässige Bomberjacke über. Ich sage zwar „Bomberjacke", meine damit aber keineswegs eine von der Sorte, die man auf Sonderangebotsständern bei Gap findet. Diese sah eher aus, als käme sie geradewegs aus einer Armani-Boutique und wäre eben noch einmal frisch *gebügelt* worden. Vorne links war ein Firmenlogo aufgestickt, das aus zwei Worten bestand, die möglicherweise die berühmteste Wortkombination der Welt darstellen: Coca-Cola.[1]

---

[1] Na gut, wenn Sie unbedingt pingelig sein wollen: Es ist die *zweitberühmteste* Wortkombination – den ersten Platz hält Monica Lewinsky.

Mein Reisegefährte war Roberto Goizueta und das Flugzeug gehörte Coca-Cola. Ich hatte den Tag mit geschäftlichen Unterredungen in ihrem beeindruckenden Hauptquartier in Atlanta verbracht, deren krönender Abschluss in einem Treffen mit ihrem (damals schon legendären) CEO bestehen sollte. Ich kehrte als Einziger von meinem Team direkt nach Miami zurück und da Roberto zufällig auch dorthin musste, bot er mir an, mit ihm zu fliegen. Ich nahm dankend an.

Bislang hatten wir bei unseren Treffen hauptsächlich mit Donald Keough gesprochen, der die rechte Hand und manchmal das Alter Ego von Roberto war; ansonsten kannten wir seinen überschäumenden Marketingmanager Charlie Frenette und seinen CFO Douglas Ivester. Die meisten Verhandlungspunkte waren bereits geklärt, aber wir wollten den Flug nutzen, um ein paar weitergehende Themen[2] zu erörtern und die bisherigen Sitzungsergebnisse zu rekapitulieren. Burger King würde den Vertrag mit Pepsi kündigen und zu Coca-Cola wechseln. Letztere erweiterten ihren Absatzmarkt damit um 7.000 Restaurants auf einen Schlag. Ich erfreute mich damals in Atlanta großer Beliebtheit.

Ehrlich gesagt kam dieser Wechsel aus zweierlei Gründen zustande: Zum einen waren wir von Pepsi genervt, zum anderen fanden wir Coca-Cola einfach gut. Aber diese Geschichte wäre Stoff für ein anderes Buch, das ein andermal geschrieben werden sollte. Auf jeden Fall bekam ich und bekamen wir dadurch Einblick in die Art, wie ein Unternehmen unter einem CEO funktionierte, der auf dem besten Wege war, sämtliche Rekorde zu brechen.

In Atlanta machte man uns gleich zu Anfang klar, dass man sich keineswegs darauf beschränken wollte, unsere 7.000 Restaurants mit Sirupkonzentraten zu beliefern. Sie wollten eine richtige Partnerschaft – die sich vom technischen Service (und Investment) bis hin zur Werbung in den einzelnen Filialen erstrecken würde. Sie wollten nicht unsere Lieferanten sein, sondern unsere Freunde. Als unsere Firmenzentrale in Miami ein gutes Jahr später vom Hurrikan Andrew verwüstet wurde (wie ein beträchtlicher Teil des übrigen Florida), schickte Atlanta uns postwendend

---

[2] Ich mache mir nie Notizen und führe auch kein Tagebuch. Manchmal ärgert es mich, dass ich mich hinterher nicht mehr an alles erinnere, was besprochen wurde; andererseits ist es auch eine Art Selbstschutz. Wenn ich mir Notizen machte oder mich an alles erinnerte, würde ich den Krempel ja nie los.

sein HERVORRAGENDES Krisenteam. Coca-Cola hält dieses Team ständig auf Stand-by und schickt es zu jeder Filiale und zu jedem Kunden in jedem Winkel der Erde, wo Hilfe gebraucht wird. Sie verkörpern keine Marke, sondern eine Lebenseinstellung.

In den sechzehn Jahren, die Roberto Goizueta bis zu seinem vorzeitigen Tod 1997 über Coca-Cola waltete, bildete seine Arbeit jene Ausnahme, die die Regel beweist, die ich in meinem Kapitel über Richard Branson beschrieben habe: dass das Image einer Marke nicht mehr an Produkten hängt, sondern an Ansehen und Unternehmerpersönlichkeiten. Mittlerweile ist diese Tatsache hinlänglich bekannt und akzeptiert. Disney beispielsweise mischt heute in allen möglichen Branchen mit, wobei einige Aktivitäten nicht einmal mehr unter dem Disney-Logo stattfinden. Inzwischen hat man nachgerade Mühe, wenn man eine Marke finden will, die „nur" für ein *einziges Produkt* steht – sozusagen das „One-Trick-Pony" unter den Unternehmen – die es an Marktbeteiligung, Bekanntheitsgrad und Umsatz so weit gebracht hat wie dieses Mixgetränk, dessen Rezeptur zu den bestgehütetsten Geheimnissen der Welt gehört. Konzerne wie McDonalds und Microsoft, große Automobilhersteller und Elektronikunternehmen, sie alle beherbergen inzwischen eine breite Vielfalt von Produkten unter ihren Markendächern. Natürlich könnte man sagen, Diet Coke wäre ebenso ein eigenständiges Produkt wie die anderen Getränke, die sich im Unternehmensportfolio von Coca-Cola befinden. Doch wenn man sich die Erfolge der Vergangenheit (und vor allem, was Goizueta während seiner Amtszeit leistete) und das zukünftige Potenzial genauer ansieht, dann lautet die Devise fraglos: Coke Is It.

Unsere Analyse muss also bei zwei verschiedenen Dingen ansetzen. Zum einen wäre da die Frage, wie aussichtsreich ein Traum sein kann, der auf einem One-Trick-Pony aufbaut? Zum anderen sollten wir uns einem Aspekt zuwenden, der auf den ersten Blick befremden mag; ich habe ihn „die Macht des Fehlers" genannt.

Goizueta wurde 1980 President und damit zweiter Mann an der Spitze bei Coca-Cola, wobei zu diesem Zeitpunkt noch nicht entschieden war, ob er später Robert Woodruff beerben würde – den letzten Vertreter einer Dynastie, die es während der sechzig vorangegangen Jahre geschafft hatte, aus einem Quasi-Heiltrunk Amerikas (und der Welt) beliebtestes nichtalkoholisches Getränk zu machen. Es war beinahe auf den Tag genau sechsundzwanzig Jahre her, seit der junge Roberto auf die Anzeige eines Coca-Cola-Abfüllers im Havanna der Vor-Castro-Zeit geantwortet hatte. Weniger als zwei Jahre später wurde er zum König gekrönt.

Die Geschichte seiner Flucht und seiner anschließenden kometenhaften Karriere ist andernorts bereits ausführlich beschrieben worden. Wie dieser stille, entschlossene und fähige junge Mann sich gegen eine ganze Gruppe von Konkurrenten um den Thron durchsetzen konnte, ist ebenfalls ein Thema, dem wir uns nicht näher zuwenden werden – obwohl wir nicht übersehen sollten, dass dieser bemerkenswerte Mann, der mir an jenem Abend im Gulfstream-Jet gegenüber saß, sich durchaus auch als fähiger Intrigant und Speichellecker erwiesen hatte. Doch das ist lediglich ein Hinweis darauf, dass er neben seinen außergewöhnlichen Talenten auch mit konventionelleren aufwarten konnte.

In meiner Analyse werde ich diese Punkte zunächst ignorieren und mit dem Zustand der Coca-Cola-Nation zum Zeitpunkt seiner Krönung beginnen. Dieser Zustand war kritisch, da Pepsi Cola in den USA die Hölle heiß machte.

Obwohl Coca-Cola immer noch die höheren Verkaufszahlen vorweisen konnte, war Pepsi auf dem besten Wege, Coca-Cola den Rang abzulaufen. In den amerikanischen Supermärkten hatte Pepsi bereits überholt und war nun dabei, die Restaurant-Kunden wie McDonalds und Burger King abspenstig zu machen – wobei Letztere ja, wie zu Beginn des Kapitels zu lesen war, zurückgewonnen werden konnten.

Die empfindlichste Wunde steckte Coca-Cola beim Kopf-an-Kopf-Rennen der Giganten ein: Pepsi hatte einen „Geschmackswettbewerb" – die „Pepsi Challenge" – ausgerufen, bei dem Pepsi als klarer Sieger abschnitt. Und dieser Wettbewerb, um Salz in offene Wunden zu streuen, schien exakt den *Zeitgeist* des Marktes zu treffen. Michael Jackson, zum fraglichen Zeitpunkt extrem populär und noch einigermaßen humanoid, warf sich auf die Pepsi-Seite, während Coca-Cola mit den GI-Joe-Bildern plötzlich alle hippen, sportlichen, jungen Softdrink-Konsumenten völlig zu verfehlen schien.

Sechzehn Jahre später, als Goizuetas Herrschaft vorzeitig endete, hatte Coca-Cola um 3.500 Prozent an Marktwert zugelegt. Dieser beachtliche Erfolg basierte in erster Linie auf einem einzigen Produkt, zu dem gerade mal ein Nachahmungsprodukt unter demselben Markenlogo riskiert wurde. Heute sind es die Pepsi-Leute, die hilflos im Wasser zappeln und in Restaurants und Fast-Food-Ketten ein- und wieder aussteigen.

Wie zum Geier schafft man es, eine angeschlagene Ein-Produkt-Marke zu übernehmen und daraus binnen anderthalb Jahrzehnten *diesen* Traum zu machen? Wie kriegt man es hin, ein Pony, das einen einzigen Trick beherrscht, zum Dressurpferd zu trimmen? Das ist es, was wir herausfinden wollen. Die Fertigkeiten, die dahinter stecken, lassen sich eventuell auf unsere Ziele und Aufgaben übertragen.

Natürlich geht es hier um manische Zielstrebigkeit. Ich glaube, es war Tom Clancy, der gesagt hat: „Wenn man mehr als eine Priorität hat, hat man gar keine." Die meisten Wirtschaftsakademien und die meisten Manager dozieren ununterbrochen über Prioritäten und Konzentration. Einige von ihnen leben danach, andere nicht – aber meiner Erfahrung nach findet sich unter ihnen niemand, bei dem diese Zielgerichtetheit manische Züge annimmt. Und das ist der Grund, warum die meisten Führungskräfte eine Wahl haben, während ich glaube, dass Goizueta niemals das Gefühl hatte, eine andere Wahl zu haben. *Genau darin manifestiert sich seine überlegene Weisheit.* Natürlich half ihm auch die Tatsache, dass jedes Mal, wenn er meinte, eine Wahl zu haben, seine Diversifikationsversuche ihm einen Tritt in die Weichteile eintrugen. Aber das war es, was ihn zum Erfolg führte, anstatt ihn davon weiter zu entfernen.

Ich habe sechs Grundelemente seiner manischen Zielgerichtetheit ausgemacht. Wenn Sie sie lesen, können Sie sie gleich damit vergleichen, wie Sie Ihren Traum aufbauen wollen:

PRIORITÄTEN INNERHALB EINER PRIORITÄT SETZEN

Selbst wenn auf Ihr Gesangbuch nur ein einziger Name gedruckt ist, wie beispielsweise „Coca-Cola", können darin Tausende möglicher Lieder stehen, die Sie singen können. Die tägliche Herausforderung, Geldquellen zu verwalten und zu nutzen, eröffnet ständig neue Möglichkeiten. Jeder Markt möchte gern große Budgets rechtfertigen, aber das will der Chef der IT-Abteilung schließlich auch. Die US-Abfüller wünschen sich natürlich nicht, dass die Ressourcen ihrer Marke zu teuren, riskanten und eventuell langfristig rentablen Investitionen in Ländern, deren Namen sie nicht buchstabieren können, degradiert werden. Die ausländischen Abfüller schon. Soll man neue Produkte entwickeln oder die bestehenden ausbauen? Wie sagte Henry Ford noch dereinst? Die Hälfte des Marketing-Budgets ist so oder so rausgeworfen – aber welche Hälfte?

Goizueta hat seinen Weg durchs Minenfeld so angelegt, dass rücksichtsloser, aber simpler Darwinismus waltete, wo immer im Unternehmen um die Ressourcen gekämpft wurde. Später wurde diese Methode berühmt als „Economic Value Added" (EVA – *Ökonomischer Mehrwert, Anm. d. Übers.*), und diese drei Buchstaben stehen für eine der wichtigsten Hinterlassenschaften, die wir ihm verdanken. Der interne Wettstreit zwischen unterschiedlichen internen Projekten wird einfach an dem gemessen, was sie unter Berücksichtigung aller Kosten gegenüber den Alternativkosten des ohne sie existierenden Kapitals (Schulden und/oder Liquidität) einfahren können.

Die rücksichtslose und konsequente Anwendung dieser Rechenmethode ermöglichte es ihm als Führungskraft, Entscheidungen zu treffen, die zur fraglichen Zeit mehr als unpopulär waren – beispielsweise die, Coca-Colas bislang beinahe schuldenfreie Bilanz zu belasten, indem er Mehrheitsanteile an den Abfüllbetrieben erwarb. Späterhin rechtfertigte er damit seine extensiven Käufe eigener Firmenaktien. All diese Maßnahmen, seine Investitionen in die *eine* Marke, haben sich für die Investoren zweifelsohne bezahlt gemacht.

KONTROLLE OHNE EIGENTUM

Es gibt eine Management-Schule, deren Credo lautet: „Wenn es uns betrifft, müssen wir es besitzen." Über die Jahre haben sich zahlreiche Unternehmen von ihr dazu verleiten lassen, sowohl in Richtung Produktion und Zuliefergeschäft als auch in Richtung Groß- und Einzelhandel Unsummen in häufig voreilige (und bisweilen juristisch fragwürdige) Firmenaufkäufe zu investieren. Eine andere Management-Schule predigte: „Wir wollen nichts besitzen außer unserer von allem Übergewicht entschlackten Kompetenz." Nach dieser Schule wird Outsourcing betrieben, bis der Arzt kommt – siehe Nike. Aber dieses Geschäftsgebaren kann einen von hinten eiskalt erwischen, wenn es darauf hinausläuft, dass z. B. die ausgelagerte Produktionsfirma in einem

Dritte-Welt-Land Neunjährige beschäftigt, die eine Achtzig-Stunden-Woche durchziehen.

Es gibt einen Punkt, an dem Einfluss zu Kontrolle wird. Bei meiner Frau ist die Trennlinie weich gezeichnet. Sie ist nicht statisch, sondern variiert je nach Zeitpunkt und Umständen. Im Falle von Unternehmen hingegen folgt das eine auf das andere, sobald man die Aktie kauft, die einem 51 Prozent gibt und damit Mehrheitsanteilseigner ist. Dieser Mehrheitsanteil bringt natürlich gewisse Verantwortlichkeiten mit sich, die manchmal unbequem sind und immer vom Wesentlichen ablenken.

Es war Douglas Ivester, Goizuetas CFO und späterer Nachfolger, der das Modell einsetzte, das Coca-Cola die größtmöglichen Vorteile beider Seiten der Medaille verschaffte – massiven Einfluss in Schlüsselbereichen ohne die ungewollte Ablenkung und Verantwortung des Eigentümers. Rückblickend betrachtet war die „49-Prozent-Lösung" – d. h. die 49-prozentige Beteiligung an Unternehmen, deren Eigentümerschaft und Leistungen als entscheidend für das Erreichen von Coca-Colas Zielen angesehen wurden – so extrem simpel und logisch, dass es fast peinlich ist. Dabei war es das gar nicht; für ihn bedeutete das praktisch in jedem Fall einen Tanz durchs Minenfeld der Anti-Monopol-Regulierungen. Trotzdem funktionierte es. Stures Durchhalten versetzte Coca-Cola schließlich in die Lage, ein paar opportunistische Aufkäufe von Abfüllbetrieben in ein höchst wirksames Mittel zu wandeln, mit dem Einfluss und *praktisch* die Kontrolle über die weltweite Marktpräsenz von Coca-Cola zu gewinnen war. Im Gegenzug profitierten die Abfüller vom Markenerfolg und die 49 Prozent-Investitionen zahlten sich für die Investoren in die Muttergesellschaft im Allgemeinen mehr als zufriedenstellend aus. Das zum Thema manischer Zielstrebigkeit.

MARKENIMPERIALISMUS

Dieser Teil hat wahrscheinlich am allerwenigsten mit all dem zu tun, was uns tagtäglich begegnet – es sei denn, Sie sitzen gerade im Vorstand eines richtig großen Megaunternehmens und rechnen sich Ihre Chancen aus, wie Sie die globale Vorherrschaft erreichen. Warren Buffet, der während Goizuetas Zeit einer der Coca-Cola-Mega-Investoren war, sagte einmal: „Wenn Sie mir 100 Milliarden Dollar geben und mir sagen, ich soll dafür sorgen, dass Coca-Cola nicht mehr Marktführer bei Softdrinks ist, würde ich Sie Ihnen zurückgeben und sagen, das geht nicht." Sehen wir einmal davon ab, dass Pepsi während der frühen Achtziger diesem Punkt für sehr viel weniger Geld sehr viel näher kam. Zum Ende desselben Jahrzehnts war Coca-Cola schon wieder der dickste Fisch im Wasser.

Für Marken dieser Größenordnung wird „international" schnell zu „global". Ihre bloße Größe macht ihnen Ressourcen zugänglich, verleiht ihnen Macht und Einfluss, von denen andere nur träumen – und es versetzt sie in die Lage, ihre Marke mit Politik und Diplomatie verschmelzen zu lassen. Dank ihrer klassischen 49-Prozent-Lösung konnten Goizueta und Ivester nicht nur den US-Markt und den Fernen Osten für sich verbuchen, sondern nach dem Zusammenbruch der Sowjetunion auch noch ihre manische Zielstrebigkeit in einer Größenordnung Früchte treiben lassen, die sie sich selbst nie erträumt hätten.

Es war egal, ob Pepsi auf dem Markt war oder nicht. Es war egal, ob Pepsi schon einen gewaltigen Marktanteil hatte oder nicht. Die Herausforderung lag darin, den gesamten Markt zu vergrößern – was zum Teil beinhaltete, den Softdrinkherstellern vor Ort Marktanteile abzuringen, und zum Teil (gelegentlich) ein makro-ökonomischer Faktor der allgemeinen Wohlstandssteigerung in der Region zu werden. Riesige Investitionen in Osteuropa wurden vereinbart – meistenteils in Distributions- und Abfüllanlagen, manchmal aber auch in die grundlegenden Infrastrukturen, die wiederum für deren Unterhaltung und Service notwendig waren. Dafür wurden enorme Währungsrisiken eingegangen. Und die meisten dieser Investitionen gründeten nicht auf der üblichen Business-zu-Business-Übereinkunft (B2B), sondern auf Unternehmen-mit-Regierung-Verträgen. Diese „B2Gs" standen nur einer Handvoll der weltgrößten Markennamen überhaupt offen. Die wenigsten haben sie zu dieser Zeit und an diesen Orten effizienter genutzt als Goizueta.

ZEITGEIST-MARKETING

Uns ist nicht entgangen, dass Coca-Cola während der ausklingenden Siebziger und beginnenden Achtziger mit schrumpfenden Umsatzzahlen und schwindender Marktrepräsentanz zu kämpfen hatte.

Pepsi hat mit Coca-Cola das gemacht, was der Punkrock Moody Blues antat. Pepsi signalisierte eine neue Energie und eine Abwendung von den alten und vorhersehbaren Norman-Rockwell-Werten. In einem gewissen Sinn durchleidet Coca-Cola eine ähnliche Prüfung, während ich dies im Jahr 2001 schreibe – diesmal singen sozusagen die Sex Pistols der öffentlichen Meinung das Lied der Anti-Globalisierung.

Zwischendrin erlebte Coca-Cola zu Goizuetas Zeiten ein Goldenes Zeitalter der Markenpositionierung. In den Achtzigern war Amerika nicht nur der Freund der Freien Welt, sondern ihr Beschützer, und vielfach führte der Weg zu Reichtum und Wohlstand über den US-Markt. Während die Welt sich in ein global-mediales Dorf wandelte, gewann die sanfte Amerikanisierung zusehends an Stärke. Auf meinen Reisen staunte ich immer wieder, mit welcher Euphorie (beispielsweise in Japan) die Post-Boomer-Generation alles Amerikanische aufnahm – vom Essen bis zum Spitzensportler, von Klamotten bis hin zu Rockstars. Die USA standen für Freiheit und ein tolles, buntes Leben. Und auf diesen Zug sprang Coca-Cola auf.

Ironischerweise wurde die Saat dieser Renaissance in den finsteren Siebzigern gesät, als eine multi-ethnische Gruppe junger Leute sich an einem Hügel versammelte und sang: „I'd like to teach the world to sing, in perfect harmony. I'd like to buy the world a Coke, and keep it company."[*] Ersetzen wir das Wort „buy" (kaufen) durch „sell" (verkaufen), haben wir ungefähr das, was bei Coca-Cola unter Goizuetas Führung passierte. Die USA genossen ihr positives Image und sonnten sich in der Gewissheit, praktisch überall auf der Welt mit offenen Armen empfangen zu werden. Als Coca-Cola Millionen Dollar ausgab, um simple Slogans wie „The Real Thing" oder „Coke Is It" zu verbreiten, wurde das „Thing" und das „It" praktisch identisch mit „Amerika". Ein Triumph von Goizuetas Marken-Diplomatie waren die Olympischen Spiele 1996 in Atlanta, bei denen er ein internationales Schaufenster nutzte, um eine riesige Coke-Werbung zu inszenieren. Er wollte Coke zum Synonym für Amerika machen.

Nachdem Douglas Ivester die Konzernführung von Goizueta übernahm, sorgten nicht nur hausgemachte Probleme, sondern auch ein all-

---

[*] Sinngemäß: „Ich möchte der Welt ein Lied beibringen, indem alle Stimmen gemeinsam klingen. Ich möchte der Welt eine Coke ausgeben und mit allen Menschen zusammenleben", *Anm. d. Übers.*

gemeiner Stimmungswandel für einen rapiden Abstieg der Marke. Die Stimmung gegenüber Amerika als mittlerweile einziger verbliebener Supermacht hatte sich geändert und die möglichen negativen Auswirkungen der Globalisierung wurden kritischer bewertet. Selbst die Großen und Mächtigen brauchen hin und wieder ein wenig Glück.

SPAR DIR DEINE KUGELN FÜR DIE INDIANER AUF

Dieser Satz ist abstoßend rassistisch und nach den modernen Regeln der Political Correctness verwerflich und ich sollte ihn hier nicht aufschreiben. Aber die Lichtblicke meiner Kindheit waren nun einmal samstägliche Kino-Matinees, bei denen ich aus voller Kehle die Cowboys in ihrem Kampf gegen Indianer anfeuerte. Ich weiß nicht mehr, wie oft ich rettende Kavallerietrupps bejubelte oder mit umzingelten Wagenkolonnen dem drohenden Verderben entgegenbangte. Auf jeden Fall hinterließen diese Filme großen Eindruck bei mir, weshalb es wenig verwunderlich ist, dass mir dreißig Jahre später, anlässlich der Übernahme eines Führungspostens, der Rat des weisen Veteranen einer britischen Brauerei so selbstverständlich schien. Er sagte mir, ich solle meine Munition nicht vergeuden, sondern mir meine Kugeln für die Indianer aufsparen. Wenn Bass Brewery meine schärfste Konkurrenz war, müsste ich all meine Kugeln – sprich: meine Kraft und meine Möglichkeiten – darauf verwenden, ihnen zu schaden.

Soweit ich mich erinnere, fand dieses Gespräch in Nottingham (in den englischen Midlands) statt, und ich weiß noch genau, dass wir allein im Raum waren. Dennoch handelte Goizueta einige Jahre später, als er die Firmenleitung bei Coca-Cola übernahm, als wäre er ebenfalls dabei gewesen, hätte meinem Mentor aufmerksam zugehört und sich Notizen gemacht. Die Verbissenheit, mit der er Pepsi in die *cojones* trat, wo immer er konnte, ist ein wesentlicher Bestandteil seiner manischen Zielgerichtetheit. Er verpulverte einen Riesenvorrat Kugeln an diese speziellen Indianer.

Nur wenige Führungskräfte ignorieren ihre Konkurrenz. Ihre Maxime ist, dass es genügt, wenn die Konkurrenz auf sie achtet. Die Mehrzahl brüstet sich damit, die Gegenseite genau zu kennen, wobei es sich meistens um oberflächliches Geschwafel handelt. Inhaltlich entspricht es in etwa dem, was jeder nach Lektüre des Wirtschaftsteils oder zwanzig Minuten im Internet weiß. Einige jedoch nehmen die Sache mit der Konkurrenz bierernst – ich denke da beispielsweise an einen großen namhaften Jogurthersteller, für den ich einmal arbeitete, und der seine Führungsmannschaft eigens zu dem Zweck zusammentrommelte, den Business-Plan des Hauptkonkurrenten zu entwerfen. Derlei Extremstrategien sind aber eher die Ausnahme. Den meisten Unternehmen fehlen sowohl die Zeit als auch die Mittel, genau zu ergründen, *was* in den Köpfen der Konkurrenten vor sich geht. Doch nur wer mit einer derartigen Besessenheit diesem Ziel nacheifert, kann richtigen Schaden anrichten.

Pepsi war für Goizueta kein Dorn, sondern ein Dornenbusch im Auge. Fiel der Marktanteil hinter den des Konkurrenten zurück, nahm Goizuetas Missstimmung ungekannte Ausmaße an. Sobald er seinem Erzrivalen gegenüber im Vorteil war, begann dieser beherrschte Mann geradezu zu schillern vor Freude. Er brachte Diet Coke zurück auf den Markt, die bereits vor seiner Zeit eingeführt und wieder aufgegeben worden war. Mit einem gewaltigen Werberummel brachte er sie gegen Diet Pepsi ins Rennen. Ähnlich scharf muss er in den frühen Neunzigern auf dem osteuropäischen Markt geschossen haben. Diese Handelszone war bis dahin fest in Pepsi-Hand gewesen, doch schon 1992 war Coca-Cola in allen Ländern, außer der Tschechoslowakei und Polen, zum Marktführer avanciert. Und die letzten beiden Staaten sollten bald nachziehen.

Das Paradebeispiel für seine Verbissenheit dürfte zweifellos Venezuela sein. Ich verfolgte den Kampf der Giganten damals aufmerksam, weil ich sozusagen persönlich involviert war. Im Mittelpunkt des Geschehens stand die Cisnero-Familie, unser Franchisenehmer in Venezuela. Sie betrieben nebenher eine Abfüllanlage für Pepsi, weshalb Venezuela zu den wenigen Ländern gehörte, in denen unser Wechsel zu Coca-Cola 1990 nicht mitvollzogen wurde.

Hier ging es nicht um eine weitere 49-Prozent-Lösung. Venezuela war ein südamerikanisches Land und die Cisnero-Familie hatte, ebenso wie Goizueta, kubanische Wurzeln. Roger Enrico, Goizuetas Gegenspieler bei Pepsi, und die Cisneros hatten freundschaftliche Bande geknüpft, was dem Ganzen eine persönliche Note verlieh. Nach dem New-Coke-Debakel (siehe unten) tat Enrico seine hämische Freude unverhohlen mit dem

Buchtitel: *The Other Guy Blinked: How Pepsi Won The Cola Wars*[3] („Der andere Kerl zwinkerte: Wie Pepsi den Cola-Krieg gewann"). Ich vermute, bei diesem Kriegsschauspiel ging es von Anfang an um eine persönliche Fehde.

Goizueta jedenfalls hängte sich 1994 an die Cisneros und landete 1996 einen gewaltigen Coup, als er 50 Prozent ihres Abfüllbetriebes kaufte. 2.500 Pepsi-Laster wurden mit dem Coca-Cola-Logo übermalt. Kurz vor Abschluss der Verhandlungen war Enrico bei Pepsi zum CEO aufgestiegen, kam allerdings zu spät, um Gegenmaßnahmen zu ergreifen. In meiner Heimat Lancashire sagt man, ein sehr glücklicher Mann wäre wie ein Hund mit einem Blechschwanz. Ich habe keine Ahnung, ob es dieses Sprichwort auch im Spanischen gibt, doch wenn, dann dürfte es ziemlich treffend umschreiben, wie sich Roberto damals fühlte.

Aber es gibt noch einen weiteren interessanten Aspekt, wenn es um Goizuetas Konkurrenzbesessenheit geht. Wie wir gleich noch sehen werden, war er zweimal versucht, seine manische Ausrichtung auf das Kernprodukt des Unternehmens aufzugeben. Beide Maßnahmen erwiesen sich als Fehler. Natürlich wissen wir nicht, ob er nicht auch bei anderen Gelegenheiten daran gedacht hatte zu diversifizieren, doch falls dem so war, hat er sich gewiss durch einen Blick auf die Konkurrenz davon abbringen lassen. Pepsi hatte mit seinem starken Engagement im kapitalintensiven Restaurant- und Snack-Food-Geschäft seine besten Zeiten hinter sich. Immer häufiger wurde schmerzlich klar, wie nachteilig sich eine Vermischung und Aufweichung der Prioritäten auswirkt. Pepsi litt, und sie litt ganz besonders, als sie den Meister der manischen Konzentration in den Ring baten.

HOL ALLES AUS DEINEM NAMEN HERAUS

Auch bei Burger King konnten wir uns auf einen starken Markennamen stützen. Mit Verkaufszahlen von zwei Millionen *täglich* konnten wir davon ausgehen, dass die Marke einen hohen Bekanntheits-

---

[3] Ein Sprichwort besagt, wer einen König tötet, sollte sich vergewissern, dass er auch wirklich tot ist. Selten dürfte es so hundertprozentig zugetroffen haben wie in diesem Fall ...

grad genoss; und dennoch nutzten wir es nicht für unser Spitzenprodukt, das nach wie vor „Whopper" heißt.

Wie ist das Verhältnis zwischen Whopper und Burger King? Hätte man den *Burger* vielleicht besser „The Burger King" nennen sollen, so dass mit jedem Geldbetrag, der für das eine ausgegeben wurde, auch das andere gestärkt worden wäre?

Coca-Cola verkaufte in den frühen Achtzigern ein Diätgetränk – es hieß Tab, erinnern Sie sich? Man wollte damit den rapide wachsenden Markt für zuckerreduzierte Getränke bedienen. Gleich zu Beginn von Goizuetas Herrschaft meldete sich ein ehrgeiziger junger Marketing-experte namens Sergio Zyman zu Wort, der unter dem neuen Herrn ein altes Produkt wiederauferstehen lassen wollte. Tab konnte sich gegen die neue Diet Pepsi nicht durchsetzen, daher schlug er eine Neueinführung des Produktes vor – diesmal unter dem Namen Diet Coke. Dieser Name würde nicht nur die Coca-Cola-Marke *bereichern* und die Abfüller mit einem dringend benötigten neuen Produkt versorgen, sondern er garantierte ein Kopf-an-Kopf-Rennen mit Diet Pepsi, was Tab niemals schaffen könnte.

Der Rest ist Geschichte. Diet Coke war der Meisterschuss. 1983, gute achtzehn Monate nach Goizuetas Amtseintritt, war Diet Coke das meist-verkaufte Diätgetränk in den USA – und innerhalb eines weiteren Jahres kletterte es auf Platz drei der Softdrink-Weltrangliste. Tab verschwand derweil sang- und klanglos aus den Regalen.

Nun habe ich die sechs Elemente aufgezählt, die aufzeigen sollten, mit welcher Verbissenheit Goizueta sich auf „seine" Marke konzentrierte. Alle zusammen ergeben manische Zielgerichtetheit. Durch sie schaffte er es, eine Marke, die von vielen bereits aufgegeben worden war, neu zu beleben. Und damit setzte er einen Traum um, der wohl zu den größten der Wirtschaftsgeschichte zählt.

Nun sollten wir uns einem anderen Punkt zuwenden, nämlich jenem, den ich „Die Macht der Fehler" nenne.

Es besteht ein gewaltiger Unterschied zwischen Fehler und Versagen, doch leider hat uns die Paranoia der modernen Geschäftswelt den Blick für diesen Unterschied verstellt. Niemand sollte grobes Versagen unbeschadet überstehen. Sind Verantwortung und Rechenschaftsbewusstsein richtig verteilt, sollte Versagen zwangsläufig bedeuten, dass man gefeuert wird. Ein Fehler hingegen ist etwas, was man nicht nur überlebt, sondern das darüber hinaus konkrete Fortschritte ermöglicht. *Fehler sind Katalysatoren.* Man geht vielleicht einen Schritt zurück, doch danach macht man zwei Schritte voraus, sobald man begriffen hat, warum etwas nicht funktionierte und wie man es in Zukunft vermeidet.

Ich werde mich nicht mit den einzelnen Details des Aufstiegs und Falls von New Coke aufhalten. Andere haben diese Geschichte bereits zur Genüge dokumentiert – jedenfalls genug, um ihm einen Spitzenplatz auf der Liste der größten (und teuersten) Flops der Wirtschaftsgeschichte zu sichern. Mir geht es vielmehr darum, welche Rolle der New-Coke-Schlamassel für den Triumph von Coca-Cola zur Jahrtausendwende spielte.

Die Historikerin Barbara Tuchmann liefert in ihrem wunderbaren Buch *The March Of Folly*[4] eine eigene Definition für „Fehler". Sie wählt dazu die größten Fehler der Weltgeschichte – von Troja bis Vietnam – und stuft sie nach ihren „Gesamtkosten" ein. Ihrer Skala zufolge war der größte Fehler, der jemals begangen wurde, Deutschlands Entschluss, 1916 wieder den uneingeschränkten U-Boot-Krieg auszurufen, nachdem es nach dem Lusitania-Albtraum eine kurze Auszeit gegeben hatte. Das bedeutete, dass die gesamte Schifffahrt – ob Militär-, Handels- oder Zivilflotte – attackiert wurde. Hier eine Kurzversion der Konsequenzen: Amerika verbündete sich mit den Kriegsgegnern Deutschlands, die vagen Aussichten auf einen baldigen Frieden schwanden dahin, die Alliierten gewannen, Deutschland musste Reparationen zahlen, Hitler kam an die Macht, der Zweite Weltkrieg brach aus. Na, wenn *das* kein Fehler war!

Nach diesen Kriterien – der Summe aller Negativfolgen – würde ich dafür plädieren, New Coke als einen der kleinsten Fehler der Geschichte einzustufen. Natürlich hat er auch Geld gekostet, aber sehen Sie sich einmal an, wie sich der Coca-Cola-Marktwert unter Goizueta entwickelte. Das New-Coke-Projekt war schlecht recherchiert worden. Man hatte sich ausschließlich auf die mögliche Resonanz konzentriert, die das neue Produkt hervorrufen könnte, ohne darüber nachzudenken, wie die Verbraucher auf das gleichzeitige Verschwinden des bereits etablierten Markenproduktes reagieren könnten.

Ausschlaggebend sind die „Gesamtkosten". Sollte Goizueta jemals an der Notwendigkeit manischer Markenkonzentration gezweifelt haben,

---

[4] Ballantine Books, 1984.

räumte diese Episode gründlich damit auf. *Nach New Coke wusste er, dass er keine Wahl hatte.* Es könnte nie ein „neues verbessertes" Produkt geben. Es gibt kein Coke-Äquivalent zu „Windows 98". Sein Produkt war unantastbar. *Solches gewonnene Wissen ist unbezahlbar.* Mit einem Schlag macht es alle Optionen zunichte und verlangt manische Konzentration.

SPINNERSPRUCH:

„Si mi abuela tuviera ruedas seria bicicleta."

ROBERTO GOIZUETA

Übersetzung: Hätte meine Großmutter Räder, wäre sie ein Fahrrad (Reflexion über New Coke)

Goizueta saß noch einem anderen strategischen Irrtum auf, der nicht minder lehrreich war. Als er Coca-Cola übernahm, wollte er das Unternehmen aus der alleinigen Abhängigkeit von einem Markenprodukt befreien, das sich offenbar auf dem absteigenden Ast befand. Also kaufte er 1982 Columbia Pictures. Auch diese Geschichte ist andernorts ausführlich beschrieben, weshalb ich mich auf eine einfache Zusammenfassung beschränken werde. 1989 wollte Goizueta aussteigen. Managementschwierigkeiten, Kapitalprobleme und die immer schwierigere „Zensur" der Filme, die nicht-Coca-Cola-kompatiblen Inhalts waren, bereiteten ihm ernste Kopfschmerzen. Was die Unternehmensleitung des einen Teils leisten musste, durfte die andere nicht dulden und umgekehrt. Coca-Cola machte sogar bei dem überaus erfolgreichen *Gandhi*-Film Verluste und bei dem größten Kinoflop aller Zeiten, *Ishtar*, verloren sie gleich eimerweise Geld.

Filme waren Goizueta einfach zu heikel und er wollte Columbia schnellstmöglich loswerden. Nun war dieser Mann nicht nur brillant, sondern er hatte auch immer wieder Glück. Er fand jemanden, der ihm einen überhöhten Preis für Columbia zahlte, und er konnte einen netten Gewinn für Coca-Cola verbuchen, was die Investoren sehr für ihn einnahm.

Er lernte seine Lektion. Coca-Cola war und blieb sein einziges Spielfeld. Wie sangen die Eagles so schön: *There was no new frontier. He would have to make it here.*[5]

Zunächst verlangte die ausschließliche Konzentration auf das eine Markenprodukt einen ganzen Berg von Fördermaßnahmen, zu denen unter anderem die Wiederbelebung der alten Flaschenform zählte. Die Resultate waren beeindruckend. Roberto Goizueta durfte noch erleben, wie Coca-Cola als bekannteste Marke ins Guinness Buch der Rekorde aufgenommen wurde, und zwar gleichzeitig in Europa, den USA, Großbritannien und dem Rest der Welt.

Das ist ein Traum, wie er im Buche steht und Goizueta hat sich damit fraglos als Visionär erster Güteklasse qualifiziert. Dennoch entspricht sein Handlungsstil so gar nicht dem eines Querdenkers. Der Mann, mit dem ich an jenem Abend in den frühen Neunzigern einen einstündigen Flug verbrachte, machte auf mich den Eindruck, dass er sich außerhalb des Rampenlichtes ebenso wohl fühlte wie mittendrin. Er war konzentriert bei der Sache, entschlossen, zuverlässig und steckte voller Visionen – man zweifelte in seiner Gegenwart keine Minute daran, dass er alles unter Kontrolle hatte. Und dennoch strahlte er in erster Linie kubanischen Charme und Eleganz aus. Man sprach automatisch leiser, wenn man mit ihm redete. Aus nächster Nähe fand ich ihn weniger inspirierend als beispielsweise Tony O'Reilly, bei dem man nach einem Zehn-Minuten-Gespräch unter Vollstrom steht. Goizueta war überhaupt nicht extrovertiert und neigte nicht zu blinder Euphorie. Es gehörte nicht zu seinem Führungsstil, sich in Branson'scher Manier von Gebäuden abzuseilen.

Was mir auf ewig im Gedächtnis bleiben wird, ist das, was er getan hat, nicht, wie er es anstellte. Und damit hat er sich einen Platz ganz oben an der Spitze verdient.

WAHNSINNS-WERTUNG:

VISIONÄR: ☆☆☆☆☆ (plus eine Auszeichnung)

QUERDENKER: ☆☆

---

[5] Sinngemäß: „Es gab kein neues Land zu erobern. Er musste es hier schaffen", Anm. d. Übers.

DEM UNBEKANNTEN SPINNER

An dieser Stelle werfe ich ein etwas seltsames Kapitel ein. Zu Beginn des Buches hatte ich darauf hingewiesen, dass mir neben ein bisschen Unterhaltung und der Weitergabe einiger nützlicher Informationen, mit denen Sie im Bedarfsfall schwer Eindruck schinden können, vorschwebte zu ergründen, was wir aus den Taten berühmter Spinner lernen können.

Natürlich gestalten sich unsere eigenen Karrierewege deutlich weniger spektakulär. Es ist unwahrscheinlich, dass ein Leser dieses Buches die Welt demnächst in ein neues Kommunikationszeitalter führen, das Markenmanagement erfinden, ein Disneyland aufbauen oder die größte Fusion der Wirtschaftsgeschichte anleiern wird. Eigentlich spricht sogar alles dagegen, dass sich einer meiner Leser irgendwann auch nur *in die Nähe* dieser Ikonen begeben wird.

Wahrscheinlicher ist, dass der Leser gerade sein eigenes kleines Unternehmen gründet oder damit anfängt, ein Team oder eine Abteilung zu leiten. Vielleicht kommt er in den Genuss, „Untergebene" zu haben, vielleicht aber auch nicht. Vielleicht hat er sein eigenes Geld im Unternehmen, vielleicht aber auch nicht. Ausländische Märkte und Globalisierung wecken eventuell blasse Erinnerungen an Erdkundestunden in der Schule, haben aber ansonsten keinerlei Bedeutung in der täglichen Tretmühle. Die Wirtschaftsblätter dieser Welt werden sich auch weiterhin einen feuchten Kehricht für Ihre Meinung über irgendetwas oder irgendjemanden interessieren. Und Ihr Boss ist möglicherweise eine Kreuzung aus Sozialkrüppel und intellektuellem Zwerg, von mir in einem meiner weniger hellen Momente als *Krerg* klassifiziert. Sie erkennen einen Privatjet nicht mal, wenn er Sie beißt. Siebenstellige Bonuszahlungen und Abermillionen an Aktienoptionen sind Ihnen auf geheimnisvolle Weise verwehrt geblieben. Sie sind also alles andere als ein überbezahlter Topmanager.

Trotzdem halten Sie durch. Sie sind schließlich ehrgeizig und haben Ihren Stolz. Sie möchten, dass das, was Sie tun, JETZT ein Erfolg wird – wegen des Geldes, des Ansehens und der großartigen Möglichkeiten, die sich daraus ergeben könnten. Ich wette, Sie könnten schon mit einem erfolgreichen Traum umgehen, wenn er Ihnen zufällig begegnete.

Bei meiner Feldstudie zu den Visionären und Querdenkern in diesem Buch habe ich versucht, unterhaltend und informativ zu sein. Zugleich wollte ich die Dinge herausfiltern, die *für Sie funktionieren könnten*.

Einige Sachen sind durchaus übertragbar, dessen bin ich mir sicher. Und wir sollten niemals – in Worten: *niemals* – vergessen, dass all diese Leute ganz unten angefangen haben. Sie alle haben Erfolge zu verzeichnen, die sie in die Annalen der Weltwirtschaft eingehen ließen, aber keiner von ihnen bekam seinen Erfolg auf dem Silbertablett serviert. Nicht einer dieser Männer wurde mit einem goldenen Löffel im Mund geboren – was sowieso eher lebenslangen Brechreiz zufolge hat.

Im letzten Kapitel des Buches werde ich versuchen, ein paar Grundideen aus den einzelnen Geschichten zusammenzustellen und sie in einen übertragbaren Zustand zu bringen, damit Sie sie nächste Woche anwenden können. In diesem Kapitel jedoch möchte ich ein wenig vom Thema abschweifen.

Es ist 37 Jahre her, seit ich mich an meinen ersten Schreibtisch setzte, an dem ich nicht nur einen Ferienjob machen würde. Die Ehre, mein Debüt als Geschäftsmann maßgeblich mitzulenken, kam Shell-Mex and BP Ltd. zugute, einer Marketingfirma in Großbritannien, die die beiden Ölgiganten gemeinsam unterhielten. Ich arbeitete in ihrer Niederlassung in Manchester. Abgesehen von zwei Unterbrechungen, während derer ich Studienabschlüsse machte, die ich weder brauchte noch nutzte, habe ich bis 1994 an einer ganzen Reihe zunehmend protziger Schreibtische gesessen. Ich habe für drei große Konzerne gearbeitet und war im Verlaufe meiner Karriere in ungefähr 50 verschiedenen Ländern tätig. Und ich war dabei einer Handvoll Spinnern ausgesetzt, die es niemals ins Inhaltsverzeichnis dieses Buches schaffen könnten. Sie waren damals so gut wie unbekannt und sind seither auch nicht berühmt geworden.

Dennoch sind sie mir im Gedächtnis geblieben. Und *das* ist, sofern man meiner Familie glauben schenken mag, ein eher fragwürdiger Aufenthaltsort. In diesem meinem Gedächtnis tummeln sich Megabytes wesentlicher Informationen, wie etwa der Name des Searchers-Bassisten (ca. 1964)[1], aber die Leute, die mir gestern begegnet sind, werden sofort wieder rausgeschmissen.

Irgendwie schafften es die Leute und die Ereignisse in diesem Kapitel, sich auf meiner geistigen Festplatte zu halten, als warteten sie dort auf den richtigen Moment, um reaktiviert zu werden. Dieser Moment ist jetzt gekommen. Ich habe die Namen unverändert gelassen, denn ich bewundere all diese Menschen. Sollte mein Text trotzdem nicht durchgängig schmeichelhaft klingen, möge man dies meiner mangelnden Artikuliertheit zuschreiben. Sie alle sind unbekannte Spinner und wir können einiges von ihnen lernen.

Ich werde in diesem Kapitel lediglich auf drei Fälle eingehen, wenngleich die Versuchung bisweilen groß ist, ein Vielfaches mehr an Beispielen zu bringen. Auch im Verborgenen existieren Visionäre und Querdenker, was gerade bezogen auf Erstere recht überraschend erscheint. Die Blödmänner habe ich bewusst ausgespart. Das sind die Sorte Bürospinner, die sich merkwürdig kleiden und/oder sich bei der Arbeit schräg benehmen – oberflächliche Analysen zeigen meist, dass es sich hierbei um genetische oder geistige Defekte handelt. Außerdem sollten wir einen Bogen um die Aufmerksamkeitsheischer, die Extrovertierten, die Trunkenbolde, die Testosterongesteuerten und die Reality-TV-Möchtegerns machen.[2] Wenn wir also all das Kroppzeug weglassen, bleiben erstaunlicherweise ein paar waschechte Alleingänger übrig, die uns wichtige Dinge beibringen können – und das, obwohl sie es nie auf ein Privatvermögen von mehr als einer Milliarde gebracht haben.

Ich denke, ich beginne im Jahre 1978. Ich war gerade von Shell zu Whitbread PLC gewechselt, wo ich die Leitung für die Region East Midlands übernehmen sollte. In meinen Verantwortungsbereich fielen die Lagerhäuser, Verkauf und Lieferung von Bier, Wein und Spirituosen an die gepachteten, freien und firmeneigenen Pubs und Clubs innerhalb dieses meinen Teils auf Gottes Erde. Hier lag auch Leicester, die Stadt, Die Gott Vergessen Hat.

Die Lagerhaltung und Belieferung spiegelte in Kleinformat jene Schlacht wider, die während dieser Zeit in der britischen Geschäftswelt

---

[1] Tony Jackson.
[2] Bedauerlicherweise bin auch ich gelegentlich in die eine oder andere dieser Rollen geschlüpft. Ich sagte *in die eine oder andere!*

und Gesellschaft tobte – den Kampf zwischen Gewerkschaften und Management. Die Beziehungen zwischen Unternehmern und Gewerkschaften waren denkbar schlecht und wurden mit jedem Tag beschissener – wir (das Management) ahnten ja nicht, dass die Lösung unmittelbar bevorstand, und zwar in Form von Mrs. Thatcher, die gleich eine ganze Generation von gewerkschaftlichen Funktionären mit gezielten Schlägen ihrer dunkelblauen Handtasche erledigte.

Wie gesagt, derlei Unterhaltsames stand uns noch bevor und ich meisterte meine täglichen Managementaufgaben auf Zehenspitzen. Der gewerkschaftliche Vertrauensmann unseres Depots war bekennender Kommunist, dessen Beitrag zu einer besseren Welt vor allem darin bestand, bei allem und jedem, das den *Status quo* oder die garantierten Überstunden seiner Mitglieder zu gefährden drohte, aufzuheulen wie ein Zahnarztbohrer. Rückblickend betrachtet gestaltete sich unser Tagesgeschäft nicht unähnlich dem berühmten Fußballspiel zwischen deutschen und britischen Truppen des Ersten Weltkriegs während einer Gefechtspause im Niemandsland. Es war ein kurzer Einbruch von Vernunft, bevor es wieder ans alltägliche gegenseitige Abschlachten zurückging.

Aber ich hatte meine Geheimwaffe: Dick Hardingham, der das Lagerhaus, die Lastwagen und die dazugehörigen Arbeiter managte. Er war relativ jung für jemanden, der zwischen Arbeitgebern und Gewerkschaften zu vermitteln hatte, doch er hatte seine Ausbildung an einem der raueren Kriegsschauplätze absolviert – in Liverpool.

Aus irgendwelchen Gründen fuhr er eines Tages etwas früher nach Hause, was in seinem Fall eine längere Fahrt über Land bedeutete. Es war ungefähr zwei Uhr mittags, als er an einem dieser drolligen Selbstbedienungsfelder vorbeikam, die man überall auf dem Lande findet – Erdbeeren zum Selbstpflücken. Er hatte es eilig, nach Hause zu kommen; falls mich mein Gedächtnis nicht trügt, sollte er mit seiner Frau irgendwohin fahren und war schon spät dran. Sagen wir also, er fuhr verhältnismäßig schnell, allerdings immer noch langsam genug, um die drei großen Fahrzeuge zu bemerken, die dort parkten, und deren Fahrer emsig Erdbeeren pflückten. Es waren Lieferfahrzeuge unserer Firma, mit unserem Logo auf den Seiten und auf der Rückfront. Offiziell lieferten sie gerade für uns aus und würden nicht vor fünf Uhr zurück am Lager sein.

Dick konnte nicht anhalten und tat es auch nicht. Er kam mit einer halben Stunde Verspätung zu Hause an. Was dann geschah, entzieht sich natürlich meiner Kenntnis (obwohl ich es mir in etwa vorstellen kann). Sicher dürfte sein, dass in dem Gespräch mit seiner Frau eine Menge Kraftausdrücke fielen – wahrscheinlich von beiden Seiten. Es endete jedenfalls damit, dass er wieder in seinen Wagen sprang und zum Lager zurückfuhr. Sämtliche Laster waren geparkt und die Fahrer saßen im Umkleideraum. Ich möchte Sie noch einmal dran erinnern, welches Klima damals zwischen Arbeitgebern und Gewerkschaftern herrschte, damit Sie sich ausmalen können, wie es gewesen sein muss, als er auf den Bohrerheuler (unseren Vertrauensmann) zuging, um ihn darauf aufmerksam zu machen, dass drei „seiner" Leute während der Arbeitszeit zum Erdbeerenpflücken gewesen waren, in der Arbeitszeit, für die sie von der Firma bezahlt wurden und womit sie sogar noch Überstunden angehäuft hatten.

Wie nicht anders zu erwarten, erntete er eine blanke Abfuhr: Alle Wagen seien wieder zurück, das Bier ausgeliefert. Was denn sein Problem sei? Da er zur vermeintlichen Tatzeit und am vermeintlichen Tatort nicht eingeschritten sei, könne er jetzt kein Fehlverhalten mehr nachweisen und daher liege kein Grund vor, disziplinarische Maßnahmen zu ergreifen. Basta.

Mit einem „Das ist doch eine einzige Scheiße"-Ruf stampfte Dick an dem Heuler vorbei zum Umkleideraum, baute sich in der Tür auf und forderte alle auf, an ihm vorbei nach draußen zu gehen, *und zwar mit ausgestreckten Händen.* In Anbetracht der Spannungen zwischen Arbeitgebern und Gewerkschaften war das ein ziemlich riskanter Spielzug, zu dem sich kaum jemand sonst hätte hinreißen lassen. Wäre die Stimmung im Raum auch nur einen Tick frostiger gewesen, hätten die Fahrer womöglich geschlossen ihren Job hingeschmissen. Der Bohrerheuler hüpfte herum, als hätte er eine Viper in der Hose. Ob es an Dicks energischem Auftreten oder an den gegebenen Umständen oder an einer Mischung aus beidem lag, lässt sich im Nachhinein nicht genau sagen. Auf jeden Fall befolgten sie alle brav seine Anweisung. Sechs der Fahrer sahen aus, als hätten sie ihre Hände zwei Tage lang in Rote-Bete-Saft mariniert – erwischt.

Dick hatte gewonnen. Die Fahrer mit den sauberen Händen begannen zu lachen und schon bald lachten auch die Ertappten, nahmen ihre „offizielle Abmahnung" ohne Murren hin und gelobten Besserung. Unser Vertrauensmann war unterdes im Waschraum verschwunden, wo er vergebens nach einem passenden Präzedenzfall in *Das Kapital* suchte und entschied, die Regierung ein andermal revolutionär zu besiegen.

Dieses Beispiel zeigt gleich auf zweifache Weise, wie die Kräfte eines echten Querdenkers wirken. Da wäre zum einen die sichere Unterscheidung zwischen gut und böse – und die Entscheidung und das Eintreten für Ersteres –, die an sich schon sehr überzeugend sein kann. Dabei muss es nicht notwendig um ein Arbeitsklima gehen, das einem Pulverfass gleicht, oder um moralische oder ethische Grundsätze. Es kann sich auch einfach um die Farbe eines Produkts handeln, das Ihr Team gerade entwickelt. Was immer Ihren *Richtigkeitstest*, wie ich es gern nenne, besteht, wird Ihnen den nötigen Schwung geben, Ihre Ideen durchzusetzen. Es wird Sie in die Lage versetzen, Ziele zu erreichen, von denen Sie normalerweise nicht einmal träumen würden. In den Augen der anderen gehen Sie vielleicht ein Risiko ein, aber Ihnen wird es nicht wie ein Risiko vorkommen. Sie fühlen sich in einem Bereich sicher und zuversichtlich, den Ihre Kollegen für ein Minenfeld halten. Wenn Sie von der Richtigkeit Ihrer Sache überzeugt sind, wird Ihnen das eine Kraft verleihen, die Sie selbst überraschen dürfte.

SPINNERSPRUCH:

„Wenn man daran glaubt, dass etwas richtig ist UND seinen Instinkten folgt, verleiht einem das übermenschliche Kräfte."

UNBEKANNTER SPINNER

Es gibt noch eine weitere natürliche Kraft, die man nutzen kann. Allerdings scheint sie in der modernen Geschäftswelt zum Anachronismus zu verkümmern: *instinktives Handeln*. Wie wir alle wissen, leben wir im Informationszeitalter. Die bloße Geschwindigkeit, mit der wir an bislang nie erträumte Datenmengen gelangen können, wird unaufhaltsam als das Mittel schlechthin ausgelobt, sowohl den Rhythmus als auch die Qualität der Entscheidungsfindung zu revolutionieren. Wenn Sie mich fragen, ist das kompletter Blödsinn.

Das Informationszeitalter hat vielmehr eine ganze Generation von Entscheidungsträgern zu einem Haufen von Zauderern mutieren lassen. Es gibt immer noch eine Analyse, die man machen könnte, immer noch ein „Was wäre wenn"-Modell, das man durchspielen kann. Viele (die meisten?) Unternehmensentscheidungen werden heute von einer Kombination aus Software und Firmenanwälten getroffen – die Software gibt die Optionen vor und die Anwälte sagen, welche die am wenigsten riskante ist.

Allein die Vorstellung, eine Führungskraft könnte sich eine Situation ansehen und spontan darauf reagieren, indem sie sich ausschließlich auf die eigenen Instinkte verlässt, verursacht Inkontinenz bei Wirtschaftsdozenten und Anwälten. Und dabei kann das so, SO effektiv sein – aus dem einfachen Grund, weil die Konkurrenz zwar die Software kopieren und die Anwälte abwerben, aber niemals gegen Ihre Instinkte ankommen kann.

Diese beiden Kräfte, die Überzeugung, *dass etwas richtig ist*, und das *instinktive Handeln*, wirkten in Dick Hardingham. Gelingt es Ihnen ebenfalls, beides zu kombinieren, werden Sie sich wie in einem Star-Trek-Film fühlen, denn Sie können in Gebiete vordringen, die kein Mensch vor Ihnen betreten hat. Na ja, oder zumindest in solche, die Sie vorher nie betreten haben. Ganz gleich, an welcher Stelle der Nahrungskette Sie stehen, Sie können damit jede Hürde überwinden – auf *Ihrer* Ebene und zu *Ihrem* Guten. Die Kombination dieser beiden natürlichen Kräfte verleiht Ihnen übermenschliche positive Stärke.

Mein zweiter Beispielprotagonist ist so „unbekannt", dass ich seinen Nachnamen vergessen habe. Zufällig ereignete sich diese Geschichte ungefähr zur selben Zeit und in derselben geografischen Zone wie mein erstes Beispiel.

Whitbread belieferte seinerzeit große Arbeiterclubs in den östlichen Midlands. Dies ist ein traditionelles Bergbaugebiet und die Burschen tranken beträchtliche Mengen Bier. Ihr gesellschaftliches Leben spielte sich größtenteils in diesen „Clubs" ab, die diverse Freizeitangebote bereithielten. In ihren besten Zeiten waren die Mitgliederzahlen gewaltig und entsprechend auch die Bierumsätze. Sie buchten große internationale Stars für ihre Veranstaltungen und sorgten so dafür, dass das Sterben der britischen Live-Unterhaltungsbranche noch ein wenig hinausgezögert wurde.

Das Biergeschäft in dieser Region boomte. Man lieferte in *Tankwagen* statt in Fässern und der Konkurrenzkampf tobte. Wir waren gut im Rennen und konnten mehr neue Aufträge gewinnen als wir an alten verloren. Nach einigen Monaten bei Whitbread fiel mir ein Konkurrenzunternehmen auf, das mich zusehends in Erstaunen versetzte, je länger ich es beobachtete. Sie verloren *nie* einen Kunden.

Der Markt wurde damals von zehn großen Bierfirmen umkämpft und besagte ungewöhnliche Firma war Bass. Ich lernte nach und nach alle Schlüsselfiguren der Konkurrenz kennen und irgendwann trank ich auch mit dem wichtigsten Mann bei Bass einen Kaffee. Ich erinnere nicht mehr, ob das Thema zufällig aufkam oder ich ihn darauf ansprach, auf jeden Fall erzählte er mir von einem Ritual, das ihr altgedienter Freihandelschef eingeführt hatte und das (indirekt) alles erklärte.

Der Mann hieß James Irgendwas und war Pfeifenraucher. Mehr ist mir von diesem Spinner nicht im Gedächtnis geblieben, obwohl ich ihm später noch ein paar Mal begegnet bin und mich genau an sein Gesicht erinnere. Er arbeitete in der Bass-Zentrale in Burton-on-Trent. Sein Ritual war Folgendes: *Verlor* ein Vertreter oder eine Vertreterin einen Kunden, musste er oder sie bei der nächsten Vorstandssitzung erscheinen und erklären, wie es dazu kommen konnte. Anschließend wurde der Fall diskutiert (und protokolliert) und das arme Wesen kehrte wieder an die Front zurück, angeblich ohne einen Flecken auf seiner weißen Berufsweste. Klar doch.

Dieser Vorgang wurde nicht als disziplinarische Maßnahme oder sonstwie Negatives deklariert. Man betrachtete es als eine Methode, den Vorstand über die Geschehnisse am Markt unterrichtet zu halten, was ja auch durchaus zutraf. Aber stellen Sie sich einmal den ehrgeizigen jungen Vertreter vor, der sich in Schale schmeißen und nach Burton reisen musste, um vor den versammelten Unternehmensikonen seinen Fall darzulegen, während die Vorstandsekretärin eifrig notierte, was für ein Wichser er war. Ich brauchte circa zehn Minuten, bis mir klar wurde, dass es James nicht in erster Linie um die Informationen ging, die er aus diesen Auftritten zog. Ihm ging es um genau das, was er damit auch erreichte – seinem Team *graute* davor, einen Kunden zu verlieren. Und was folgte daraus? Es war praktisch unmöglich, diesen Burschen einen Auftrag abzujagen. Sie kämpften mit einer Verbissenheit um ihre Abnehmer, wie sie sonst nur Väter an den Tag legen, die ihre Kinder gegen einen Kidnapper verteidigen müssen. Normalerweise kämpften sie fair, aber wenn die Sache es erforderte, schlugen sie auch schon mal unter die Gürtellinie. Sie taten alles, damit ihnen die Reise nach Burton erspart bliebe.

Größere Gurus und größere Analysten als James sind irgendwann auf dieselbe Idee gekommen, doch im Gegensatz zu ihnen gründete sie bei James auf persönliche Erfahrung und dem richtigen Gespür. Es ist wesentlich effektiver, sein *bestehendes* Geschäft zu bewahren und auszubauen, als dauernd Aufträge zu verlieren und neue heranzuholen. Aber das ist es nicht, weshalb ich ihn hier erwähne. Was ich an diesem unbekannten Spinner bewundere, ist die Art, wie er mit *einem* einzigen Verfahren sein Ziel vermittelte und dafür sorgte, dass alle im Team an diesem Strang mitzogen.

SPINNERSPRUCH:

„Es braucht nur einen Strang, einen Traum durchzusetzen, solange ALLE daran mitziehen."

UNBEKANNTER SPINNER

Doch bei James ging es um mehr als ein klares Ziel und unverrückbare Prioritäten. Es ging um Druck. Bei jedem Projekt, jeder Herausforderung und jedem Traum gibt es Methoden, die um Klassen effizienter sind als alle anderen. Es ist eine Sache, diese Methoden zu erkennen, aber eine vollkommen andere, sie so durchzusetzen, dass sie für alle Beteiligten zum Nonplusultra werden. Sein Team auch noch dazu zu bringen, dass es sie mit Klauen und Zähnen verteidigt, ist bewundernswert.

Ich glaube kaum, dass sich dieser verrückte Kerl tatsächlich für die Vorstellungen interessierte, die seine Vertreter vor dem Vorstand abgeben mussten. Daran lag ihm rein gar nichts, zumal sie so oder so nach einem guten Jahr ausblieben, weil kein Vertreter mehr Kunden verlor. James mag ein skurriler und wunderlicher Mensch gewesen sein, aber ich bin in meinem Leben keinem härteren Konkurrenten begegnet und ich habe ihn nie vergessen.

Mein drittes Beispiel kommt aus einem vollkommen anderen Bereich. Obwohl der Protagonist in Geschäftskreisen (größtenteils) unbekannt blieb, hat er es in seinem Wunschberuf zu Ruhm und Ehren gebracht – als Fußballmanager.

Während der Achtziger führte Dave „Harry" Bassett die Wimbledon-Fußballmannschaft auf eine Traumreise vom unteren Ende in die Topliga des englischen Fußballs. Ich verließ Whitbread 1987 und übernahm eine GrandMet-Gruppe, die sich Host Group nannte und 1.600 Pubs und Restaurants betrieb. Kurz nach meinem Einstieg plante ich eine Management-Konferenz. Auf meinem Geschäftsführerposten hatten ich einen Mann beerbt, der dem britischen Pub-Geschäft ungeheuren Schaden zugefügt hatte. Man hatte ihm beträchtliches Kapital zur Verfügung gestellt, damit er die britischen Pubs ins zwanzigste Jahrhundert führte und er hatte es alles ausgegeben. Das meiste war denkbar schlecht angelegt worden. Meine Aufgabe bestand nun darin, mit den Negativfolgen des Programms klarzukommen. Unter anderem spiegelte sich in der Unternehmenskultur die Einstellung, Wachstum sei nur durch Kauf zu erlangen.

Entsprechend plante ich für die Konferenz den thematischen Schwerpunkt auf organisches Wachstum zu legen. Ich wollte den Leuten klarmachen, wie sie mehr aus dem herausholen, was sie bereits haben, indem sie die Kunden dazu bringen, häufiger in ihre Pubs statt in die der Konkurrenz zu gehen. Während wir die Konferenz planten, kam mir zu Ohren, dass „Harry" interessiert sei, als professioneller Redner aufzutreten. Ich vereinbarte ein Treffen mit ihm.

Er war (und ist immer noch) ein frecher Max-Miller-Typ, eben typisch Londoner. Allerdings verbirgt sich dahinter eine kluge und nachdenkliche Persönlichkeit. Ich war sofort tief beeindruckt von ihm, weil er etwas äußerte, was mein Thema auf den Punkt brachte. Wir einigten uns darauf, dass er um diese kristallklare Weisheit herum eine Dreißig-Minuten-Rede dichten würde. Es sollte die Schlüsselrede werden. Doch bevor ich Näheres zu dieser Rede sage, möchte ich kurz beschreiben, wie dieser Tag danebenging. Ich muss bis heute lachen, wenn ich an diese Konferenz denke und Sie haben sich eine Verschnaufpause verdient.

Die Bühne war also hergerichtet. Man hatte zwei Rednerpulte aufgebaut, auf jeder Seite eines. Ich war die ganze Zeit auf dem Podium, stellte die einzelnen Beiträge vor und verhielt mich ruhig, während die anderen ihre Reden zum Besten gaben. Die meisten von uns benutzten einen Teleprompter, auf dem ihre Texte mitliefen und den das Publikum nicht sehen konnte. Die Technik ist ziemlich simpel: In das Rednerpult ist ein Monitor sozusagen hängend eingelassen. Der Produzent spielt von seinem Mischpult aus die Texte auf den Monitor und passt die Schriftgeschwindigkeit dem Redetempo des jeweiligen Sprechers an. Wer will, kann sich auch einfach Stichworte einblenden lassen.

SPINNERSPRUCH:

„Wenn du in der vierten Liga spielst, konzentrier dich darauf, in die dritte aufzurücken. Denk niemals an die erste, ehe du nicht da bist."

UNBEKANNTER SPINNER

Harry mochte nicht vom Teleprompter ablesen, sondern zog die Stichwortlösung vor. Da wir ein umfangreiches Programm vorgesehen hatten, war die genaue Einhaltung der vereinbarten Redezeiten enorm wichtig. All unsere schöne Planung war jedoch in dem Moment dahin, als er nach meinen einleitenden Worten die Bühne betrat, den tosenden Beifall mit einem strahlenden Lächeln quittierte und seine Notizen auf den Bildschirm in seinem Rednerpult warf. Nun konnte er den Teleprompter nicht mehr sehen, aber das schien ihn wenig zu bekümmern. Voller Enthusiasmus und ohne jedwede Form von Anleitung begann er seine Rede.

Nach ungefähr fünfundzwanzig von den vorgesehenen dreißig Minuten war endgültig klar, dass er von seinem Thema abgeschweift war. Wir, die Zuhörer, waren gerade mit dem Wimbledonteam aus der vierten Liga aufgestiegen und beschäftigten uns ausführlich mit der komplizierte Knorpelverletzung des Mittelstürmers. Wie es aussah, konnte ich meine ersehnten weisen Worte in den Wind schreiben.

Mich störte das nicht weiter. Offen gesagt sind derlei Veranstaltungen meist ohnehin nichts als ein Vorwand, sich im großen Kreis zu betrinken und das Ganze auch noch von der Steuer abzusetzen. Außerdem hatten sich die Zuhörer entspannt zurückgelehnt und wirkten überaus zufrieden mit Harrys Ausführungen. Mein Produzent hingegen war weniger entspannt, weshalb er Harry eine Nachricht auf den Teleprompter schickte: *„Noch fünf Minuten, Harry. Kommen Sie zur Sache."* Ich konnte es lesen, Harry nicht, aber das konnte der Produzent nicht ahnen.

Auf die erste folgte eine ganze Reihe immer schärferer Botschaften vom Produzenten an den ahnungslosen Harry. Ab der 45-Minuten-Marke waren sie in farbiger Schrift und blinkten. Mir war der weitere Verlauf des Abends nunmehr vollkommen gleichgültig, weil ich voller Spannung die nächste hüpfende Ermahnung abwartete. Mein Bauch tat schon weh, weil ich mir das Lachen verkneifen musste. Nach einer Stunde flimmerten die ersten Kraftausdrücke über den Bildschirm, und wir waren IMMER noch bei Fashanus angeschlagenem Knie.

Schließlich erschien eine Nachricht, in der jeder Buchstabe eine andere Farbe hatte und unterstrichen war. Sie war knapp und deutlich. „HARRY – RUNTER VON DER BÜHNE VERDAMMT NOCHMAL! **SOFORT! SOFORT! SOFORT!**" Dieser Text hüpfte wie wild auf dem Monitor auf und ab, und ich konnte nicht mehr. Mit Tränen in den Augen ging ich zur anderen Seite des Podiums (begleitet von einigen Buhrufen) und beendete eine der außergewöhnlichsten Darbietungen moderner Redekunst.

Uff. Wo waren wir? Seine was? Ach ja, seine Weisheit. Sie beeindruckt vor allem durch ihre Einfachheit – insbesondere für all diejenigen, die es noch reichlich weit haben, bis sie eigene Erfolgsgeschichten wie die in diesem Buch schreiben können. Er erzählte mir, seine Mannschaft und er hätten zu keinem Zeitpunkt darüber nachgedacht, wohin ihr Traum sie führen würde. Am Ende führte er sie bis in die erste Liga, doch zustande kommen konnte er, weil er aus vielen kleinen Träumen gemacht war. Als sie in der vierten Liga spielten, *konzentrierten sie sich voll und ganz darauf, in die nächsthöhere aufzusteigen.* Das war es, worauf sie all ihre Kraft und ihr Training ausrichteten. Sie stiegen auf und gaben alles für die dritte Liga. Als es misslang (in einem Jahr fielen sie zurück), arbeiteten sie wieder dafür, aus der vierten Liga aufzusteigen. *An die erste Liga dachten sie erst in dem Augenblick, als sie dort waren.*

Das ist natürlich nicht die Steve-Jobs-Herangehensweise des Traumwahrmachens – er sah seine erste Liga von der Stunde null an vor sich und konzentrierte sich auf nichts anderes mehr. Doch für uns, die wir vielleicht keine so klaren Visionen haben und noch nicht genau wissen, wann und wo wir unser Ziel erreicht haben werden, bietet Harrys Methode eine praktische Alternative, die wir direkt ab nächsten Montag einsetzen können.

Damit endet mein Tribut an die drei unbekannten Spinner. Auf meiner Odyssee durch die Wirtschaftswelt sind mir mindestens 100 weitere Beispiele wie diese drei über den Weg gelaufen. Ich schäme mich auch nicht, sie in die illustre Gesellschaft dieses Buches aufgenommen zu haben, da sie allemal mit dem Unterhaltungswert der Großen konkurrieren können und als Lehrbeispiele gewiss ebenso tauglich sind – wenn nicht tauglicher.

STEVE JOBS

In Manchester, England, gibt es zwei Fußballteams, wie es in Chicago, Illinois, zwei Baseballteams gibt. Diese beiden Paare weisen erstaunliche Ähnlichkeiten auf. In beiden Städten ist ein Team erfolgreich, das andere nicht. Und die jeweils nicht erfolgreichen Teams sind ganz bemerkenswert nicht erfolgreich. Die rationelleren Köpfe mögen nun sagen, es wäre den „Fans" der miserablen Mannschaft doch ein Leichtes, die Seiten zu wechseln. Diesen „weisen" Menschen kann ich nur sagen, es ist nicht schwierig. Es ist unmöglich. Ich muss es wissen.

Ich bin zufällig Manchester-City-Fan und Manchester City konnte immerhin verhältnismäßig mehr Erfolge verzeichnen als die Chicago Cubs in den letzten hundert Jahren. Aber das tut nichts zur Sache, denn unser Ruf ist trotzdem schlechter als schlecht. Ärgerlicherweise ist die Mannschaft von der gegenüberliegenden Seite Manchesters[1] wahrscheinlich die erfolgreichste Fußballmannschaft aller Zeiten. Jede Woche, egal ob Saison oder nicht, egal auf welchem Flecken des Globus' ich gerade stecke, klappre ich die Medien und das Web nach Neuigkeiten über meinen Club ab und werde wieder und wieder mit Glanz und Gloria der anderen Seite bombardiert.

Was soll's. (Ich verspreche Ihnen, dass bei diesem Kapitel noch etwas herauskommen wird.) Ich bin 55 Jahre alt und immerhin helle genug, ein großes Unternehmen zu führen. In allen sonstigen Lebensbereichen, sofern sie sich nach konventionellen Kriterien messen lassen, habe ich mich wacker geschlagen. Warum also kann ich nicht einfach die Seiten wechseln? Mein Vater selig, der von oben auf all dies herablächeln dürfte, nahm mich seinerzeit zum ersten Spiel mit. Nun ist er nicht mehr da, um mir Vorwürfe zu machen, falls ich mich dem erfolgreicheren Club anschließen würde. Und meine Familie wäre gewiss erleichtert. *Es müsste ja auch niemand*

---

[1] Die ganz Verzweifelten unter uns behaupten, Manchester United gehört gar nicht zu Manchester, sondern zur Nachbarstadt.

mitbekommen! Mein Leben würde so viel mehr Spaß machen. Tut mir Leid. Ich weiß, ich bin ein Idiot, aber ich kann einfach nicht.

Vor ungefähr vier oder fünf Jahren war ich in Amerika Zeuge, wie sich eine Kollegin – zur Abwechslung tatsächlich mal eine Frau – mit ihrem Apple-Software-Upgrade abmühte. Ich hatte nie mit einem Apple gearbeitet und nörgelte herum, weil sie nicht PC/IBM-kompatibel war. Sie sagte nichts dazu, aber ich bekam diesen ganz bestimmten Blick zugeworfen. Den kannte ich gut genug aus meinem Rasierspiegel, um ihn auf Anhieb zu verstehen.

Apple ist in der Computerwelt das, was Manchester City im Fußball ist. Die Fans kleben an ihren Apples wie festgeleimt und je schlimmer der Zustand von Apple wird, desto loyaler werden sie.

Apple ist natürlich ganz und gar verbunden mit einem einzigen Mann – Steve Jobs. Ich habe diesen modernen P. T. Barnum in meine Sammlung aufgenommen, weil ich an ihm zwei Fragen zu Visionären und Querdenkern illustrieren möchte, die uns bislang nicht untergekommen sind. Die erste ist die, ob es möglich ist, seinen Traum nur durch *Marketing* zu erreichen? Sobald wir die Antwort darauf gefunden haben, werden wir uns der zweiten zuwenden, die für uns Normalsterbliche wohl weniger relevant sein dürfte, nämlich, *wie hoch man noch aufsteigen kann, nachdem man für tot erklärt wurde.*

Vor einigen Jahren nahm *Business Week* Jobs in die Jahresliste der Topmanager auf. Zu dieser Zeit schwamm er gerade auf der Erfolgswelle des iMac und PowerBook. *Business Week* unterteilt die Liste in verschiedene Managerkategorien und Jobs erschien unter den *Marketing-Besten,* nicht etwa unter den Technokraten. Dabei leitet er ein Unternehmen der Hightechbranche. Dennoch hatte *Business Week* Recht.

Ich erinnere mich an eine Comedy-Show, die Jasper Carrot vor ungefähr 15 Jahren machte, ein ziemlich verblödeter Comedian aus den englischen Midlands. Er scherzte darüber, die Schule mit zwei „O-Levels"[2] abgeschlossen zu haben – einem in Kunst und einem in Mathe. Die Pointe war: Hinterher habe er einen Job als Computeranmaler bekommen.

Sollte irgendjemand in die Verlegenheit kommen, Jobs Traum in drei Worte fassen zu müssen, hat er sie jetzt: *Er malte Computer an.*

---

[2] Das sind die Fachprüfungen, die 16-Jährige in England absolvieren – heute heißen sie „GCSE". Normalerweise muss man fünf bis zehn dieser Prüfungen machen.

Überlegen Sie sich Folgendes. Er ist wahnsinnig vermögend und erfolgreich. Apple ist eine starke und angesehene Marke in der PC-Welt und hat ein Vierteljahrhundert Achterbahnfahrt überlebt. Die Fangemeinde ist ebenso loyal und stumpfsinnig wie die von Manchester City. Und all das dank sich einer Mischung aus Rauch, Spiegeln und Farben.

Wie kann das sein? Tja, man überlege sich auch Folgendes: Jobs Marketing passte selten zu den Technologien, die er vermarktete - sie kamen entweder zu spät auf den Markt oder passten von den Produktmerkmalen her nicht, manchmal sogar beides. Dann wieder waren sie zu gut – auf jeden Fall waren Marketing und Produkte nie stimmig. Dieser Mann könnte nicht einmal beschreiben, wie er aus einer nassen Papiertüte herausfindet. Er hat unendliche Zeit damit verplempert, mit dem falschen Produkt (PC-Hardware) gegen die falschen Feinde (PC-Hardware-Hersteller) zu kämpfen. Sollte es ihm irgendwie helfen können und er diese Zeilen lesen: Er tut es noch. Denn der eigentliche Punkt, in dem Apple sich von allen anderen abhebt, ist das Betriebssystem. Windows war der wirkliche Feind, nicht IBM.

Fragen Sie mal die Leute, an welche Leistung aus seiner ersten Amtszeit bei Apple sie sich erinnern, und sie werden antworten, dass es ein Werbespot war (der berühmte von 1984 anlässlich des 84er-Super-Bowl). Anschließend schmiss man ihn aus der Firma und sie wäre beinahe eingegangen. Er kam zurück, um sie zu retten. Fragen Sie dieselben Leute, was ihnen von dieser Wiederkehr im Gedächtnis geblieben ist, und sie werden Ihnen wahrscheinlich etwas über die netten Pastellfarben des iMac erzählen. Er hat die verdammten Computer angemalt.

Hier haben wir einen geborenen Marketing-Experten.

Marketing als Wissenschaft wird gnadenlos überwertete von denjenigen, die (gewöhnlich) großes Interesse daran haben, es möglichst kompliziert aussehen zu lassen. Da wird ohne Ende von Produkten oder Dienstleistungen gefaselt, die sich von allen anderen unterscheiden müssen. Rein theoretisch reizt man den Zielgruppenkunden damit zu Probekäufen. Danach besteht das Kunststück darin, sich die Loyalität der Verbraucher zu sichern und sie dazu zu bringen, mehr Geld für das Produkt/die Dienstleistung auszugeben – entweder indem er mehr dafür bezahlt oder indem er mehr oder öfter kauft.[3]

---

[3] Oder beides, wenn man wirklich clever ist.

Wenn das die Kunst oder Wissenschaft der Vermarktung ist, haben wir es hier mit einem wahren Meister dieses Faches zu tun, vielleicht sogar mit *dem* Meister der Gegenwart. Daher lohnt es sich, einen genaueren Blick auf ihn zu werfen, um zu sehen, was einen Meister-Vermarkter ausmacht. Im Klartext: Gucken wir mal, was es bei ihm zu klauen gibt.

Das Erste, was jeder Marketing-Meister (kurz „MM") glaubhaft vermittelt, ist Andersartigkeit. Mein Gott, Gibbons, *das hast du gerade eben schon gesagt.* Na gut, aber Moment! Es geht nicht um die Andersartigkeit von Produkten oder Dienstleistungen; vielmehr geht es um die Andersartigkeit der Erscheinung und/oder des Verhaltens und/oder der Person der MM selbst. Sie vermarkten vor allem immer *sich selbst.*

Wenn Sie eine namhafte Marketing-Agentur aufsuchen und mit einem der Kundenbetreuer dort sprechen, garantiere ich Ihnen, dass Sie keiner „gesichtslosen" Person gegenübersitzen werden. Natürlich hängt es nicht allein an der physischen Erscheinung, obwohl Frisur, Kleidung und Accessoires eine wichtige Rolle spielen können. Worauf es für Sie als Publikum ankommt, ist die Tatsache, dass Sie Ihr Gegenüber sehr schnell und sehr deutlich als jemanden wahrnehmen, der schrullig und merkwürdig ist. Von hier aus ist es nur ein mentaler Katzensprung, bis Sie meinen, Ihr Gegenüber könnte mit dieser seltsamen Eigenschaft gesegnet sein, von der Sie schon so viel gehört haben: *Kreativität.* Sind Sie erstmal da angekommen, wird die nächste Stufe verhältnismäßig einfach: Sie gehen davon aus, dass diese Person alles verkörpert, was Sie nicht sind, und deshalb müssen Sie dieses Talent unbedingt kaufen. Im England der Siebziger habe ich gesehen, wie ein Mann dieses Ziel erreichte, indem er eine Handtasche trug.

Branson beherrscht das Geschäft, aber er braucht laufend einflussreichere Freunde. Sollte es in den letzten zwei Jahrzehnten jemanden gegeben haben, der sich selbst der bessere einflussreiche Freund und der bessere Selbstvermarkter war als Jobs, habe ich ihn leider verpasst. Was er allein an Kapital aus seiner Person geschöpft hat, ist erstaunlich. Aber es ist keine Kunst, sondern eine Wissenschaft. Ich bin fest davon überzeugt, dass jedes Erscheinen von ihm ein einstudierter und durchdachter Bühnenauftritt ist, ganz gleich ob ein wirkliche Bühne da ist oder nicht – und zwar angefangen bei seinem 1975er-Auftritt BARFUSS vor einer Gruppe potenzieller Kunden, mit denen er einen Vertrag über fünfzig Computer hatte, bis hin zu den Jeans-und-Rollkragenpullover-Uniformen heutiger MM-Tage.

Übrigens, ein unwesentlicher Nebenaspekt des 50-Computer-Deals war, dass er bei diesem Vertrag gar keine Vorstellung davon hatte, wie er die entsprechenden Produkte jemals ausliefern wollte. Seine Firma verfügte gar nicht über die Mittel und Möglichkeiten, einen solchen Auftrag anzunehmen, zumal sie – wie sich später herausstellte – gerade eine Fachkräfteebbe durchlebten. Dennoch „lieferte" er am Ende einen Haufen mit diversen Komponenten angereicherter Hauptplatinen und *erhielt den vollen Preis*. Hiermit wurde ein beeindruckender Präzedenzfall geschaffen. Reiner Bluff mit darauffolgenden Lieferschwierigkeiten kann laufen, das hat Steve Jobs zum ersten, aber nicht zum letzten Mal in seiner Karriere bewiesen.

Ohne Zweifel wirken MMs um Klassen ästhetischer als der Durchschnitt. Das zeigt sich schon an ihrer persönlichen Erscheinung und zieht sich durch alles hindurch, was sie tun. Der visuelle Aspekt von allem, mit dem sie in Berührung kommen, muss ganz genau richtig sein. Es kann keinen Kompromiss geben, und das bedeutet, dass Stil manchmal mehr wiegt als die Substanz ihrer Tätigkeiten. Stil ist bei Jobs die treibende Kraft. 1977 teilte sich Apple ein Büro mit Sony in Cupertino, Kalifornien. Unser Held hielt sich dauernd in den Räumen Letzterer auf – nicht etwa, um technische Informationen zu stehlen, sondern um sich ihr Marketing-Material anzusehen, die Briefköpfe, die Logos etc. – sogar das *Gewicht* der Notizblocks.

Es war Jobs, der 1977 das berühmte Apple-Logo endgültig festlegte, oder dachten Sie vielleicht, das sei einfach ein gestreifter grafischer Apfel mit einem Biss?

„Eines der größten Mysterien bleibt für mich unser Logo. Es ist ein Symbol für Lust und Wissen, in das hineingebissen wurde und das in Regenbogenfarben in falscher Reihenfolge gemustert ist. Man kann sich gar kein treffenderes Logo für uns ausdenken: Lust, Wissen, Hoffnung und Anarchie."

Jean-Louis Gassée
President Apple Products[4]

---

[4] Zitiert in: *Apple Confidential*, Owen W. Linzmayer, Group West, 1999.

Oh ja, diese Dinge sind wichtig. Für einen MM ist ein Produkt nicht einfach ein Produkt und eine Dienstleistung nicht einfach eine Dienstleistung. Sie sind Kunstwerke. Und was jetzt kommt, habe ich mir sicher nicht ausgedacht: Wie Künstler ihre Werke signieren, hat auch Jobs dafür gesorgt, *dass die Unterschriften des Macintosh-Teams in die Innenseite der frühen Macs chemisch eingeätzt wurde.*

Stil siegte über Substanz, doch auf dem Weg zu diesem Sieg gab es Stärken und Schwächen, Erfolge und Misserfolge bei Apple. Ich tippe diesen Text auf einem Compaq Presario, einem langweiligen, schwarzen, viereckigen Laptop. Er hat überhaupt keine Ähnlichkeiten mit einem irren Apple-PowerBook, dessen ästhetischer Form oder Farbe. Aber gerade Jobs fanatische Konzentration auf das Aussehen dieses Kastens wird Apple letztendlich in den Tod stürzen. Das Produkt, um das er sich eigentlich kümmern sollte und das den wirklichen Unterschied ausmacht, war niemals dieser Kasten, sondern das Betriebssystem. Hätte er sich darauf konzentriert, wäre mir bei meinem Compaq (oder Dell oder sonstwas) die Wahl zwischen einem Windows- und Apple-Betriebssystem geblieben. Viele behaupten sogar, es hätte möglicherweise nie Windows 95 gegeben, wenn Jobs sein legendäres Talent auf das Marketing der ursprünglichen Apple-Qualitäten angewandt hätte.

Die Herausforderungen, mit denen er es heute aufzunehmen hat, sind geradezu beängstigend. Dass das Apple-Betriebssystem sich nach wie vor von den anderen unterscheidet, ist unerheblich. Geschwindigkeit und Kapazität, in denen es sich durchaus mit den Besten messen kann, sind ebenso wenig entscheidend. Das Risiko steckt in den hohen Produktions- und Marketingkosten, die deutlich über dem Branchendurchschnitt liegen dürften. Wer sein Produkt dadurch von allen abheben will, dass er es in teure, schöne Kästen hüllt, lässt sich auf ein großes Wagnis ein. Und es sind nicht mehr allzu viele Formen und/oder Farben übrig.

Der klassische MM ist Ästhet und hasst Fahrstuhlmusik. Er verabscheut alles, was keine große Wirkung zeigt. Ihm ist es lieber, wenn seine Arbeit verachtet als wenn sie ignoriert wird.

Große Wirkung ist für solche Leute lebensnotwendig. Wer bestehendes Kundenverhalten ändern oder neues schaffen will, muss Eindruck hinterlassen – das ist das erklärte Ziel des Marketings. Und dieses Ziel zu erreichen, ist im modernen Marketing entweder schwierig oder teuer oder beides. Früher holte man einmal tief Luft, schrieb einen fetten Scheck aus und konnte sicher sein, die richtige Zielgruppe über die begrenzten Medien zu erreichen, die zur Verfügung standen. Heute funktioniert das nicht mehr. Die Fragmentierung der Medien und die explosive Zunahme der Markenprodukte hat den Verbraucher beinahe um die Fähigkeit gebracht, zwischen den Unmengen Werbebotschaften einzelne wahrzunehmen. Um Wirkung zu erzeugen, muss man mehr Medien abdecken denn je – den Markt völlig zerbomben. Oder man muss so werben, dass die Leute es im Gedächtnis behalten.

Letzteres ist billiger, birgt aber Risiken. Um über die Fahrstuhlmusikebene hinaus zu gelangen und das Verbraucherverhalten zu beeinflussen, entscheiden sich MMs normalerweise für einen von zwei Wegen. Der erste ist Humor. So konnte (beispielsweise) Heineken während der Siebziger in Großbritannien und Budweiser mit seiner jüngsten Kampagne in den USA Punkte machen, indem sie die Leute zum Lachen brachten. Der zweite Weg ist gewöhnlich der, kontrovers zu sein. Dieses Buch begann mit einem Meister auf diesem Gebiet: Benettons Toscani.

Jobs berühmte Werbung *1984*, sowohl nach dem Jahr als auch nach dem Roman von George Orwell benannt, war auf größtmögliche Wirkung ausgerichtet. Sie war sehr teuer (wie alle US-Super-Bowl-Spots) und kontrovers. Apple präsentierte sich darin als Verfechter der Freiheit gegen den „Big Brother" IBM (obwohl Jobs das nie offiziell bestätigt hat). Diese Aktion war ein schillerndes Beispiel dafür, was geschieht, wenn man einen Ziegelstein in einen ruhigen Teich wirft. Die Wirkung war phänomenal, selbst außerhalb der Vereinigten Staaten. Plötzlich war alle Welt davon überzeugt, einen Macintosh zu wollen, ja, zu *brauchen*. Jedermann schien diese Werbung zu kennen und die Zahl der Bestellungen war sagenhaft. Das war der Stoff, aus dem Träume gemacht sind.

Dennoch blieben nach dem ersten Sturm die mittelfristigen Verkäufe weit hinter den Prognosen zurück. Wieder einmal konnte Apple mit dem Bild, das man sich nach außen gab, nicht mithalten, und die Käufer plagten sich gleich mit einer ganzen Ladung technischer Probleme herum. Übrigens gab es auch hier eine nette kleine Nebengeschichte: Jobs hatte verkündet, der „1984"-Spot würde nie wieder gesendet werden. Wurde er aber doch, und zwar gerade oft genug, um ihn für die Werbeauszeichnungen des laufenden Jahres zu qualifizieren. Manchmal muss man den Erfolg eines MM eben an etwas anderem als an den Produktverkaufszahlen messen. Das Werbe-Äquivalent zum Oscar zu gewinnen, kann manchen kommerziellen Patzer wettmachen. In diesem Fall musste es sogar Jobs anschließenden Rauswurf bei Apple wettmachen können – aber es war ein Meilenstein in der Geschichte des Marketing.

Angeblich ist das Fehlen eines „gemeinsamen" Feindes verantwortlich für viele Leiden der modernen Gesellschaft. Die Theorie behauptet, wenn wir einen Schurken haben, der uns von jenseits des Kanals finster beäugt, dann lenken wir all unsere gebündelten Energien in diese eine Richtung. Und so lange wir damit beschäftigt sind (anscheinend – ich war beim letzten Mal nicht dabei), gibt es keinen Drogenmissbrauch, keine Gewalt unter Jugendlichen, keine Straßenschlachten, keinen Sex unter Minderjährigen und Blabla. Das ist natürlich völliger Schwachsinn, reicht aber für eine nette Theorie – außerdem stimmt es in gewisser Weise, dass gemeinsame Feinde die Konzentration auf eine Sache fördern. MMs lieben sie ganz besonders.

SPINNERSPRUCH:

„Jobs konnte den Horizont sehen, aber er erkannte einfach nicht die vielen Details, die auf jeder der vielen Meilen lagen, die man bis dahin zurückzulegen hatte."

JAY ELLIOT
PERSONALCHEF VON APPLE

Burger King gegen McDonalds oder Pepsi gegen Coca-Cola zu sein, bringt in diesen Leuten die tollsten Dinge zutage. Ich mochte es, McDonalds zum Feind zu haben, zumal man dort einen ganzen Haufen Fehler machte, während ich das andere Kamel ritt, und das machte mir das Leben erheblich leichter. MMs kehren ihre besten Seiten nach außen, wenn sie Gelegenheit bekommen, einem fetten, aufgedunsenen Riesen[5] einen Schlag unter die Gürtellinie und einen Tritt gegen die Knöchel zu versetzen.

---

[5] So sieht man sie immer ...

Jobs kämpfte sein Leben lang einen erbitterten Kampf gegen IBM und ich schätze, er tut es noch. IBM war zu Apple wie Coca-Cola zu Pepsi – und ich weigere mich zu glauben, dass er rein zufällig John Sculley an die Apple-Spitze holte. Er war der Erfinder der Pepsi-Challenge gewesen, die der Coke-Rüstung in den späten Siebzigern und frühen Achtzigern ein paar herbe Dellen eingebracht hatte. Eine hohe Marktwirkung zu erzielen fällt ungleich leichter, wenn man es schafft, zwei Botschaften zu vermitteln: wie gut das eigene Produkt ist *und* wie schlecht die Konkurrenz ist.

1984 war eine Marketing-Glanzleistung, aber das Produkt konnte ihr nicht gerecht werden. Außerdem zielte die Werbung, wie wir bereits gesehen haben, auf den falschen Feind. Denn schon Mitte der Achtziger hätte Apple eigentlich Bill Gates ins Visier nehmen müssen.

Es gibt noch ein weiteres charakteristisches MM-Merkmal, das unsere Aufmerksamkeit lohnt – diese Leute sind beinahe ausnahmslos große Showtalente. Ich habe nicht nur gescherzt, als ich Jobs zu Beginn des Kapitels mit P. T. Barnum verglich. Jobs machte Apple zu seiner persönlichen Odyssee, in der vor allem sein persönliches Showtalent die entscheidende Rolle spielte. Er hat einen Hang zum Drama, hebt sich die „großen" Ankündigungen meist bis zum Schluss der Präsentationen auf, um sie sodann wie Bonbons ins Publikum zu werfen. In den seltensten Fällen konnte die Welt einen ersten Blick auf eine seiner tollen Designideen werfen, ohne dass er sie persönlich vorstellte. Er spielt mit der Menge und weidet sich in seinem Ruhm wie eine perfekte Diva. Und er versteht es, anderen die Sprache zu verschlagen. So damals, als er Bill Gates via Satellitenschaltung zu einem Gastauftritt lud und ihn, den Erzrivalen der späten Neunziger, plötzlich als Freund und Verbündeten begrüßte. Oder jene denkwürdige Apple-Veranstaltung, bei der Jobs die Eröffnung einem Schauspieler überließ, der ihn in einem nicht durchgängig schmeichelhaften Fernsehfilm dargestellt hatte. Dann trat er, der echte Jobs, auf die Bühne – unten herrschte erst Schweigen und Verwirrung, dann dämmerte es den Leuten und schließlich gab es TOSENDEN Applaus.

Man mag MMs für derlei Galaauftritte hassen oder lieben oder sogar beides zugleich. Wer besonders scharf hinsieht, kann unschwer erkennen, wo überall diese Leute die falsche Richtung einschlagen. Man kann alles tun, außer sie zu ignorieren. Und niemand dürfte sich davor schützen können, ein bisschen neidisch auf sie zu sein. MMs sind Jahrmarktbudenverkäufer, nur dass sie mit größeren Budgets auf größeren Märkten wirken. Sie sind Entertainer, von denen die besten ihren Kunstnebel und ihre Spiegel selbst dann noch erfolgreich einsetzen, wenn sie schon längst nichts mehr zu melden haben sollten.

Ich habe keine Ahnung, was Apple einmal werden will, wenn es groß ist (immerhin ist Apple noch keine dreißig). Ich weiß nicht, ob Apple überhaupt ein mittleres Alter erreichen wird. Und Jobs weiß es wahrscheinlich genauso wenig. Doch was immer man bei Apple auch tun wird, eine reelle Chance haben sie nur, wenn sie sich auch weiterhin auf die außergewöhnlichen Talente dieses Computermalers verlassen.

Ehe wir uns von Jobs abwenden, sollten wir uns mit einem weiteren Merkmal seiner Traumgestaltung oder seines Querdenkertums auseinander setzen. *Wie tot muss man eigentlich sein, um tot zu sein?*

Seit ich mich aus dem Topmanagement zurückgezogen habe, hatte ich mit einigen Start-up-Unternehmen zu tun. Sie alle haben ausnahmslos Zeiten durchgemacht, in denen sie so gut wie begraben schienen, umringt von einer düsteren Trauergruppe, die Erde in die Grube wirft, und von denen einer Gebete murmelt. Genau genommen finden solche Veranstaltungen jeden Monat statt. Das Merkwürdige daran ist, dass die betroffenen Unternehmer sich schlicht weigern zu sterben. Vielmehr behandeln sie das stete Auf und Ab eines neuen Unternehmens mit der gleichen Ungerührtheit, mit der sie sich die Zähne putzen. Natürlich ist es richtig so, dass sie nicht sterben – schließlich hängt zumeist ihr ganzes Leben (Haus, Lebensstandard, Familie, Ehe) davon ab, dass sie irgendwann Erfolg haben werden. Daher ist es für sie das Beste, die sichtbaren Todesmerkmale zu ignorieren und weiterzumachen. Und erstaunlicherweise schaffen es immer welche. Sie verdanken es ihrer einäugigen Unverwüstlichkeit, wenn sie sich am Ende unter die (schätzungsweise) fünf Prozent der erfolgreichen Unternehmensgründungen reihen dürfen.

Obwohl es eigentlich nicht fair ist, nur von Unverwüstlichkeit zu sprechen. Zutrauen und Glaube gehören ebenfalls dazu. Jemand muss schließlich an den ganzen Quatsch glauben und diese Rolle fällt meist dem Unternehmer/Eigentümer zu. Diese Menschen haben eine besondere Begabung, *irgendwie* immer wieder die Mittel aufzutreiben, um für noch eine Woche die Gehälter zu zahlen oder einen ungeduldigen Gläubiger ein wenig hinzuhalten. Sie zaubern Dinge aus Schränken hervor, die gerade eben noch vollkommen leer gewesen waren.

Jobs Weggang von und Rückkehr zu Apple lohnt einen genaueren Blick. Jetzt kann man billige Witze über Wiederauferstehung reißen, aber diese Geschichte hat das Zeug zu einem wirklich großen Märchen – wenngleich mit einem glücklicheren Ende für weniger Leute.

Apple kam in der Mitte der Achtziger von seinem Weg ab, und Jobs fand in John Sculley, den er von Pepsi rekrutiert hatte, genau den richtigen Freund, der ihm in die Weichteile trat, als er am dringendsten Unterstützung brauchte. Nach einem fragwürdigen, halb öffentlichen Armdrücken zwischen den beiden zog Jobs sich mit einem offiziellen Rücktrittsschreiben zurück.

Es ist falsch anzunehmen, dass Jobs vor seinem Weggang 1985 wie ein Diktator über Apple geherrscht hatte. Er war kein *l'état c'est moi*-Typ. Apple war eine Aktiengesellschaft mit einem starken und mächtigen Vorstand. Diese weisen Männer hatten bereits erkannt, was Steve konnte und was er nicht konnte. Doch wie immer die formellen oder informellen Absprachen mit dem Vorstand ausgesehen haben mochten, Jobs mischte sich dauernd in Dinge ein, aus denen er sich besser herausgehalten hätte. Als er mit Sculley 1985 auf ganzen Wagenladungen Macintoshs sitzen blieb, versuchten die beiden gleichzeitig, das Pferd herumzureißen.

Die Einzelheiten lassen sich woanders nachlesen; hier geht es vor allem darum, dass Jobs Abgang alles andere als harmonisch war. Sehen wir uns an, was bei Jobs und was bei Apple in den gut zehn Jahren geschah, die sie getrennt verbrachten.

Apple erholte sich und erlebte während der frühen Neunziger eine Glanzperiode. Bis 1992 hatte Apple mehr PCs verkauft als irgendein anderer Hersteller. Man konnte die höchsten Gewinne verbuchen und die Liquiditätsreserve belief sich auf sagenhafte 2 Milliarden Dollar. Dann stieg Sculley, der selbst kein Technokrat war, in ein Projekt mit Taschencomputern ein und ließ sich nebenher dazu hinreißen, Bill Clinton bei seinem Sturm auf das Weiße Haus Schützenhilfe zu leisten. Überschuss und Gewinne purzelten, weil das Kernprodukt nicht mehr gegen die weit billigeren „Bedarfs-PCs" ankam, und Sculley verließ das sinkende Schiff. Er bekam eine 10-Millionen-Dollar-Abfindung, von der ihm allerdings nicht allzu viel geblieben sein dürfte, nachdem er sich mit dem Dauerverlierer Spectrum zusammengetan hatte.

Ein Typ namens Michael Spindler übernahm 1993 Sculleys Posten. Das Unternehmen schlingerte und überall kursierten Aufkauf- und Fusionsgerüchte. 1995 diktierte Microsoft mit der Einführung von Windows 95 die Regeln neu, gestützt von einem 200-Millionen-Budget. Autsch. Spindler gab 1996 auf und wurde von dem berühmten Gilbert F. Amelio ersetzt, den man als unternehmerischen Notfallmediziner herbeigerufen hatte. Er stand nun vor einem Konzern, dessen Reserven im Keller waren und dessen Produkte qualitativ nicht mithalten konnten (die neuen Computer waren noch nicht lieferbar und die alten stapelten sich in den Lagern). Die Entwicklung eines konkurrenzfähigen Betriebssystems zu Windows 95 war nicht einmal angelaufen. Es gab keine klaren Vorgaben. Dieses Unternehmen war faktisch nicht zu managen.

Amelio ist oft und scharf kritisiert worden, doch im Nachhinein muss man zugeben, dass er wusste, was zu tun war, um Apple an allen Fronten zu stabilisieren. Er hätte sich dafür vielleicht mehr Zeit lassen sollen, doch stattdessen sah sein Lösungskonzept vor, dass er ein Jahr nach Amtsübernahme ein Software-Unternehmen kaufte, das die Entwicklung einer neuen Generation von Betriebssystemen vorantreiben sollte. Dieses Unternehmen hieß NeXT und mit ihm kam sein Gründer und Hauptanteilseigner Steve Jobs zu Apple.

Es mag ein kühner Schritt gewesen sein, aber es war auch Amelios Todesurteil. Warum hatte er nicht erkannt, dass diese vertraute Figur in Jeans und Rollkragenpulli ein gut getarntes Trojanisches Pferd war?

Gehen wir zurück zur Scheidung von 1985 und sehen uns an, was Jobs seither getan hatte. Er lernte nichts aus der Apple-Lektion, sondern versuchte, eine Computerfirma namens NeXT wiederzubeleben. Diesmal konzentrierte er sich auf den „Rolls-Royce"-PC-Markt. Ein Desaster. Nun war er schlauer, wenngleich nur vorübergehend, und stieß die Hardware-Abteilung von NeXT ab. Er steckte alle Energien in NEXTSTEP, ein Betriebssystem der Luxusklasse, das für Intel-Computer konzipiert war.

Doch als wollte er den NeXT-Fehler wiederholen, investierte Jobs 1986 10 Millionen Dollar in die Mehrheitsanteile von Pixar, einem Computerableger der Produktionsfirma von George „Star Wars" Lucas. Ungefähr 1995, kurz nachdem der Hardware-Traum von NeXT ausgeträumt war, musste Jobs 50 Millionen Dollar berappen, um Pixar am Laufen zu halten. Das ist die Zeit, zu der wir Jobs auf seinem absoluten Tiefpunkt sehen. Apple, sein Lieblingskind, ist am Boden und befindet sich in den Händen eines Mannes, der Auftrag hat, es in Stücke zu hacken, zu verbrennen und (wahrscheinlich) zu verkaufen. Jobs ist seit Jahren fort und kann nichts unternehmen, während seine beiden Firmen ihm die Substanz wegfressen und scheinbar ohne Zukunft sind. Der Mann war tot. Zugegeben, er hatte einen größeren Traum aufgebaut als Sie oder ich, aber dieser Traum war vorbei. Asche zu Asche.

Dann brachte Disney 1995 *Toy Story* heraus – mit Pixar-Animationstechnologie. BOOM. Jobs nutzte die Gunst der Stunde und bot Aktien an. Seine verbleibenden Anteile erreichten einen Wert von über einer Milliarde Dollar. Außerdem konnte NeXT 1995 zum ersten Mal Gewinne melden. Im Herbst 1996 wurde es für 427 Millionen Dollar an Apple verkauft und Jobs kehrte zurück.

Was anschließend geschah, ist andernorts ausführlich dokumentiert, weshalb ich mich auf das Nötigste beschränken werde. 1997 verließ Amelio Apple. Während seiner 17-monatigen Regentschaft hatte er Verluste in Höhe von 1.6 Milliarden Dollar angehäuft. Jobs übernahm zunächst als „Interims"-CEO. Der iMac wurde auf den Markt gebracht und verkaufte sich 1998 in einer Stückzahl, dass man sagen könnte, es wanderte praktisch alle fünfzehn Sekunden einer der angemalten Computer über den Ladentisch. Parallel dazu kam ein überarbeitetes PowerBook in den Handel. Die NeXT-Softwarestrategie wurde verworfen (!) und man stellte den Fans von Manchester City – huuch, Entschuldigung – Apple eine neue Generation von Mac-Betriebssystemen vor. 1998 landete Apple wieder in der Gewinnzone, hatte Geld auf der Bank und niedrigere Lagerbestände als das für seine knappe Vorratshaltung berühmte Dell Computers. Apple eröffnete eigene Verkaufsstände bei CompUSA und der „Cube" – der Desktop-Apple – war auf dem Weg.

Ich werde die Geschichte genau an diesem Punkt beenden, denn wenn ich erzählen wollte, wie es weiterging, werden wir alle vor Rührung zerfließen. Apple durchlebt gerade mal wieder eine Leidensphase, doch das ist für meine Zwecke irrelevant. Meine Frage nämlich lautet: Hat es irgendwo anders eine so kometenhafte Genesung gegeben, die durch eine einzige Person bewegt wurde, wie die, zu der Jobs Apple zwischen 1995 und 1998 verhalf? Er hatte einen Traum, der allein schon wert wäre, in dieses Buch aufgenommen zu werden – und er verlor ihn. Was er danach aufbaute, hatte keine Zukunft. Und dennoch schaffte er es binnen drei Jahren, wieder an Ort und Stelle zu sein, Computer anzumalen und, entgegen allen Unkenrufen vonseiten der Wall-Street-Zyniker, putzmunter die PC-Branche aufzumischen.

Wir haben zwei Dinge gelernt: Zum einen, dass dieser Bursche – möglicherweise der größte Marketing-Meister aller Zeiten – ein unverwüstlicher Träumer ist. Zum anderen, dass er kein Visionär ist. Der Unterschied zwischen beiden besteht darin, dass ein Visionär einen Traum aufbaut, der überlebensfähig ist, ob mit oder ohne ihn (oder sie).

Ich mag diesen Kerl. Er hat wesentlich zum Wachstum einer neuen Branche beigetragen und sich und Tausende, wenn nicht gar Millionen, andere enorm reich gemacht. Doch seine eigentliche Genialität besteht darin, dass er es versteht, eine Zeit, einen Markt, ein Produkt, eine schillernde Persönlichkeit und ein bisschen Farbe geschickt zusammenzubringen. In meinen Augen ist er ein besserer Querdenker als Visionär. Er steht für den Triumph des Stils über die Substanz und das allein durch die eindrucksvolle Art, wie er Dinge anpackt.

Außerdem sollten wir für eine weitere Lehre dankbar sein, nämlich die, dass *nichts wirklich ganz verloren gehen kann*. Wir kennen dieses Phänomen bereits von der „Kakerlakenmethode" eines Steve Case oder der Unbeirrbarkeit eines James Dyson. Aber Jobs betrieb beides bis ins Extrem. Natürlich muss man an seine Sache glauben und zuversichtlich sein – aber dann sollte man auch alles tun, um sie am Leben zu erhalten. Steve Jobs ist aus dem Stand 90 Fuß hoch gesprungen, vom matschigen Boden einer Sarggrube bis an die Spitze eines Haufens von Konkurrenten, begeisterten Investoren, erstaunten Beobachtern und euphorischen Fans.

Jetzt brauchen wir bloß noch so einen Mann für meine Fußballmannschaft.

WAHNSINNS-WERTUNG:

VISIONÄR: ☆☆☆

QUERDENKER: ☆☆☆☆

HERB KELLEHER

Auf diesen Kandidaten freue ich mich schon richtig. Schon allein deshalb, weil es im Leben im Allgemeinen und in der Wirtschaft im Besonderen für mich wenige Helden gibt, und er ganz bestimmt auf beiden Gebieten einer ist. Außerdem habe ich beim Thema Kelleher Gelegenheit, noch mehr über mich selbst zu erzählen – vor allem den wahren Grund, warum ich mich aus dem Big Business zurückgezogen haben und immer noch ein verkanntes Marketing-Genie bin.

In den dreißig Jahren des Bestehens von Southwest Airlines in den USA war das Unternehmen die meiste Zeit unter der Federführung von Herb Kelleher. Denjenigen unter Ihnen, die nie von ihm oder seiner Airline gehört haben – weil sie außerhalb der USA leben und wirken –, möchte ich zu diesem Zeitpunkt nur so viel verraten, dass Southwest eine so genannte „Billiglinie" ist.

So weit, so gut. Es ist mir natürlich peinlich, das zuzugeben – aber kürzlich blätterte ich in einer langweiligen Stunde durch den britischen *Daily Telegraph*. Zwischen Tory-Tiraden und Todesanzeigen für Burschen, die 1941 glorioserweise einen deutschen Maschinengewehrposten ausgehoben hatten und die darauffolgenden 60 Jahre nichts mehr taten,[1] fiel mir eine Anzeige auf. Sie stammte auch von einer „Billiglinie", allerdings einer europäischen, die unter dem Namen „Go" firmiert.

Ich habe die Anzeige in diesem Moment vor mir. Sie ist ziemlich groß – 17 mal 25 Zentimeter. Ich weiß nicht, ob sie einmalig erscheint oder häufiger und in unterschiedlichen Zeitungen. Auf jeden Fall dürfte diese eine Veröffentlichung schon beachtliche Werbegelder verschlungen haben. Die Botschaft war klar: Die Pünktlichkeitsraten von Go und einer

---

[1] Ich finde auch, dass, wer allein einen deutschen Maschinengewehrposten aushebt, sich damit automatisch das Recht erwirbt, 60 Jahre lang nichts zu tun. Andererseits ... zählt man alle deutschen Maschinengewehrposten zusammen, die nach *Telegraph*-Todesanzeigen einhändig niedergemacht wurden, kommt man auf 1.825.663.904. Das sind schon reichlich.

direkten Konkurrenzlinie, Easyjet, zwischen London und drei verschiedenen Zielflughäfen im Dezember 2000 wurden verglichen. Da sie ohnehin schon veröffentlich wurden, darf ich die Zahlen hier wohl zitieren:

Von London nach:	Go	Easyjet
Belfast	73 %	58 %
Edinburgh	72 %	42 %
Glasgow	72 %	51 %

Ein starker Vergleich. Gehen wir aber davon aus, dass Marken sich über *Unverwechselbarkeit* in einem übersättigten und umkämpften Markt durchsetzen müssen, sollten wir kurz darüber nachdenken, welche Unverwechselbarkeit die Marketing-Gurus von Go uns, den Verbrauchern, mit dieser irrwitzig teuren Anzeige vermitteln wollen. Ich verstehe es so: *Fliegen Sie mit ,Go', denn wir rauben nur dreißig Prozent unserer Kunden den letzten Nerv.* Die Amerikaner, die sich von den Briten vor allem durch eine gemeinsame Sprache unterscheiden, haben eine sehr treffende Umschreibung für diese Art Marketing gefunden. Sie nennen sie: *Unser Produkt ist weniger Scheiße.*

Und nun ist der Augenblick gekommen, in dem ich mein Marketing-Genie einbringen kann. Ich werde eine Anzeige für Herb Kellehers Southwest Airlines entwerfen, die auch noch oberbillig ist. Wie wär's damit:

SOUTHWEST AIRLINES
Fliegen Sie mit UNS, denn wir haben:
- Die besten Kundenbewertungen
- Die jüngste Flotte und den besten Sicherheitsstandard
- Die wenigsten Flugstreichungen
- Die Linie, von der die meisten anderen sich etwas abgucken
- Die niedrigste Personalfluktuation
- Keine Entlassungen
- Die produktivste Belegschaft
- Eine herausragende Aktienpreisentwicklung
- Stetes Wachstum
- Solide Bilanzen
- Stabilität und Rentabilität
- Ach ja, nicht zu vergessen: DIE NIEDRIGSTEN PREISE[2]

Diese Marketingbotschaft besagt, dass billig nicht schlecht sein muss. Sie schreit vielmehr heraus, dass billig auch gut sein kann.

Southwests wunderbare Geschichte dreht sich im Wesentlichen um Herb Kelleher. Und doch gab es neben ihm andere, die zur Genesis der Airline in den frühen Siebzigern beitrugen. Mittlerweile hat Kelleher das Tagesgeschäft zwei ausgewählten Nachfolgern übertragen. Überhaupt liegt es in der Natur dieses Mannes, seinen persönlichen Anteil am Unternehmenserfolg eher unterzubewerten. Wann immer die Sprache darauf kommt, nennt er eine ganze Reihe von engagierten Leuten, die sich mit ihm der Schwerkraft widersetzten – sowohl im buchstäblichen als auch im übertragenen Sinne. Und dennoch ist er der Mann, der alle in seinen Bann zieht.

SPINNERSPRUCH:

„Die Realität ist chaotisch. Strategische Planung ist geordnet und logisch. Die beiden passen einfach nicht zusammen."

HERB KELLEHER
(ZITIERT IN: NUTS VON KEVIN UND JACKIE FREIBURG, BARD PRESS, 1996)

Ich schätze an ihm besonders, dass er seinen spektakulären Traum verwirklichte und – jetzt muss ich in Fettdruck wechseln, um meinen Gefühlen entsprechenden Ausdruck zu verleihen – **SPASS DARAN HATTE.**

Das stimmt wirklich. In einer Geschäftslandschaft, die von Stress, Gier, Angst, Druck, Skrupellosigkeit, Ungleichgewicht, Cliquenwirtschaft, „vergessenen" Verabredungen, Entfremdung, Nichtraucherwahn, Unfreundlichkeit und Paranoia gezeichnet ist, hat dieser Wild-Turkey-

---

[2] Ja, ja, ich weiß. Ich werde auch schon ganz rot – bin halt ein Naturtalent. Übrigens arbeite ich ausschließlich für namhaften Marken, die kurze, prägnante und zielgerichtete Marketing-Kampagnen wollen, und ich suche mir meine Klienten selbst aus. Mein Mindesthonorar liegt bei ca. 1 Million (Sterling) monatlich.

kippende, tätowierte Irre ein Traumunternehmen aus dem Boden gestampft und sich dabei glänzend amüsiert.

Die Sache mit dem Spaß – oder besser, mit der Abwesenheit von Spaß – ist meiner Ansicht nach weit wichtiger, als den meisten Menschen klar ist. Für mich war sie sogar ein ausschlaggebender Grund, weshalb ich mich vor ein paar Jahren aus dem Big Business verabschiedete, wild entschlossen, nie wieder für irgendjemand anderes zu arbeiten und für den Rest meines Lebens täglich einen Menschen zu vergessen. Kurz gesagt: Mir machte es einfach keinen Spaß mehr. All die negativen Faktoren, die ich oben aufzählte, waren zu festen Bestandteilen meines Alltags geworden, und nach einem guten Vierteljahrhundert ununterbrochener Leistungsorientiertheit fand ich das alles nur noch *zum Kotzen*.

Mein Vorteil war natürlich, dass ich die Wahl hatte. Ihr Nachteil ist wahrscheinlich, dass Sie sie nicht haben. Sie müssen morgen früh in eines dieser grauen Gebäude gehen, wo Sie einem grauen Boss gehorchen und Ihre graue Arbeit erledigen. Gerade darum ist Kelleher so wichtig, denn er ist alles andere als grau. Er ist bunt und er hat sich in einem hart umkämpften Geschäft durchgesetzt, ohne irgendwelche Kompromisse zu machen, was seinen Stil oder seine Ansichten betrifft. In einer Welt, in der Professionalität zum Synonym für Beleidigtsein geworden ist und das Wort „albern" aus sämtlichen Wörterbüchern getilgt wurde, hat dieser Mann nicht nur überlebt, sondern enorme Erfolge erzielt. Wir müssen ihn uns genauer ansehen. Wir müssen – unbedingt – herausfinden, ob wir Dinge von ihm lernen oder abgucken können. Wenn ja, besteht Hoffnung.

Wir suchen eine Spaß-Charta für Unternehmen. Denn wie alles, was auf den ersten Blick einfach erscheint, ist es das nicht. Wer Kelleher unter ein Mikroskop legt, sieht einen zuversichtlichen, selbstsicheren, extrovertierten Mann mit einem großartigen Sinn für Humor. Damit ist uns nicht geholfen, da wir nichts von dem einfach kopieren können. Doch wenn wir ein bisschen dichter herangehen, erkennen wir einen gewitzten Geschäftsmann, der den Nutzen einer spaßbejahenden Arbeitsatmosphäre erkannt hat und in der Lage war, den Spaß zu institutionalisieren. Selbst wenn es ursprünglich nicht in seiner Natur gelegen haben mag, so institutionalisierte er doch die Ideen, die Aktivitäten, die Programme, die Politik und die Abläufe, die dazugehörten. Und allein das zu lesen, kann schon recht unterhaltsam sein – zumal wir daraus eine Menge lernen und uns einiges abgucken können.

Lassen Sie mich ein paar der Dinge auflisten, die mir auffielen:

Ich beginne mit dem Offensichtlichen, damit wir das schon mal hinter uns haben: *Mit gutem Beispiel vorangehen.* Selbst in großen Unternehmen ist es immer wieder erstaunlich, wie sehr das Verhalten und die Einstellung des Firmenleiters auf das Denken und Benehmen des gemeinen Volkes abfärben, egal ob sie ihn oder sie jemals getroffen haben oder nicht. Ich kann das anhand von Beispielen aus meinem Berufsleben belegen. Als ich meinen Posten bei Burger King antrat und zum ersten Mal in mein Büro kam, tauchte aus dem Nichts eine atemberaubend gut aussehende, blonde Frau auf und begann, mit mir über die Neugestaltung meiner Räumlichkeiten zu sprechen. Im Verlaufe des Gespräches stellte sich heraus, dass jedes Mal, wenn eine Führungskraft in einen anderen Raum einzog, eine seriöse Innenarchitektin (das war sie) einbestellt wurde, um bei der Verwendung des entsprechenden Budgets zu „helfen". In meinem Fall belief es sich auf 50.000 Dollar (und das habe ich mir wirklich nicht ausgedacht, ehrlich). Eigentlich hatte ich es mir zur Regel gemacht, während der ersten Woche keine Entscheidungen zu treffen, aber die brach ich prompt. Ich bedeutete ihr in aller Freundlichkeit, dass ich ihre Dienste nicht benötigte. Obwohl ich mich zu diesem Thema nicht weiter äußerte, hat erstaunlicherweise niemand mehr in meinem Managementteam diese Praxis wieder aufleben lassen. Ähnlich reagierte ich, als erstmals eine Stretchlimousine für mich vorfuhr. Und erstaunlicherweise verschwand daraufhin die Sitte, sich in der Stretchlimousine zur Toilette chauffieren zu lassen – und so weiter.

Es ist nur natürlich, dass die Leute den Boss beobachten und sich von seinem Verhalten beeinflussen lassen. Mit Unterwürfigkeit allein hat das nichts zu tun, sondern damit, sich das Leben leichter zu machen. Man muss es sich so vorstellen, als wechselte man die Marke seines Motorenöls. Was geschieht, ist, dass die Leute diejenigen beobachten, die direkt unter dem Einfluss des Bosses stehen und sich durch diese beeinflussen lassen. Haben Sie einen Chef, der Voice Mail hasst? Na, was glauben Sie? Innerhalb einer Woche wird niemand mehr in der Firma Voice Mail benutzen. Dafür müssen keine Rundschreiben herumgeschickt werden, es „passiert" einfach.

Kellehers Fähigkeiten, alles und jeden in seinem Geschäft durch sein Verhalten und seine Ansichten zu beeinflussen, ist legendär, wobei er vielfach instinktiv und seinem Naturell entsprechend handelt. Diese Dinge lernt man auf keinem College und daher können wir sie auch nicht von ihm lernen. Aber einiges wurde geplant und gezielt eingesetzt und daraus können wir lernen. Im März 1992 hatte Southwest eine Unterlassungsklage am Hals, weil sie (unbeabsichtigt) die Werbeidee eines Konkurrenten kopiert haben sollten. Kelleher konnte zwischen zwei Optionen wählen: entweder seine Werbung einmotten oder sich auf einen Prozess einlassen. So hätte ich die Sache zumindest gesehen; aber er fand noch eine dritte Option. Er buchte das Stadion von Dallas und lud sämtliche Mitarbeiter beider Unternehmen ein, einem *Armdrücken* zwischen ihm und dem Vorstandsvorsitzenden der anderen Seite beizuwohnen, bei dem der Sieger das Recht auf den Slogan erhalten sollte. Können Sie sich ausmalen, welche Wirkung diese Veranstaltung hatte, die als „Malice in Dallas" in die Annalen einging? Nach außen war der Effekt derselbe, als hätte er die Medien gekauft, damit sie zeigen, was für ein Unternehmen er leitete – selbst Präsident Bush sandte einen kurzen, wohlwollenden Gruß. Intern, sprich: bei Southwest Airlines, war es, als hätte er legales Ecstasy an seine Leute verteilt. Weil originelle und positive Dinge in der Wirtschaft so selten vorkommen, werden die Leute davon geradezu high.

Aber Kelleher erschöpft sich nicht mit „Malice in Dallas". Er hat in dreißig Jahren konsequent Beispiele dafür gegeben, wie man das Geschäft anpacken und dabei Spaß haben kann. Er geht gezielt auf die Menschen zu: auf seine Zuhörer und auf SEIN TEAM und SEIN UNTERNEHMEN. Er ist konsequent und eindrucksvoll in seinem Verhalten und in seinen Ansichten, und das seit so langer Zeit, dass es bis in den letzten Winkel des kleinsten Büros vorgedrungen ist. So wie meine Leute aufhörten, Geld für Möbel und Limousine in die Toilette zu spülen, haben die Southwest-Leute seine Botschaft verstanden und *Spaß bei ihrer Arbeit.*

Zweite Idee: Es ist nicht, nein, es kann gar nicht schlimm sein, *Spaß zu institutionalisieren.* Die Southwest-Philosophie hat elf vorrangige Grundsätze. Vier davon möchte ich hier zitieren:

Respektlosigkeit ist o.k.
Es ist o.k., man selbst zu sein
Viel Spaß bei der Arbeit!
Man sollte die Konkurrenz ernst nehmen, aber nicht SICH SELBST

Ich habe in meinem Leben schon containerweise Grundsatzpapiere[3] gesehen, in denen es um „Missionen" und „Werte" ging, und ich hatte – wie ich andernorts bereits schrieb – wenig Zeit, mich mit ihnen zu beschäftigen. Aber das, was ich von ihnen mitbekommen haben, war ein Haufen *Quumbug*. Nein wirklich, meine rudimentären Studien hatten bisher kein Exemplar ausfindig machen können, in dem ungefähr ein Drittel des Inhalts sich direkt an den Menschen wendet, den ich jeden Morgen im Rasierspiegel sehe, und ihm sagt, er solle *Vergnügen an seiner Arbeit finden*. Die Aufforderung allein reicht natürlich auch nicht, aber in Verbindung mit einer Führungspersönlichkeit, die genau das vorlebt, wird die Idee glaubwürdig und setzt sich durch. Hart zu arbeiten ist o.k., und erfolgreich zu sein ebenfalls. Aber dabei Spaß zu haben, ist eben auch o.k.

Kelleher versteht es sogar, geschäftliche Herausforderung mit einer Spaß-Attitüde anzugehen. Er kann auf der Stelle jede Bedrohung, die auf den Southwest-Radarschirmen auftaucht, zur *gemeinsamen Sache* erklären. Während der Anfangsphase des Unternehmens hatte er eigentlich auch keine andere Wahl. Southwest war knapp an Personal und kämpfte ums Überleben, während die Konkurrenz fieberhaft daran arbeitete, sie am Abheben zu hindern. Kelleher hatte es relativ leicht, sich das entsprechende Publikum zu verschaffen, um die Ungerechtigkeiten im Geschäft zu „beklagen", wobei ihn die Gerichtsdramen natürlich entsprechend unterstützten.

Fraglos trug dieses David-gegen-Goliath-Gehabe maßgeblich dazu bei, eine eigene Unternehmenskultur zu schaffen, die sich deutlich von anderen abhob und somit per se die „eigene Sache" beförderte. Das entging auch unserem Herb nicht. Es war Speise und Trank für seinen Führungsstil und für die Unternehmenskultur, die er wollte. Das moderne Southwest-Unternehmen hat sich die gierigen Konkurrenten weitestgehend vom Hals geschafft, hält aber nach wie vor an diesem Gemeinsame-Sache-Konzept fest, was durchaus effektiv ist. Southwest engagiert sich nach wie vor in zahlreichen Kommunalbelangen, die (wie ich glaube) aus der Überzeugung heraus unterstützt werden, ein guter Mitbürger sein zu wollen – und natürlich weil man weiß, welche Wirkung dieses Engage-

---

3 Meines Erachtens gehört die überwiegende Mehrzahl genau dorthin, in den Container.

ment sowohl innerhalb wie außerhalb des Unternehmens hat. Als United Airlines einen Shuttle-Service aufnahm, der direkt in Konkurrenz zu Southwests Shuttle-Service ging, war Kellehers Reaktion, begleitet von internem Kriegsgeheul und externer Werbung, die, sein Unternehmen zum letzten Mann in Alamo zu stilisieren. Damit meine ich das Alamo als letzte texanische Bastion und nicht diese Mietwagenfirma. Für diejenigen, die zu dieser Zeit für ihn arbeiteten, war es, als ob sie für die Demokratie schlechthin kämpften.

Spaß kann auch *kontrollierte Naivität* sein. Spielen wir den Narren, dann kommen wir sogar mit Mord durch. Ähm ... man kann mit noch mehr durchkommen. Man kann eine ganze Branche neu erfinden, ohne dass einem saftige Strafe blüht. Nehmen wir beispielsweise die kritische Zeit, die ein Flugzeug am Flughafen-Gate verbringt. Die Passagiere gehen von Bord, das ganze Ding wird gereinigt und der nächste Schwung steigt ein. Ich kenne dieses Prozedere ziemlich gut, weil ich viele Male meine Nase an Flughafenfenster presste und es beobachtete. Es dauert ungefähr eine halbe Stunde, MINDESTENS. Nicht so bei Southwest. Southwest braucht zehn Minuten – was im Niedrigpreis-Kurzstreckenverkehr einen GEWALTIGEN Zeitvorteil bringt. Wie kriegen die das hin? Tjahah! Sie schaffen es, weil sie es gar nicht anders kennen! *Hier haben Leute das Sagen, die überhaupt nicht auf die Idee kommen, dass es nicht gehen könnte.* Was für ein Hammer! Es gibt keine Boarding-Cards; die Crew räumt auf; es fliegen keine Essenreste oder -verpackungen herum, jeder räumt mit auf. Na, wenn das kein SPASS ist.

Ja, es macht Spaß und stellt alle bisherigen Praktiken auf den Kopf. Warum? Wie? Na ja, können Sie sich vorstellen, dass es den Leuten nichts ausmacht, sich so zu benehmen? Falscher Ansatz – *wenn man es wohl überlegt und umsichtig angeht, haben sie tatsächlich SPASS daran.* Falls Sie sich diese Lektion aneignen wollen, sollten Sie sich unbedingt beide Teile des letzten Satzes merken.

Dieses Buch begann mit Benetton, der auf die Schockwirkung außergewöhnlicher Bilder setzte, um einen bleibenden Eindruck zu hinterlassen. Steve Jobs erreichte dasselbe Ziel mit seiner *1984*-Werbung. Aber man kann es auch mit *enormem Spaß* bewerkstelligen. Nichts, was echte Wirkung zeigt, gefällt ausnahmslos jedem. Wer eine Mehrheit begeistert, indem er sie beeindruckt und dadurch ihr Kundenverhalten ändert, riskiert dabei immer, eine Minderheit zu verärgern. Kelleher ist ein Könner in Sachen Spaß. Seine ersten Crews bestanden größtenteils aus texanischen Cheerleadern. Er rekrutierte sie wegen ihrer langen Beine, die bis zum Typenschild an den Innentüren reichten, und gab ihnen Röcke, die daraus kein Geheimnis machten. Heute würde ihn die Political-Correctness-Polizei dafür mit Atombomben bewerfen, aber damals landete er damit in sämtlichen Medien. Als Northwest Airlines ungeschickterweise behauptete, die Nummer 1 in puncto Kundenzufriedenheit zu sein, konterte Kelleher mit einer Anzeige, in der er zur Belustigung der Öffentlichkeit Folgendes verkündete:

‚Nach langen, eingehenden Beratungsgesprächen
und Konsultation unserer Rechtsabteilung
möchten wir nunmehr einen offiziellen Kommentar
zur Behauptung der Northwest Airline abgeben, Northwest sei
die Nummer 1 in Sachen Kundenzufriedenheit:
Lügner, Lügner! Ätschbätsch!‘

In meinem Leben gibt es nur sehr weniges, was ich bereue. Ich bin einer der glücklichsten Menschen auf diesem Planeten und ich neide niemandem etwas.[4] Aber ich wünschte, wünschte, WÜNSCHTE, ich hätte diesen oder einen vergleichbaren Text ersinnen und veröffentlichen können. Immerhin mangelte es mir durchaus nicht an Gelegenheiten, Mitteln und Anlässen. In meiner Burger-King-Zeit hat McDonalds tonnenweise Geld in die Einführung zweier neuer Produkte gesteckt. Das eine hieß McLean und war angeblich ein „gesunder" Burger, weil *Seetang* drin war. Das andere hieß McRib und sah aus, als hätte man es gerade auf einem Schlachtfeld aus dem Zweiten Weltkrieg ausgegraben. Hätte ich doch bloß – wie Kelleher - eine Anzeige geschaltet, in der ich mich über diese Dinger lustig machte, dann wäre mein Leben nicht umsonst gewesen. Was wir alle von Kelleher lernen können, ist, dass man ab und zu den „Unverschämt"-Knopf drücken sollte. Warum nicht auffallen, wenn man damit mehr Spaß haben kann?

---

[4] Okay, das stimmt nicht ganz. Wenn man mich lange genug unter Druck setzt, werde ich zugeben, dass es ein paar Leute gibt, die ich beneide (in beliebiger Reihenfolge). a) Denis Law – weil er talentiert ist und es genießt; b) Brendan Behan – dito und c) den Kerl, der mit Sigourney Weaver verheiratet ist.

Kelleher ist nicht der Erste und wird auch nicht der Letzte gewesen sein, der erkannte, dass die richtigen Leute ein Unternehmen (und seinen Chef) ziemlich weit bringen können. Die Jürgen Schrempps dieser Welt benutzten ihre Mitarbeiter wie Papiertaschentücher und auch das – sofern man es effektiv, skrupellos und konsequent angeht – bringt manchen ein gutes Stück voran. Aber dieses Thema sollte ich besser nicht näher ausführen.

Andere wissen, wie viel sie erreichen können, wenn sie ihre Leute für sich gewinnen. Sie setzen Energien frei, die ihre Produkte und Dienstleistungen im Markt vollkommen anders dastehen lassen. Kelleher geht sogar noch einen Schritt weiter. Er glaubt, dass Spaß ein entscheidender Bestandteil der Unternehmenschemie ist, der sowohl intern ALS AUCH extern die Effektivität und Effizienz beeinflusst. Was tut er also? Er heuert *Spaßvögel* an.

In den mehr als fünfundzwanzig Jahren, die ich in der Wirtschaft auf beiden Seiten des Atlantiks tätig war, habe ich direkt und indirekt Tausende (?) Einstellungs- und Bewerbungsprozeduren miterlebt. Aber mir ist nie ein Auswahlverfahren wie das von Southwest untergekommen. Wenn man bei ihnen anheuern will, wird man als Erstes gefragt, ob und wie man in seinem vorherigen Job Humor *benutzt* hätte. Dann wird man gebeten, Beispiele zu nennen, wie man mit Witz schwierige Situationen gemeistert hat. Wenn ein Unternehmen derart entschlossen ist, ausschließlich Menschen mit Sinn für Humor einzustellen, und noch dazu von einem Mann geleitet wird, der ein lebendes Beispiel dafür ist, dann handelt es sich nicht mehr um reine Rhetorik. Diese Leute nehmen den Spaß ernst. Halten Sie einen Moment inne und überlegen Sie, wie das zu der Methode passt, nach der Sie Mitarbeiter auswählen und ausgewählt haben. Sie könnten die Dinge leichter nehmen, glauben Sie mir.

Aber solche Leute an Bord zu haben, ist erst die halbe Miete. Kelleher macht keinen Hehl daraus, dass die Arbeit hart ist und die Ansprüche an die Produktivität und Flexibilität der Einzelnen deutlich über der Branchennorm liegen. Es ist nicht damit getan, dass sie anfangs lächeln, sondern man muss dafür sorgen, dass sie *immer lächeln*. Es genügt nicht, wenn man sich benimmt wie jemand, der frisch von den Dreharbeiten zu einem Monty-Python-Film kommt. Kelleher wusste vom ersten Moment an, dass derlei Spiel zwar Menschen inspirieren könnte, insbesondere solche, die ein Faible für Eigenbrötler und Verrückte haben, aber das allein reicht nicht. Vielmehr sind für ihn Menschen, die sich bei ihrer Arbeit amüsieren, *greifbare Unternehmenswerte*. Also *investiert* er in sie, wie jeder von uns in Werte investieren würde, die er erhalten möchte. Er belohnt sie für die Erfolge, die sie durch ihre Haltung erzielen – 15 Prozent der Betriebsgewinne vor Steuern wandern in einen Gewinnbeteiligungsprogramm (von denen wiederum 25 Prozent in firmeneigenen Aktien angelegt werden).

Während er in sie investiert, *engagiert* er sich gleichzeitig für sie. Er tritt offen für sie ein und verteidigt sie – sei es, indem er sich weigert, Leute zu entlassen, wenn die Geschäfte schleppend sind, oder indem er für sie eintritt, wenn irgendein teuflischer Kunde sie attackiert.

Er investiert in sie, engagiert sich für sie und *feiert ihre Erfolge*. Nein, ich korrigiere mich: Er feiert alles und damit meine ich ALLES. Und ich meine auch FEIERT. Southwest ist berühmt für Partys am laufenden Meter – anlässlich eines kleinen Geschäftserfolges, eines Geburtstages, eines Mitarbeiters, der eine Erkältung hinter sich hat, zehn Minuten ohne Regen – IRGENDETWAS. Meist kostümieren sie sich dabei und nun raten Sie mal, wer eine wichtige Geschäftsreise nach Washington absagt, um bei einer dieser Spontanpartys mitzumachen – möglichst im wildesten Kostüm? Na, los, raten Sie. Diese Leute sind lustige Vögel, weil er dafür sorgt, dass sie immer etwas zu lachen haben. Es gibt praktisch nichts, was man nicht machen könnte – und das ist in gewisser Weise beängstigend.

Für unsere Spaß-Charta brauchen wir noch einen weiteren Programmpunkt und der dürfte etwas schräg anmuten. Ich bin nämlich überzeugt, dass Southwests konservative Wachstumspolitik von wesentlicher Bedeutung für das Klima innerhalb des Unternehmens war. Hier geht es nicht darum, fett, faul, bequem und überbesetzt zu sein – Southwest ist berühmt dafür, das genaue Gegenteil all dessen zu verkörpern. Hier geht es um kluges Wachstumsstreben. Southwest hat erst dann neue Routen übernommen, wenn die Mittel dazu vorhanden waren und es klar war, dass man Geld damit verdienen würde. Southwest niemals in Konkurrenz zu seinen Zubringerdiensten gegangen. *Southwest hat nie die eigenen Leute versenkt.* Southwest hat die Leute nie unmöglichen Belastungen oder Druck ausgesetzt, indem zu viele neue Mitarbeiter auf einmal eingestellt wurden. Am Ende war Southwests Wachstum zwar aufsehenerregend, aber erreicht wurde es in kleinen Schritten. Southwest hat nie die Kontrolle verloren und was man von Southwest lernen kann, ist, dass man nie vergessen sollte, wer das Wachstum eines Unternehmens verdauen können muss – nämlich die Angestellten. Solange sie damit klarkommen, funktioniert alles. Wenn nicht, ist es reine Verschwendung.

Blättern wir nun zurück und picken uns die Schokoladenstückchen der Kelleher'schen Spaß-Charta heraus: *mit gutem Beispiel vorangehen; Spaß institutionalisieren; Herausforderungen zur „gemeinsamen Sache" erklären; kontrollierte Naivität; Wirkung erzielen durch unverschämten Witz; Spaßvögel anheuern; den Leuten etwas zu lachen geben und sie nie fallen lassen.*

Sollten Sie einen oder mehrere dieser Punkte auf Ihr Unternehmen anwenden können, dann arbeiten Sie mit außergewöhnlichen Menschen zusammen an einem außergewöhnlichen Arbeitsplatz. Ich halte es allerdings für sehr unwahrscheinlich.

Doch warum? Warum *muss das so sein?* Und was können Sie ändern? Wie schwer wäre es für Sie, sich Teile einzelner Charta-Punkte oder ganze Punkte vorzunehmen, um die Dinge an Ihrem Arbeitsplatz etwas leichter zu machen? Natürlich hat Kelleher seine Spaß-Charta mit einem messerscharfen Geschäftssinn untermauert, doch er hatte damit Riesenerfolg. Und er hat den unumstößlichen Beweis erbracht, dass Erfolg nicht nur *statt* Spaß zu haben ist. Sie können erfolgreich sein *und* sich dabei glänzend amüsieren. Oh, happy, happy day!

Southwest muss nun die Zukunft ohne Herb Kelleher meistern. Es gibt einen neuen CEO und einen neuen Direktor – beide sind seit Jahren im Unternehmen und mit der Unternehmenskultur bestens vertraut. Kelleher wird noch drei Jahre im Vorstand bleiben und wahrscheinlich gibt es bereits eine Jury, die entscheiden wird, ob dieser Mann, der vielen als der beste Unternehmenschef Amerikas gilt, eine klaffende Lücke hinterlassen wird. Das würde beweisen, dass die glorreiche Geschichte der Southwest Airlines nur mit seiner Person beginnen konnte und mit ihm enden wird.

Aber daran glaube ich nicht. Unternehmenskultur ist nicht das, was in hübsch aufgemachte Jahresabschlussberichte eingeheftet oder gerahmt an die Cafeteriawand genagelt wird. Unternehmenskultur ist kein „Endergebnis" von Personalpolitik oder irgendeinem Prozedere, das sich die Personalabteilung einfallen ließ. Sie kann nicht angeordnet werden, sondern muss wachsen. Unternehmenskultur ist etwas Lebendiges. Sie ist die Luft, die das Unternehmen atmet, und sie bestimmt seine Gesundheit und seine Lebensform.

Kellehers größtes Vermächtnis ist eine echte, robuste, greifbare Unternehmenskultur, die ihn nicht braucht. Warum? Weil sie Spaß macht, Befriedigung verschafft und erfolgreich ist. Es ist im Interesse der Southwest-Leute, diese Kultur aufrecht zu erhalten, denn die Alternative wäre das, was wir tagtäglich durchmachen. Deshalb ist sie haltbarer als die Norm, und das verdankt sie dem genialen Verstand dieses Verrückten. Ich denke, niemand könnte sie abschaffen, zumindest nicht kurzfristig. Den neuen Leuten am Ruder ist sie ebenso wenig fremd wie irgendjemandem sonst bei Southwest.

Dieser Traum ist auf Spaß gebaut, und zwar von einem Meister-Querdenker. Und er ist auf solide Fundamente gebaut worden, weshalb ich glaube, dass wir uns bei diesem Unternehmen noch auf einiges gefasst machen dürfen.

WAHNSINNS-WERTUNG:
VISIONÄR: ☆☆☆☆
QUERDENKER: Außerhalb des Messbereiches

HOWARD SCHULTZ

Sollten Sie zufällig das Verhalten von Einzelhandelskunden erforschen, dürfte Sie ein Verhaltensmuster interessieren, das meine Frau und ich in letzter Zeit an den Tag legen. Ein paar Jahre lang pflegten wir in Miami – wenn wir beide zu Hause waren – morgens sehr früh mit unserem Golden Retriever spazieren zu gehen, bevor es zu heiß wurde. Anschließend sprangen wir in unser Cabrio und fuhren zu einem der Coffee-Shops in der Gegend, wo wir so viel Koffein tankten wie wir brauchten, um einen weiteren Tag im Paradies zu überstehen.

Infolge einer Reihe häuslicher Umstände, die näher zu erläutern ein gesondertes Buch erfordern würde, fanden wir uns eines Tages ein paar Meilen entfernt in einem ganz anderen Haus wieder, einschließlich Retriever. Es lag am berüchtigten Coconut Grove. Am ersten Morgen zogen wir los und erprobten einen neuen Hundeweg. Danach stiegen wir in den Wagen und – ohne dass wir uns abgesprochen hatten – fuhren an den ersten fünf Coffee-Shops vorbei, bis wir wieder bei unserem alten angekommen waren. Zufällig war (und ist) es ein Starbucks, und zwar der gleich gegenüber der University of Miami am South Dixie Highway.

Bis heute weiß ich nicht, warum wir das taten – und immer noch tun, zumal einer der Coffee-Shops, an denen wir vorüberfahren, ebenfalls ein Starbucks ist.

Was auch immer uns zu diesem merkwürdigen Verhalten veranlasst haben mag, ist das Herzstück des Mysteriums, das sich Einzelhandel nennt. Nämlich die Frage: Wie gestalten wir unser Angebot so, dass die Kunden sich häufiger zu uns hingezogen fühlen als zur Konkurrenz? Und wird es mir gelingen, eine Kundenbindung zu schaffen, die bisweilen sogar die Grenzen der Rationalität sprengt?

Unser Verhalten illustriert natürlich in erster Linie, wie Starbucks im Laufe von zwölf Jahren aus dem Stand zu einem der größten Kundenmagneten der Welt geworden war. Für mich illustriert es außerdem, dass hinter Starbucks – wie hinter den meisten Einzelhandelsmarken – mehr steckt als ein Produkt. Und, wo wir gerade mal dabei sind, es illustriert zudem, dass es um mehr geht als „Standort, Standort, Standort".

Ich habe Howard Schultz und die Entfaltung des Starbucks-Phänomens mit mehr als nur beiläufigem Interesse verfolgt. Schließlich war ich in derselben Branche, und da Schultz erst in den späten Achtzigern startete, umwarben wir zur selben Zeit dieselben Märkte. Wie ich bereits erwähnte, war mein Interesse mehr als beiläufig. Dennoch stellte sich heraus, dass ich ihnen aus vielerlei Gründen nicht genug Interesse entgegenbrachte.

Ich zog mich Mitte der Neunziger auf eigenen Wunsch aus dem Big Business zurück. Meine Motive für diesen seltsamen Schritt fasste ich eher verschwommen unter dem Nenner zusammen, es mache mir ‚keinen Spaß mehr'. Ja, ich benutzte tatsächlich diese Worte. Fragte mich jemand, *warum* es mir keinen Spaß mehr machte, zuckte ich mit den Achseln. Ich fand nicht, dass ich es näher erklären müsste, also murmelte ich Dinge wie, es gäbe nichts mehr zu lachen und/oder ich wolle etwas anderes machen und/oder ich wolle mehr Zeit mit meiner Familie verbringen und/oder ich hätte die Nase voll von Flugzeugen und Blabla. Erst einige Jahre später ging mir auf, dass ich gegangen war, weil sich in meine Karriere ein wachsendes Element des Scheiterns einzuschleichen begann.

Das aufzuschreiben schmerzt mich auch heute noch. Könnte mein wundervoller Vater mich von seiner Wolke aus sehen, wie ich hier tippe und die Worte lesen, würde er wahrscheinlich runterfallen. Er könnte es nicht verstehen. Er hat schließlich gesehen, wie ich in gut zwanzig Jahren vom pubertierenden Idioten zum Vorstandsmitglied und CEO einer der weltgrößten Marken „aufstieg". Sein einziger Sohn, der ihn nachts um den Schlaf brachte, war zu jemandem geworden, dessen Leistungen ihn mit Stolz erfüllten. Und es stimmt auch, dass ich mehr „geleistet" habe, als ich mir je erträumt hätte – zumindest nach konventionellen Maßstäben. Ich habe mehr Geld, als ich brauche, und ich hätte noch zehnmal mehr haben können, wäre ich nicht gegangen. Ich habe eine großartige Familie, ein schönes Haus und einen hohen Lebensstandard. Ich habe Unternehmensposten in schwindelerregender Höhe bekleidet und mein Antlitz zierte die Titelseite des *Fortune*-Magazins.

An dieser Stelle ist mein Verleger drauf und dran, ein paar Worte an den Rand zu schreiben. Und zwar: ‚Entschuldige, Barry, aber sollte das hier nicht von Howard Schultzes Erfolg handeln? Wir scheinen zu deiner

Person und ihrem langweiligen Scheitern abgeschweift zu sein. Dafür haben die Leser nicht bezahlt. Wäre es möglich, dass wir vielleicht, sagen wir, irgendwann heute, zum Wesentlichen kommen?' Na klar. Lies den nächsten Absatz (blöder Autorendrescher).

Nach meinem Rückzug aus dem Big Business blieb ich eine Weile in den USA und ak-zen-tu-ierte die positiven unter den Gründen, die mich zum Aufhören bewegt hatten. Zu dieser Zeit wurde ich eingeladen (ähm ... bezahlt), auf einer Tagung eine Rede zu halten. Ich wusste, dass noch ein oder zwei andere Redner geladen waren und ich wusste auch, dass ich mich nach meiner Rede beeilen müsste, wenn ich meinen Heimflug erwischen wollte. Ich beendete also meinen Vortrag unter rauschendem Beifall und eilte hinter die Bühne, bückte mich auf dem Weg nur einmal ganz kurz, um ein Stück *Lingerie* aufzuheben, das im Eifer der Begeisterung nach oben geworfen worden war, und nahm hinter dem Vorhang mein Mikrofon ab, wobei ich mit dem nächsten Sprecher zusammenstieß – einem großen, nobel aussehenden Burschen mit einem überraschend festen Händedruck und einer ruhigen, gewinnenden Stimme. Er sagte einige nette Dinge über meine Rede und ging auf die Bühne, als sein Name über Lautsprecher erklang: Howard Schultz.

Meine logistische Planung schloss ein Bleiben aus, doch um zum Ausgang zu gelangen, musste ich seitlich an den Sitzreihen vorbeigehen, und während ich das tat, bemerkte ich, dass er die „Sicherheitszone" hinter dem Rednerpult verlassen hatte und in die Mitte der Bühne getreten war. Innerhalb einer Minute war ich gefangen genommen, unwillentlich und auf Kosten einiger Unbequemlichkeiten.

Ich erinnere mich nicht genau an den Inhalt, weshalb ich lieber nicht versuchen möchte, ihn hier wiederzugeben. Aber der Inhalt machte ohnehin nur einen Teil einer Rede aus – wie der verrückte Eddie Izzard sagte, hängt der Eindruck zu siebzig Prozent davon ab, wie man aussieht, zu zwanzig Prozent vom Klang der Stimme und nur zu zehn Prozent von dem, was man sagt. Daher werde ich mich mit einer groben Zusammenfassung des Inhalts begnügen. Er sagte etwas zum Unterschied zwischen professionellem Basketball (NBA) und Amateursport (College) in den USA. Ich sollte vielleicht hinzufügen, dass er eher für Letzteren eingenommen war. Obwohl der NBA technisch besser ist und mit Trillionen Dollar hantiert, fehlten ihm die Integrität und das Wertebewusstsein der „echten" Sportler. Dieses Bild übertrug er auf die Starbucks-Geschichte und erzählte dem Publikum, ohne eine Spur von Verlegenheit, wie er versucht hatte, ein großes Markenunternehmen auf Integrität und Werte aufzubauen. Er behauptete, bei dem Traum von einer mächtigen Marke ginge es nur zum Teil um Kaffee. Ausschlaggebend wäre vielmehr der Geist der Menschlichkeit, der zur Grundlage all dessen gemacht wurde, worauf Starbucks aufbaut. Ich werde ihm hier wohl kaum gerecht, also sollten Sie besser versuchen, ihn selbst zu hören. Für mich waren seine Worte eine Erleuchtung. Ungefähr drei Jahre nach dem Ende meiner Karriere erkannte ich, dass ebendiese Karriere von Fehlschlägen überschattet gewesen war.

Haben Sie Geduld mit mir. Hier geht es nicht um mich, sondern um ihn. Doch um seinen Erfolg für Sie so lebendig werden zu lassen, dass Sie sehen können, *was Sie daraus lernen können*, muss ich mich als Vergleichsfall benutzen. Wie Sie wissen, hielt ich die Zügel eines gigantischen Markenunternehmens in Händen, größer als Starbucks. Natürlich gehörte es mir nicht – andererseits gehörte und gehört Starbucks auch nicht Schultz. Ich kann zu meiner Verteidigung anführen, dass ich keine Chance hatte, die Unternehmenskultur bei Burger King *von den Anfängen* an mit zu formen und zu beeinflussen, wie es Schultz bei Starbucks konnte. Das ist ein ziemlich gravierender Punkt, denn diese Dinge im Nachhinein zu ändern, ist weit schwieriger. Dennoch reicht es höchstens für „mildernde Umstände".

Sehen wir uns an, wo wir beide Ende der Achtziger standen. Jeder von uns wurde von drei feindlichen Heeren belagert. Vielleicht waren es dieselben, die Sie sehen, wenn Sie aus dem Fenster blicken. Im Nachhinein wird mir erschreckend klar, wo mein Fehler lag. *Ich ließ sie herein, er hielt sie außen vor.*

War das wichtig? Immerhin habe ich all die Medaillen und das Geld. Doch, es war wichtig. Ich hatte einen Traum und ich verlor ihn wegen dieser drei Feinde. Da kann ich den ganzen Tag mein Geld zählen, es wird mich nicht trösten. Ich werde nie in einem Buch wie diesem hier vorkommen – also passen Sie gut auf, wenn Sie Ihren Traum verwirklichen wollen, ganz gleich auf welcher Ebene.

Ich werde mir die drei Traumfeinde einzeln vornehmen.

Der erste ist *Kurzfristigkeitswahn*, der Fluch der freien Marktwirtschaft. GrandMet, denen Burger King gehörte und die meine Arbeitgeber waren, vertraten eine einfache Philosophie: Wenn du zwanzig Jahre lang jährlich kurzfristige Aktiengewinnziele erfüllst, dann erreichst du zwangsläufig auch die langfristigen Ziele – Hokuspokus Fidibus. Also tat man alles, was getan werden musste, um die Jahreszahlen zu erfüllen. Ich wiederhole: alles, was getan werden musste. Was ich auch tat, einschließlich ein paar bescheuerter Sachen, die – offen gesagt – aus überhaupt keinem Blickwinkel irgendeines Beteiligten einen Sinn machten.

Das Ganze wird zusätzlich verkompliziert, wenn man eine einzelne Tochter innerhalb eines großen Konzerns leitet. Dann muss man manchmal noch viel dämlichere Dinge anstellen, um seinen Teil dazu zu tun, kränkelnde andere Unternehmensteile zu stützen. Das tat ich ebenfalls. Ich kann mich nicht an *eine* Gelegenheit erinnern, bei der ich mit meinem Tochterunternehmen die hoch gesteckten Ziele des Mutterunternehmens nicht erfüllte – oder nicht übererfüllte. Meistens allerdings erreichte ich es, indem ich Markenkapital vernichtete. Ich verscherbelte sozusagen das Familiensilber, um den Butler zu bezahlen, wobei ich mittelfristige Chancen ignorierte und wichtige Leute verschreckte – Franchisenehmer, Angestellte und Verkäufer. Oft tat ich alles auf einmal – diese Dinge schließen sich nicht notwendig gegenseitig aus.

Sind kurzfristige Aktiengewinne wichtig? Natürlich sind sie – und wie. Geld zu investieren, lohnt sich nur, wenn man dabei mehr verdienen kann als mit einem Sparkonto. Der Darwinismus der freien Märkte sorgt dafür, dass die besten Projekte die Ressourcen bekommen, die sie brauchen, um den Erfolg zu haben, den sie verdienen. Aber Aktiengewinne sind nicht das A und O des Kapitalismus. *Sie sollten nicht zur Verschleierung haarsträubender Geschäftsentscheidungen herhalten oder durch diese verschleiert werden.*

Zurück zu den späten Achtzigern. Schultz hatte gerade Starbucks gekauft, ein damals kleines Unternehmen mit Sitz in Seattle. Noch hatte Starbucks im Espresso-Geschäft kaum Fuß gefasst und firmierte als Personengesellschaft. Zwar konnte man über die nächsten Jahre drei Privatinvestoren gewinnen, doch erst 1992 wurden die Aktien öffentlich angeboten. Wer sich auf diesem Territorium auskennt, kann Ihnen erzählen, dass Investoren, die ihr Geld für Start-ups dieser Art zur Verfügung stellen, sehr unterschiedlicher Couleur sind, aber sie alle haben eines gemein: Sie wollen hohe Gewinne und das schnell – weil sie sich als die eigentlichen Abenteurer sehen, die ein großes Risiko eingehen. Wir sprechen hier nicht von geduldigen Kapitalisten.

Schultz betrieb willentlich eine Firmenpolitik, die nicht auf kurzfristige Gewinnoptimierung zielte. Er bestand darauf, dass alle Angestellten, einschließlich der Espressokellner, eine private Krankenversicherung bekamen – ein teurer Überbau, zumal alle Beteiligten wussten, welche unumkehrbare Verpflichtung man damit einging, und wie viel teurer das Ganze noch werden könnte. Zugleich verlangte er von den Investoren, ihre Beteiligungen aufzuweichen, indem sie den Mitarbeitern Beteiligungsoptionen anboten – und zwar auch das bezogen auf alle Mitarbeiter. Kurz: Diese beiden Maßnahmen garantierten weniger Gewinn einerseits und mehr Anteilsstreuung andererseits. Die kurzfristigen Ausschüttungen wurden bewusst niedrig gehalten und stattdessen Geld in das Anwerben der richtigen Leute und die Vermeidung von Personalfluktuation investiert. 1987 hatte Starbucks 17 Läden. Heute, weniger als fünfzehn Jahre später, sind es 4.500. Es scheint funktioniert zu haben und die Investoren streichen entsprechende Gewinne ein.

Lassen Sie mich nun eine Frage stellen – die ich vielleicht an mich selbst richten möchte. Was, denke ich, hätten die Anteilseigner lieber gehabt, rückblickend betrachtet? Eine kurzfristige 30-prozentige Eigenkapitalrendite oder die Tausend-Prozent-Rendite, die sich dem gesunden Wachstum einer echten wertmehrenden Marke verdanken? Genau.

Den zweiten Feind, der vor Schultz' Toren lagerte, wie vor meinen (und wahrscheinlich auch vor Ihren), habe ich ,Leute dahinraffen' genannt. Wir nehmen es mittlerweile für selbstverständlich, wie Personal eingestellt und nach buchhalterischen Gesichtspunkten bezahlt wird, doch wenn man vom Mars käme und all das zum ersten Mal sähe, dann könnte man erkennen, was es in Wahrheit ist – der größte Schwachsinn im Universum.

Ich verrate Ihnen, wie es ich glaube, dass auf dem Mars läuft. Sie rechnen sich aus, dass man, wenn man ein Unternehmen leitet, in dem Leute anderen Leute Kaffee verkaufen, in ein Gebäude und in Personal investieren muss. Also geht man los und kauft ein Gebäude und eine Person, beides zu angemessenem Preis. Diese beiden Posten gehen direkt in die Bilanz, nicht in die Gewinn- und Verlustrechnung. Weil die martialischen GAAP sehr ausgeklügelt sind, muss man diese Werte über einen gewissen Zeitraum abschreiben, was wiederum Betriebskosten verursacht. Wenn sie allerdings im Wert steigen, entweder von sich aus oder weil man in ihre Verbesserung investiert hat, wirkt sich das positiv auf die Bilanz und die

Betriebsergebnisrechnung aus. Kommt also nun jemand, der den Wert des Unternehmens festlegen möchte – Hokuspokus Fidibus –, wird er auf den ersten Blick sehen, dass sowohl Gebäude als auch Leute den Shareholder Value verbessert haben und daher zu Recht in die Bilanz gehören. Auf der Erde verhält es sich ein wenig anders. Wir kaufen die Arbeitszeit der Menschen nicht als Wert, sondern mieten sie und betrachten sie als Ausgaben. Leute sind keine Stärke des Unternehmens, die sich in der Bilanz spiegelt, sondern ein Schwachpunkt, der die Kosten in die Höhe treibt. Daher ist es immer und überall im Interesse der Buchhalter und der Anteilseigner, ein Minimum an Personal zu den niedrigstmöglichen Löhnen zu beschäftigen. Es existiert gar keine buchhalterische Kategorie, unter der der Nutzen gefasst werden könnte, der einem Unternehmen beispielsweise aus den kontinuierlichen, effizienten und adäquat dotierten Bemühungen eines Verkäufers erwächst. Wohingegen durchaus eine Kategorie vorhanden ist, unter der Einsparungen verbucht werden, die ein fluktuierender Trupp von Billigarbeitskräften auf dem selben Posten ermöglicht. Oder die Einsparungen, wenn überhaupt niemand mehr diesen spezifischen Posten innehat.

Natürlich wäre es dumm und kurzsichtig, die Lohnkosten lediglich als eine nette Statistik abzutun, wenn man einen Unternehmenstraum erfüllen will. Sie sind enorm wichtig, kein Zweifel. Doch Lohnkosten, die viel zu niedrig sind, können eine ebenso fatale Wirkung auf Effektivität und Effizienz haben wie solche, die viel zu hoch sind.

Jeder, der einen service-orientierten Einzelhandelsbetrieb leitet, wird Ihnen bestätigen, dass die Löhne den größten variablen Posten in der Betriebsergebnisrechnung ausmachen. Sie sind normalerweise höher als Produkt- und/oder Gebäudekosten. Wenn an ihnen etwas faul ist, geht der ganze Laden den Bach runter. Deshalb müssen Sie sie im Auge behalten. So weit so gut, aber genauso wichtig ist es, *die richtige Anzahl* Leute zu haben, die Ihre Marke stützen, auf allen Ebenen. Falls Ihre Marke von Leuten abhängig ist, die dafür sorgen müssen, dass Ihr Produkt sich im Markt von allen anderen abhebt, dann müssen Sie mit Ihren Buchhaltern in den Ring gehen, um ihnen die entsprechenden Mittel zu sichern. Sie müssen es tun, selbst wenn Sie damit die Passiva-Seite Ihrer Bilanz zusätzlich belasten.

Auch in diesem Punkt blieb Schultz seinen Prinzipien treu. In seinen Augen geht es bei Starbucks nicht allein um den Kaffee. Ein Starbucks-

Coffee-Shop bietet den Leuten einen vertrauten Rückzugsort, der weder Büro noch Zuhause ist, und wo sie hingehen, entspannen und sich mit anderen treffen können. Starbucks-Mitarbeiter haben den Wert der Marke vermehrt – angefangen bei den rätselhaften Bedienungsvorgängen an der Espressomaschine bis hin zur allgemeinen Heiterkeit, die in den Coffee-Shops herrscht. Für Schultz stellte das Personal einen Wert dar und so behandelte er es auch. Er hat sich die Auswahl der richtigen Leute nicht leicht gemacht und er gibt sich große Mühe, sie zu halten. Seine Bemühungen haben zum Teil mit Geld zu tun (überdurchschnittliche Löhne, Krankenversicherung etc.) und zum Teil mit einer bestimmten Geisteshaltung (das Einräumen von Aktienoptionen, Investition in Aus- und Fortbildung, Zuhören, auf andere eingehen können etc.). Er leistete, was immer erforderlich war. Wenn das Geld fehlte, trieb er es irgendwo auf oder kam ohne aus. Er wusste, dass, wenn er die Leute wie Werte behandelte, er eine reelle Chance hatte, dass sie sich auch wie solche verhielten. Und er wusste, sobald dieser Moment eintrat, würde er Gewinne erzielen. Eines Tages. Eimerweise.

Und wie sah es bei mir mit dem Geldscheffeln aus? Manch einer wird mit der Zeit eingebildet und/oder kleinlich. Ich kann für mich in Anspruch nehmen, dass ich mich besser hielt als die meisten anderen in vergleichbaren Positionen. Doch gehen wir die Sache von innen heraus an und stellen die ganz gemeine Frage: *Waren die 280.000 Leute bei Burger King für mich ein Wert oder ein Kostenfaktor?* Meine Antwort wäre: Mit Ausnahme von einer Handvoll Zenturios betrachtete ich sie als Kosten. Ich *träumte*, sie *könnten* einen Wert darstellen, sogar bis zu einer Fernsehkampagne, in der es heißen würde: ,*Burger King – wir sind 280.000 Leute und keiner von uns ist scheißegal.*' Aber das war eben nur ein Traum. Ich hatte von Anfang an keinen Schimmer, wie ich all diese Menschen erreichen, geschweige denn ihnen meine Ideen vermitteln sollte, zumal die meisten von Franchisenehmern angestellt worden waren. Ich hatte ein Bild vor Augen, aber ich sah keinen Weg, wie ich die eingefahrenen Strukturen verändern könnte – es sei denn, ich hätte zehn Jahre Zeit gehabt und für jeden Whopper 20 Dollar kassieren dürfen. Ich konnte nichts tun, als irgendwo am Rand herumzuhüpfen und hier und da ein paar bedeutungsschwangere Zeichen zu setzen. Ansonsten blieben die Leute im Burger-King-System – sprich: die wichtigen Leute, die tagtäglich mit den Kunden kommunizierten – für mich Kosten. Die Leute bei

Starbucks sind Werte. Das ist eine rein mentale Buchhaltung, doch die Resultate sind greifbar. Geben Sie Howard einen Erfolgspunkt und mir einen Versagerpunkt. Und nehmen Sie für sich, was Sie für richtig halten.

SPINNERSPRUCH:

„Ich hätte nie gedacht, dass ich eines Tages ein Unternehmen leiten würde. Aber im Grunde meines Herzens wusste ich, sollte ich je in der Lage sein, Dinge zu verändern, würde ich die Menschen nicht vergessen."

HOWARD SCHULTZ
(POUR YOUR HEART INTO IT,
HYPERION, 1997)

Schultz hatte ein drittes feindliches Heer vor den Toren, das ich *die Versuchung des oberflächlichen Markenkapitals* nennen werde. Wiederum weigerte er sich, sie hereinzulassen, während ich mich nicht weigerte. Sie können sich vielleicht noch entscheiden.

Dieser Feind zeichnet sich im Wesentlichen dadurch aus, dass er dem Inhaber einer Marke suggeriert, es wäre leicht, die Kunden zum Ausprobieren eines Produktes oder einer Dienstleistung zu überreden. Darüber gerät allzu schnell in Vergessenheit, wie ungleich schwieriger es ist, sich die Loyalität der Kunden zu erkaufen. Unter Markenloyalität versteht man den wunderbaren Zustand, in dem der Kunden beginnt, sich irrational zu verhalten, um an sein Lieblingsprodukt zu kommen – egal welche Hindernisse sich ihm in den Weg stellen. Es ist dasselbe Kundenverhalten, das die New Coke in die Versenkung zwang und meine Frau und mich an einem Starbucks vorbeifahren lässt, um zu einem anderen zu gelangen.

Markenmanager brummeln die Stationen des Markenkreislaufes wie ein Mantra vor sich: Aufmerksamkeit erregen, zum Probekauf animieren, Loyalität sichern. Das ist der Königswegs zu höherer Kauffrequenz und längerer Verweildauer, während der mehr Geld ausgegeben wird.

Daran ist zunächst einmal nichts auszusetzen – kritisch wird es erst bei der Frage, wie man diese Stationen erreicht.

Die meisten Markenmanager würden daraufhin sagen, die Werbeausgaben seien der Schlüssel zum Erfolg, je mehr, desto besser. Sie werden Ihnen erzählen, dass Sie ohne eine wahnsinnig teure Kreativagentur und enorme Medienpräsenz im heutigen Markt keine Chance hätten. Doch das stimmte nur so lange, wie eine überschaubare Anzahl Produkte und Dienstleistungen in einer überschaubaren Medienwelt um die Beachtung der Verbraucher rangen. Seither haben sowohl Wettbewerb als auch Medienlandschaft alle Grenzen gesprengt, und die Verbraucher sind beinahe blind und taub gegen all die Markenbotschaften geworden, denen sie täglich ausgesetzt werden. Offen gesagt würde ich bezweifeln, dass Gott selbst, wenn er heute noch einmal von vorn anfangen müsste, über einen ausreichenden Werbeetat verfügte, um seinem Markennamen die nötige Aufmerksamkeit zu verschaffen und sich die Loyalität seiner Kunden zu sichern. Müsste er von einer der Markenkrippen aus starten, die ich kennen gelernt habe, wären seine Aussichten mehr als trübe – mit einer einzigen Ausnahme: Howard Schultz.

In den Tonnen von Daten, die man innerhalb zehnminütiger Internetrecherche über Starbucks erhält, findet sich eine besonders faszinierende Information. Zwischen 1987 und 1997, den ersten zehn Jahren unter der Kontrolle von Schultz, *gab das Unternehmen mehr Geld für die Mitarbeiterfortbildung aus als für die Werbung.* Natürlich hat irgendetwas (oder irgendwer) sich unterdes um die Kundenwerbung gekümmert, sprich: auf das Produkt aufmerksam gemacht, etc. etc. Wie schon Sherlock Holmes zu Watson sagte: Wenn alles andere als unmöglich ausgeschlossen werden kann, steckt der Schlüssel zur Antwort in dem, was übrig bleibt, egal wie unwahrscheinlich es scheinen mag. So war bei Starbucks „irgendwer" die Kundschaft selbst, die anderen potenziellen Kunden das Produkt nahe brachte. Dabei bewiesen sie beachtliche Markenloyalität und hohe Kauffrequenz. Schultz hat die Marke Kunde für Kunde aufgebaut. Er hat illustriert, wie „Trickle-Down-Economics" funktioniert – ein Kunde erzählt drei anderen von der Marke, diese drei geben es jeweils an drei weitere (macht neun), von denen wiederum jeder drei Leuten davon erzählt. Das ist die Formel, mit der man in fünfzehn Jahren aus 17 Läden 4.500 macht.

Versuchen wir eine Schlussfolgerung, nach der die Ausgaben für Fortbildung das erreicht haben, was die Werbeausgaben auch erreicht hätten. Nein, das stimmt nicht, die Fortbildungsausgaben haben noch MEHR erzielt als die Werbeausgaben es hätten tun können.

An dieser Stelle beweist Schultz das Talent, das wir bei Kelleher, Disney und einer Reihe anderer in diesem Buch bereits erkannt haben. Er begriff, welches die *wirkliche Nachfrage* dort draußen war, und bediente sie mit dem passenden Angebot. Man muss DIESEN Schuss ins Schwarze schaffen, um zu erreichen, dass die *Kunden das Marketing übernehmen*. Der Kaffee, die Bohnen und die richtige Röstung sind wichtig für Starbucks, aber entscheidend für die Marke sind nicht die Kaffee- oder Espressopäckchen. Mit Glück oder sicherem Urteilsvermögen – Ersteres mag in den Anfangszeiten, Letzteres in den späten Neunzigern den Ausschlag gegeben haben – schuf Schultz ein Produkt, das die beiden ausgeprägtesten Bedürfnisse des gegenwärtigen Marktes befriedigte, die nichts mit Kaffee zu tun haben.

Eines ist das Verlangen nach „dem kleinen Luxus zwischendurch" – ein merkwürdiges, aber wachsendes Bedürfnis des modernen Verbrauchers. In Reaktion auf den Stress und den ganzen Mist, den ein Leben unter zunehmendem Druck mit sich bringt, wächst der Wunsch, sich selbst mit kleinen, *relativ* teuren Dingen zu belohnen. Man kann sich keinen Kurztrip nach Hawaii leisten, aber der Tag war beschissen, also geht man los und kauft sich ein Häagen-Dasz-Eis. Gemessen an den Konkurrenzprodukten kostet diese Eis wirklich blödsinnig viel, aber das sind immer noch „nur" ein paar Dollar oder Pfund oder Euro. Und gerade darin liegt der Genuss bei der Sache. Ersetzen Sie nun die Eismarke durch Starbucks und schon haben Sie's.

Ein anderer starker Nachfragetrend ist der nach dem Dritten Ort. Ironischerweise haben Kaffeehäuser schon früher dieses Bedürfnis bedient, verschwanden dann allerdings von der Bildfläche, je mehr das Heim zum Ort gesellschaftlichen Lebens wurde und je mehr Zeit die Arbeit mit Hin- und Rückwegen verschlang. Die wenigen verbleibenden Lücken füllten Pubs und Restaurants. Was ist geschehen? Man schätzt das Gute erst, wenn man es verloren hat ... Die Welt rückte näher zusammen und plötzlich schienen die letzten Kaffeehäuser Europas *die* Idee. Schultz eröffnete ein paar solcher Cafés und nun war kein Halten mehr.

Er wusste von Anfang an, dass es hier um mehr als bloß Kaffee ging. Es ging um Menschen. Daher all die Fortbildung, das Bean-Stock-

System,[1] das Menschen-wie-Werte-behandeln, das Zuhören und Auf-an-dere-eingehen und die Krankenversicherung. All das geschah nicht *anstelle* der Produktion eines großartigen Kaffees, sondern *zusätzlich* dazu.

Ich denke, ihm wurde ziemlich schnell klar, was für einen Gewinn Starbucks bringen könnte – aber nur, wenn auch weiterhin das Epizentrum der Kundennachfrage im Auge behalten und mit dem richtigen Angebot aufgewartet würde. Die meisten Markenmanager in der Servicebranche würden, wenn sie eine solche Chance bekämen, lauthals verkünden, ihr Erfolg könnte nur auf „Produkt, Produkt, Produkt" oder „Standort, Standort, Standort" aufbauen. Unser genialer Bursche hingegen baute auf *„Menschen, Menschen, Menschen – mit einem großartigen Produkt an einem großartigen Standort"*. Und er wich keinen Millimeter davon ab. Als die drei feindlichen Heere seine Tore belagerten und seine Art, eine Marke aufzubauen, attackierten, hielt er durch.

Dieser Kerl hat den Kurzfristigkeitswahn besiegt, die analfixierten Buchhaltungsprinzipien, nach denen Leute keine Werte, sondern Kosten sind, und er widerstand der Versuchung, oberflächliches Markenkapital für Geld zu kaufen. Meiner Erfahrung nach sind diese drei die schlimmsten Feinde, mit denen man es bei der Verwirklichung eines Traumes zu tun bekommen kann. Ich habe zu viele von ihnen zu oft eingelassen.

Sie werden auch zu Ihnen kommen, um Sie zu attackieren, also sollten Sie sich besser schon vorher Gedanken machen, wie Sie sich gegen sie rüsten wollen.

Nun denn. Ich muss ein Geständnis machen. Erinnern Sie sich an das Zeug über mein Scheitern? Das war alles Quatsch. Ich musste ein wenig lächeln, weil Sie mir das einfach abnahmen. Ich meine, als ob ich hätte scheitern können. Die Wahrheit ist: Ich war nicht sooo schlecht und Schultz war nicht sooo gut. Barney Barnato, der südafrikanische Minenmagnat mit dem klangvollen Namen, eröffnete einst eine Aktionärsversammlung mit den Worten: *„Meine Herren, dies sind meine Prinzipien. Falls Sie Ihnen nicht gefallen sollten, habe ich auch andere."* Ebenso wenig hatte Howard etwas dagegen, sich entgegen seinen Glaubensgrundsätzen zu verhalten, wenn es für ihn von Vorteil war – denken wir allein

---

[1] So nannte er die Ausgabe von Beteiligungsoptionen an alle Angestellten. Der Gedanke dabei war, dass das Ganze von selbst wachsen würde wie eine Bohnenranke (bean-stalk/bean-stock) – kapiert? Nein? Ich auch nicht.

an die Einführung von entrahmter Milch, Frappucino in Flaschen und die Vergabe von Lizenzen; alles drei Dinge, gegen die er sich einst mit Händen und Füßen gewehrt hatte. Wohingegen ich (gelegentlich) in einigen Dingen standfest blieb, auf die Howard sicher stolz gewesen wäre. Der Schlüssel zu seinem Traum liegt nicht im Kaffee, nicht im Standort – und nicht einmal in den Leuten. Er liegt in der *Wahl*, die man trifft, und genau das können Sie sich bei ihm abgucken.

Die heutige Wirtschaft bietet uns Wahlmöglichkeiten an, auf jeder Ebene. Wir können wählen zwischen langfristigen strategischen Entscheidungen und kurzfristigen taktischen. Sehen Sie sich Ihr Projekt an und Sie werden feststellen, dass es bestimmte Grundsätze gibt, die Ihrer Meinung nach, und manchmal vielleicht sogar Ihrer alleinigen Meinung nach, für den Erfolg der Sache *unabdingbar* sind. Aber es gibt auch andere, die eher wie Berge anmuten, deren Besteigung es nicht wert ist, dafür zu sterben. Ich gebe freimütig zu, mich zu oft wie Barney Barnato verhalten zu haben – passten die Umstände nicht zu meinen Prinzipien, änderte ich Letztere. Ich habe zu oft versucht, mir Größe zu erkaufen, zu oft wertvermehrende Lohnkosten gekürzt, wenn die Gewinne einbrachen, und zu oft den Erfolg von heute auf Kosten der Stabilität von morgen erkämpft.

Ich habe nicht versagt, ich habe keine schlaflosen Nächte und ich bereue kaum etwas. *Aber ich habe keinen Traum verwirklicht.* Howard Schultz hingegen hat einen Oberligatraum wahrgemacht, indem er an einigen seiner Grundsätze eisern festhielt und sich nicht vor *schweren* Entscheidungen drückte. Das ist es, was Sie aus seiner Geschichte mitnehmen können.

Ironischerweise qualifizieren ihn seine starren Prinzipien, mittels derer er einen grandiosen Traum umsetzte, *de facto* als Querdenker der Extraklasse.

WAHNSINNS-WERTUNG:

VISIONÄR: ☆☆☆☆☆

QUERDENKER: ☆☆☆☆☆

SCHLUSSWORT: WAS KÖNNEN WIR LERNEN?

Zu Auftakt dieses Buches sagte ich, der Plan sei, ein bisschen zu lernen, ein bisschen zu lachen und sich jede Menge abzugucken. Es wird Zeit, dass wir uns auf den dritten Punkt konzentrieren.

All die Leute in diesem Buch haben „es geschafft". Einige hatten einen leichteren Weg als andere. Einige dieser Erfolge rücken allein durch die Größenordnung in eine andere Liga auf als der Rest. Die Ironie dabei ist, dass manch einer einfach deshalb erfolgreich war, weil er nicht anders konnte, aber sie alle waren erfolgreich. Und sie haben alle eines gemein – sie haben auf den untersten Sprossen der Leiter angefangen, mit keinerlei Ressourcen außer ihrem Talent. Manch einer von ihnen sackte zu Beginn sogar noch tiefer, ehe er auf seinen Höhenflug abhob.

Wahrscheinlich wird kein Leser ein Disneyland bauen oder einen Internet-Service gründen, der aus dem Stand 30 Millionen Mitglieder anwirbt, noch dazu innerhalb von zehn Jahren und gegen eine ganze Armee von Konkurrenten, weil, na ja, ähm, es schon mal vorgekommen ist. Doch es wird neue Visionäre und Querdenker geben. In diesem Moment sitzen sie noch unerkannt da, ordnen ihre Talente und ihre dürftigen Mittel und blicken nachdenklich auf all die Hürden, die sich ihnen in den Weg stellen. Sollte irgendjemand in zehn bis zwanzig Jahren meine These neu belegen wollen, wird er Namen aufführen, die weder Sie noch ich je gehört haben.

Ich habe mich absichtlich auf „aktuelle" Visionäre und Querdenker beschränkt und sämtliche großen Industriellen von vor einem Jahrhundert und früher außen vor gelassen. Das geschah vor allem zugunsten dieses Kapitels, und zwar aus zweierlei Gründen. Zum einen sollte man von diesen Leuten etwas lernen können, weshalb es Sinn macht, wenn die Voraussetzungen, unter denen sie arbeiteten, den gegenwärtigen Umständen möglichst ähnlich sind. Die meisten dieser Menschen arbeiteten in einem Umfeld, das uns vertraut ist – d. h. moderne Märkte, Institutionen, Gesetze, Technologien, Arbeitsverhältnisse und so fort. Es ist zwecklos, jemanden wie J. P. Morgan nachäffen zu wollen, der einen Traum wahr machte, den die Kartellbehörden heute sofort in die Luft sprengen würden. Unsere Leute hingegen bewegten sich auf einem Terrain, das wir kennen.

Zum anderen habe ich mich auf das ausgehende zwanzigste Jahrhundert konzentriert, weil ich hoffte, Ihnen damit Mut zu machen. Großartige Dinge passieren und sie passieren auch „ganz gewöhnlichen Leuten". Sie können gigantische Ausmaße annehmen und in atemberaubender Geschwindigkeit wachsen. Ein beträchtlicher Teil dieser Triumphzüge brauchte kaum mehr als eine Dekade. Zuvor waren sie einer von vielen gewesen und hatten sich im Flachwasser der Wirtschaft abgestrampelt wie Sie und ich.

Die erste Schlussfolgerung, die wir ziehen, ist die, dass es keinen sicheren Treffer gibt, was ich persönlich ein bisschen enttäuschend finde.[1] Es gibt nicht *den einen* Schlüssel zum Erfolg, den sie alle in Händen hielten. Es gibt noch nicht einmal eine Goldene Regel, die sie alle befolgten. Einiges ist offensichtlicher oder tritt häufiger auf als anderes. Das wirklich Auffallende aber ist, dass es eine ganze Reihe von Dingen gibt, die diese Leute einsetzten, *und die Sie vielleicht auch tun können*, bis zu einem gewissen Grade jedenfalls.

Lassen Sie mich diese Dinge auflisten. Zu Ihrem und meinem Leidwesen habe ich zehn davon ausgemacht. Ich habe sie gerade zum zweiten Mal gelesen und falls Sie im selben Tempo lesen wie ich, werden Sie für diesen Abschnitt 17 Minuten brauchen – aber wenn Sie darin ein paar Ideen finden, die sie übernehmen können, um Ihr gegenwärtiges Projekt zu einem Gewinner zu machen, ist die Zeit vielleicht gut angelegt. Ich warte einen Moment, bis Sie sich einen von diesen neongelben Markierdingsdas geholt haben.

O.k.? Na, wo war er denn?

Gut, dann wollen wir mal loslegen. Ich werde mit dem Beschränktesten anfangen, damit ich es hinter mir habe.

---

[1] Ich hatte ja so, so gehofft, ich könnte jetzt eine offensichtliche Schlussfolgerung nach der anderen herunterrattern und endlich diesen ganzen Mist an den Verleger schicken. Ich schreibe ja wirklich gern und das Thema ist eigentlich auch okay, aber zeigen Sie mir einen Autor, der nicht restlos entnervt ist, wenn es gegen Ende des Buches geht, und ich zeige Ihnen einen schamlosen Lügner.

1. *Saugen Sie Ihre Vorbilder aus.* Sollte es in Ihrem Leben keine Rollen-modelle oder „Berühmtheiten" als Vorbilder geben, dürften Sie ein ziemlich seltenes Exemplar sein. Die meisten Menschen nehmen sich Leute aus dem Showgeschäft oder aus dem Sport zum Vorbild – aber ebenso gut kann es ein Politiker, irgendein Kirchenführer, ein Autor oder eine Wirtschaftsikone sein. Oder aber es handelt sich um unbe-sungene Alltagshelden oder -heldinnen, Leute, die in aller Stille daran arbeiten, die Welt ein wenig besser zu machen: ein Lehrer, eine Kran-kenschwester oder ein Missionar. Vielleicht haben sie nur einen oder aber aus jeder Kategorie einen Menschen, dem Sie nacheifern möch-ten. Nach meinen Erfahrungen haben Leute in Vorbildfunktionen weit mehr Einfluss, als sie zugeben oder (vielleicht) denken. Sie kön-nen Ihnen helfen, Ihre Aufgaben zu bewältigen, doch dazu braucht es etwas Denkarbeit und Analyse Ihrerseits. Ich gehe hier einmal grund-sätzlich davon aus, dass wir von Leuten sprechen, die einen positiven Einfluss auf Sie ausüben und deren Handlungsweise und Erfolge Sie beeindrucken. Der nächste Schritt wäre der, sich genauer anzusehen, was das Positive ihres Einflusses ausmacht und wie Sie es so auf sich und Ihr gegenwärtiges Projekt übertragen können, dass Sie sich damit die Verwirklichung erleichtern. Schön, aber jetzt kommt der Haken. Es funktioniert nur, wenn Sie etwas tiefer stochern und herausfinden, *warum* Sie für das, was diese Menschen tun, so empfänglich sind. Ich werde Ihnen ein Beispiel aus meinem Leben geben: Mitte der Sechzi-ger liebte ich Bob Dylan. Ich habe mir einiges von dem, was seinen Einfluss auf mich ausmachte, beruflich zunutze gemacht – positiv. Was ich mir nicht zunutze machte, war seine Art zu dichten, das Gan-ze mit einer eingängigen Melodie zu unterfüttern und durch die Nase zu singen. Das hätte mir sowieso wenig geholfen; schließlich wählte ich mir aus, Bier, Öl und Hamburger zu verkaufen. Mein Dylan-Einfluss bekam erst Sinn, als ich an der Oberfläche gekratzt und erkannt hat-te, was mich am meisten an ihm beeindruckte, nämlich *seine Fähig-keit, sich ständig neu zu erfinden.* Doch das allein war es nicht, son-dern vor allem, dass er es tat, BEVOR der Rest der Welt überhaupt eine Notwendigkeit dazu sah – während er noch mit seiner vorherigen In-karnation erfolgreich war. Das also habe ich mir von ihm abgeguckt und es ist nicht weniger relevant als alles, was Sie auf der Wirt-schaftsakademie lernen können. Schreiben Sie alle auf, zu denen Sie

aufblicken, und pflücken Sie sie ein wenig auseinander. Warum erscheinen Ihnen diese Leute so positiv? Was ist der eigentliche – nicht der oberflächliche – Einfluss, den sie auf Sie ausüben? Vorausgesetzt Sie haben höhere Ziele, als diese Leute blind nachzuäffen wie ein Abendschullehrer oder ein Wirtschaftsguru, müssen Sie versuchen, ihre Erfolge wirklich zu verstehen – und ihre Methoden zu klauen. Und nun gehen Sie zurück zu dem Kapitel über James Dyson. Er hat seine ersten Vorbilder genutzt, begriffen, was hinter ihren Erfolgen steckte, und durch sie gelernt, Technik und Design zu *verbinden*. Bei ihm hat es funktioniert.

2. *Bringen Sie verschiedene Elemente zusammen.* Wir alle tendieren dahin, Problemlösungen an Stellen zu suchen, die uns vertraut sind. Das ist normal. Wir bewegen uns vorzugsweise auf Terrain, das wir (verhältnismäßig) gut kennen und auf dem wir uns wohl fühlen – und wo wir meinen, nur tief genug graben zu müssen, um die Antworten zu finden, die wir brauchen. Nicht einer – ich wiederhole: nicht *einer* – der Visionäre und Querdenker in diesem Buch ist mit dieser Methode zum Erfolg gekommen und das sollte uns an sich schon eine Lehre sein. In einigen der Beispiele haben wir ein Puzzle gesehen, das Stück für Stück zusammengefügt wurde und schließlich ein beeindruckendes Ganzes ergab. Ich denke nicht, dass Sie sich darauf verlassen können, mit ein wenig Glück und/oder dem richtigen Urteilsvermögen das Bestehende zum Besseren wandeln zu können. Was Sie allerdings tun können, ist, sich auf mindestens ein fremdes Element gefasst zu machen, das Sie für Ihr Projekt brauchen werden. Diebstahl ist eine gute Methode, das richtige zu finden. Wieder einmal möchte ich diesen Punkt mit einem Beispiel aus meinem Leben illustrieren. Als ich einen kleinen Einzelhandelsbereich leitete, mit wenigen Untergebenen, pflegten wir unsere regelmäßigen Besprechungen irgendwo draußen abzuhalten – *in irgendeinem Geschäft, Hauptsache, es war nicht unser eigenes.* Dabei bestand stillschweigende Übereinkunft, unsere Umgebung auf uns wirken zu lassen, während wir Geschäftliches besprachen. Und wir machten nicht eher Schluss, als bis wir nicht irgendetwas entdeckt hatten, was wir auf unser Geschäft übertragen könnten. Es ist schon erstaunlich, was ein Pubmanager von einer erfolgreichen Textilreinigung lernen kann. Man muss dafür nur seine mentalen Blo-

ckaden überwinden. Der amerikanische Entfesselungskünstler Houdini hat nur ein einziges Mal versagt. Nach zahlreichen gelungenen und graduell immer schwieriger werdenden Vorstellungen zu Beginn des 20. Jahrhunderts ließ er sich eines Tages an einen Stuhl in einer Gefängniszelle ketten. Draußen warteten Presse und Publikum, denen er angekündigt hatte, er würde ungefähr zwanzig Minuten brauchen, sämtliche Schlösser zu öffnen. Doch sein triumphaler Auftritt blieb aus. Erst als Journalisten und Zuschauer längst gegangen waren, fand man heraus, woran er gescheitert war: Der Wärter hatte *vergessen, die Zellentür zu schließen*. Houdini hätte lediglich die Klinke herunterdrücken müssen. Da er damit nicht gerechnet hatte, versuchte er es nicht einmal. Beinahe jede Branche und auch jeder Geschäftsmann, dem ich bisher begegnete, haben eine solche „Tür", die sie „verschlossen" glauben. Wenn Sie Ihr Projekt vorwärtsbringen wollen, wäre ein guter Ansatz, einfach hinzugehen und zu schauen, ob die Tür offen ist. Michael Dell entschied, *direkt* mit seinen eigenen Kunden zu handeln, Anita Roddick füllte ihre Cremes und Lotionen in Mehrwegbehälter und James Dyson klaute seine Ideen in einer Sägemühle. Sehen Sie sich woanders um und *verbinden* Neues mit Vertrautem. Ihr Projekt wird gleich in einem ganz neuen Licht erscheinen.

3. *Holen Sie sich eine Dosis Rastlosigkeit.* Na gut, wenn Sie ein fauler Sack sind, kann ich auch nichts dagegen tun. Da können Sie noch so ein legendärer Visionär oder Querdenker sein, wenn Sie den Hintern nicht hochkriegen, nützt es Ihnen herzlich wenig. Ebenso wenig förderlich dürfte es sein, wenn Sie zwar außerordentlich produktiv sind, aber nach außen enervierend träge wirken. Die optischen Signale, die Sie vermitteln, sind wichtig. Trotzdem ist noch nicht alles verloren. George W. ist der Mensch gewordene Beweis dafür, dass man kein wahnsinniger Workaholic sein muss, um Erfolg zu haben. Während ich an diesem Buch schreibe, ist er der Präsident eines der mächtigsten (und schwierigsten) Länder der Erde und er scheint gerade mal zwanzig Stunden die Woche zu arbeiten. Auf Unternehmerseite fällt mir mein ehemaliger GrandMet-Kollege Gerry Robinson ein, der es bis in den Vorstand von Granada geschafft hat, obwohl er dafür berühmt war, seine freien Wochenenden weit ernster zu nehmen als die Arbeitstage dazwischen. Ich hätte ihn sogar in dieses Buch aufgenom-

men, wenn ich mich für fünf Kandidaten mehr entschieden hätte. Sie sehen, es kann funktionieren. Der Trick heißt „Rastlosigkeit". Das ist kein rein körperliches Phänomen, sondern ein *Zustand*, der sich auf das physische Erscheinungsbild auswirkt. Rastlosigkeit setzt sich zusammen aus Neugier, Elan, Dynamik und der Fähigkeit, anderen gewaltig auf die Glocke zu gehen. Solche Leute haben Ameisen in der Hose. Sie finden sich nie mit etwas ab. Wenn ihnen jemand sagt, etwas wäre unmöglich, ist das für sie der entscheidende Impuls, es zu versuchen, nicht es zu lassen. Ich habe länger in der Lebensmittel- und Getränkebranche gearbeitet, als ich denken kann – und meine Frau weiß, wenn wir ein neues Restaurant oder eine neue Bar besuchen, kann sie mich die ersten zehn Minuten komplett abschreiben. Ich muss wissen, was die Leute bei wem geklaut haben (wobei ich grundsätzlich davon ausgehe, dass sie alle Ideen klauen) oder mit welcher Verdienstspanne sie kalkulieren. Auf meiner Toilette liegen ein Dutzend Bücher, was ziemlich unappetitlich ist, aber ich ertrage den Gedanken nicht, irgendeine Idee zu verpassen, die ich für meine Artikel oder mein Geschäft nutzen könnte. Joggen oder Fahrradfahren sind für mich Gelegenheiten, bei denen ich über Strategien nachdenke, wie ich Dinge angehe, die in keinem unmittelbaren Zusammenhang zu meinem Projekt stehen. Man sollte meinen, Jürgen Schrempp wäre das beste Beispiel für Rastlosigkeit – mit seinem Zucken, Kettenrauchen, Auf- und Abrennen, Toben, Brüllen und Nie-Schlafen. Sieht man sich jedoch Roberto Goizueta genauer an, so repräsentiert eher er das, was ich auszudrücken versuche und, wichtiger noch, was Sie nutzen können. Er ist kein Hektiker, aber ganz gewiss ein rastloser Mensch. Er bewegt sich maßvoll und strahlt Ruhe aus – doch unter der Oberfläche wirkt ein ruheloser Geist, der nicht einen Moment lang von der „Sache" abweicht. Sehen Sie sich auch Anita Roddick an – zweifellos eine sinnliche Erscheinung, aber stets rastlos.

4. *Kontrollieren Sie, was Sie kontrollieren müssen.* Bei beinahe jedem Projekt, auf jeder Ebene, gibt es Hebel, die von den zuständigen Leuten bewegt werden können, und solche, für die jemand anders die Erlaubnis erteilen sollte. Es gibt Dinge, die man selbst machen kann, ohne jemand anderen hinzuzuziehen, und Dinge, die andere für einen tun sollten. Eine der modernen Geschäftsmaximen lautet: Um den

Shareholder Value zu optimieren, sollte man sich auf seine eigentlichen Kompetenzen konzentrieren und alles Sonstige an Leute „verteilen", die es besser können. Brauereien sollten beispielsweise keine Pubs besitzen und Einzelhändler sollten sich aus Finanzdienstleistungen heraushalten. Das klingt zunächst ganz vernünftig, hätte sich die Technik des „Outsourcing" nicht übermäßig verselbstständigt. Unternehmen trennen sich zu schnell von zu vielem, angefangen vom Produktvertrieb bis hin zur Mitarbeiterkantine. Wie mächtig stolz sie darauf sind, sehen wir bei den jährlichen Aktionärsversammlungen. Bei den meisten Beispielen in diesem Buch verhält es sich genau andersrum – man konzentriert sich auf das, was man behält. Oder besser, auf das, was man kontrolliert. Wenn Sie sich einen Moment zurücklehnen und über Ihr Projekt nachdenken, werden Sie feststellen, dass die Verwirklichung mehrere unterschiedliche Aufgaben ins Spiel bringt. Wenn Sie diese Aufgaben nun nach *Gewicht* ordnen – welche von ihnen den höchsten Ausschlag in puncto Zeit, Budget und Spezifikation gibt –, werden Sie wahrscheinlich zwei oder drei Dinge finden, die im Guru-Jargon unter *kritische Mission* firmieren. Für all diejenigen, die mit derlei Geschwurbel nichts anfangen können, möchte ich meine Definition anfügen: *Es sind Dinge, die unter keinen Umständen versaut werden dürfen, wenn das Ganze klappen soll.* Und genau hier verlagert sich der Schwerpunkt. Man kann diese „Babys" nicht einfach jemand anderem überlassen. Was unterscheidet Michael Dell von den meisten anderen PC-Herstellern? Er erkannte, dass das bestehende Vertriebssystem weder dem Hersteller noch dem Kunden gerecht wurde – und dass es nicht nur nicht sonderlich clever, sondern *blödsinnig* für ihn wäre, den Vertrieb nicht selbst zu kontrollieren. Desgleichen galt für Luciano Benetton. Man muss nicht notwendig besitzen, um zu kontrollieren – das hat Coca-Cola mit seiner 49-prozentigen Beteiligung an den Hauptabfüllbetrieben bewiesen. Das Schlüsselwort heißt *Kontrolle* und es umfasst weit mehr als die Möglichkeit, etwas zu beeinflussen. Sie müssen derjenige sein, der die Hebel bedient. Vielleicht gibt es nur wenige Dinge, die Sie bei Ihrem Projekt tatsächlich kontrollieren müssen, aber diese wenigen sollten Sie auf keinen Fall aus der Hand geben – alles andere können Sie umverteilen und „outsourcen" wie Sie lustig sind.

5. *Befriedigen Sie sich nicht selbst.* Tut mir Leid, dass ich so deutlich werden muss, aber wir kommen hier zu einem sehr wichtigen Punkt. Lassen Sie mich mit einer Frage beginnen, bei der ich davon ausgehe, dass Ihnen allen die Firma Parker Pens geläufig ist. Gut, also dann: Wo liegt der Geschäftsschwerpunkt von Parker Pens? Der Füllfederhaltermarkt? Nein. Der Schreibgerätemarkt? Nein. Der Kommunikationsmarkt? Auch nicht. Meinen Beobachtungen zufolge liegt der Geschäftsschwerpunkt im Werbegeschenkemarkt und die Konkurrenzprodukte sind keine anderen Stifte, sondern Präsentkörbe und Weinkisten. Albert Einstein hat einst die Welt mit der Behauptung in Erstaunen versetzt, dass, was man sich vorstellen kann, man auch schaffen kann. Für viele Leute, die in hoch spezialisierten Branchen arbeiten, liegt hierin der eigentliche Ansporn – herauszufinden, wie weit man gehen kann. Wie viele Milliarden Transistoren passen auf einen Mikrochip? Kurz: Die Herausforderung ist die, etwas zu tun, weil es getan werden kann. Das ist das unternehmerische Äquivalent zur Selbstbefriedigung, daher der Untertitel. Die Menschen in diesem Buch haben sich herzlich wenig darum gekümmert. Ob etwas machbar wäre, war für sie zweitrangig. In erster Linie ging es ihnen darum, was gewünscht oder gebraucht würde. Sie konnten voraussehen – manchmal auch um die Ecke – und ihre Visionen kreisten alle um die Nachfrage. Und zwar um die tatsächliche Nachfrage und die grundlegenden Nachfragetrends. Disney hat Disneyland nicht gebaut, weil es machbar war oder er ein Faible für Plastikschlösser hatte. Er hat es gebaut, weil er die explosive Entwicklung der Reise- und Touristikbranche kommen sah. Das war eine Nachfrage, für die er ein passendes Angebot schuf. In den frühen Siebzigern teilte sich die amerikanische Bevölkerung in zwei Gruppen – die einen konnten sich Flüge leisten (eine winzig kleine Minderheit) und die anderen nicht (der Rest). Herb Kelleher interessierte sich nicht die Bohne für ausgefallene oder ausgefeilte Flugzeugtechnik, sondern sah einen riesigen Bedarf in der Zukunft, das Fliegen für jedermann erschwinglich zu machen. Steve Case benutzte seine Technik nicht, um die Leute damit zu beeindrucken, was AOL alles könnte; er benutzte sie, um seine Dienstleistung bedienerfreundlich und der aktuellen Nachfrage entsprechend zu gestalten. Schultz erkannte die Nachfrage nach einem Dritten Ort und nach dem kleinen Genuss zwischendurch. Schlagen Sie

irgendeine Seite des Buches auf, und Sie werden garantiert ein Beispiel finden, wie diese Leute ihre Produkte oder Dienstleistungen oder aber ihre Unternehmenspolitik an vorhandenen Bedürfnissen ausrichteten. Ich habe geschrieben, dass Visionäre Umrisse sehen, die Sie und ich nicht wahrnehmen – und die zumeist schlicht genug sind, um sie mit einem Bleistift nachzuzeichnen. Die Botschaft ist kristallklar: Spielen Sie nicht zu Ihrem eigenen Vergnügen herum. Ihre persönliche Befriedigung ist irrelevant. Ebenso irrelevant ist, wie gut Sie irgendetwas können, so lange Sie damit nicht etwas schaffen, für das ein wirklicher und nachhaltiger Bedarf besteht. Nicht mehr und nicht weniger.

6. *Suchen Sie die Herausforderung.* Das ist nicht immer einfach. Sie haben sicher schon einmal die Geschichte von den beiden englischen Schuhvertretern gehört, die zu Beginn des letzten Jahrhunderts nach Indien geschickt wurden. Sie sollten den Markt für ihre Produkte sondieren. Beide machten sich auf den Weg in die Provinz. Nach einer Woche telegrafierte der erste Schuhvertreter: *,Hier trägt niemand Schuhe – keine Absatzmöglichkeiten – reise wieder ab.'* Am selben Tag (was für ein Zufall) telegrafierte der zweite Schuhvertreter seinen ersten Lagebericht: *,Niemand hat Schuhe – enorme Absatzmöglichkeiten – schickt mir mehr Schuhe.'* Egal ob Sie einer dieser Enthusiasten sind, die in jeder Herausforderung eine riesige Chance sehen, oder eher ein Pessimist, der überall nur einen Haufen Probleme sieht: Sie können in jedem Fall sicher sein, dass Sie auf Schwierigkeiten stoßen werden. Spielen Sie in Gedanken durch, wie sich Ihr Projekt in Zukunft entwickeln könnte und Sie werden gewiss sehen, an welchen Stellen es eng werden kann und/oder sich Hürden auftun. Natürlich wird es auch die eine oder andere Stolperstelle geben, mit der Sie nicht im Voraus rechnen, aber viele sind kalkulierbar. Und auf diese Hindernisse sollten Sie sich beizeiten vorbereiten. Es ist unwahrscheinlich, dass Sie sie vermeiden können, deshalb besteht der Trick darin, mit ihnen fertig zu werden und dabei das Risiko so gering wie möglich zu halten. Für jemanden wie Branson gab es nur eine klare Regel, wie er sich auf dem Markt durchsetzen könnte – er musste die Großen attackieren. Während viele Leute vor den richtig namhaften Konkurrenten eher zurückschrecken, ging er direkt auf sie zu – angetrieben von der so seltsamen wie logischen Erkenntnis, dass sie leich-

te Gegner wären. Dank ihres Erfolges sind sie zumeist aufgeblasen, träge und selbstgefällig und sie arbeiten gewöhnlich mit hohen Gewinnspannen, da sie die Preise diktieren können. Ein überaus fruchtbarer Boden für Virgin, *n'est-ce pas?* Versuchen Sie, so weit wie möglich vorauszuschauen, welche Hürden Sie erwarten. Gibt es vielleicht eine Möglichkeit, einer größeren Hürde auszuweichen, indem man einen Umweg über mehrere kleinere nimmt? Wenn Sie wissen, welche Schlacht auf Sie zukommt: Können Sie die Bedingungen dahingehend beeinflussen, dass Sie wenigstens auf bekanntem Terrain kämpfen? Können Sie Ablenkungen, Stress oder Verwirrung *schaffen*, die den Schrecken mindern? Diese Taktik wirkt nicht nur rein äußerlich. Viele Projekte sind auch eine interne Herausforderung, bringen Schlüsselfiguren ins Spiel, die entweder gegen oder für Sie arbeiten. Den wenigsten von uns ist die Fähigkeit eigen, unsere Gegner zu töten und anschließend zu vertilgen, wie sie jemand wie Schrempp mitbringt. Doch wir haben durchaus Möglichkeiten, interne Champions zu rekrutieren und potenzielle interne Gegenspieler zu neutralisieren – vorausgesetzt wir gehen dabei besonnen zu Werke und tun, was wir tun müssen, rechtzeitig. Zeit, die wir im Voraus dafür aufwenden, kann sich im Nachhinein als sehr wirksame Investition erweisen.

7. *Hüllen Sie Ihr Rätsel in ein Mysterium innerhalb eines Geheimnisses.* Das war Churchills berühmte Umschreibung Russlands, teils aus tiefer Frustration, teils aus Bewunderung entstanden. Für einen Visionär oder Querdenker ist es keine so schlechte Kombi. Branson war ein Meister darin – mit seinem Ruf, wie das Schulkind zu sein, das auf der Straße spielt, während gleichzeitig sein Haus ein Hochsicherheitstrakt ist. Virgin objektiv zu analysieren, ist ausgesprochen schwierig – und das macht es seinen Rivalen faktisch unmöglich, ihn zu bekämpfen oder auch nur ihn zu kopieren. Außerdem versetzt es ihn in die Lage, auf neuen Märkte schnell zuzuschlagen, mit neuen Ideen und Überraschungstaktiken. Merkwürdigerweise ist Luciano Benetton, wenngleich er ein gänzlich anderes öffentliches Profil hat als Branson, ihm in dieser Hinsicht sehr ähnlich. Er hat dafür gesorgt, dass sein Name für eine der größten Marken weltweit steht, während man von ihm so gut wie gar nichts weiß. Würde ich irgendeinem Leser ein Jahr Zeit geben und ihm drei Forschungsassistenten zur Seite stellen, bezweifle

ich, dass am Ende Näheres über die komplexen Unternehmensstrukturen der Benetton-Familie herausbekommen haben wird. Die Öffentlichkeit weiß nie genau, was er gerade tut, bis er es nicht getan hat. Überraschung kann eine großartige Waffe sein. Unvorhersagbar zu sein, kann auf diversen Ebenen funktionieren. Auch hier gibt es einmal den externen Wirkungsbereich auf Ihrem „Markt" und den internen an Ihrem Arbeitsplatz. Erinnern Sie sich an den alten Schotten, der ein Viertel von mir nicht „loben" wollte, weil dieses Viertel sowohl mir als auch ihm und allen anderen ein Rätsel wäre? Nun, ich habe dieses Viertel weidlich genutzt. Es brachte mir einen Ruf ein, mit dem ich Zuhörer gewann und Mittel schöpfen konnte, die ich andernfalls nicht erreicht hätte – die Leute wurden einfach neugierig. Außerdem versetzte es mich in Lage, Leute zu rekrutieren, die nur deshalb kamen, weil sie es reizvoll fanden, mit jemandem in Verbindung zu stehen, der irgendwie aus dem Rahmen fällt. Nach einer Weile wird unvorhersagbar zu sein normal und dann kann es für Sie arbeiten. Wenn Sie und Ihr Team Herausforderungen auf eine Weise angehen, die das Vorhersehbare von Anfang an ausschließt, kann das vorteilhaft sein. Solange Sie nicht wissen, was Sie als Nächstes tun werden, kann es Ihre Konkurrenz erst recht nicht wissen.

8. *Werden Sie mit Widrigkeiten fertig.* Nicht einer der in diesem Buch beschriebenen Erfolge wurde ohne Rückschläge erreicht. Wäre die AOL-Geschichte ein Boxkampf, dann gewann Steve Case den Weltmeistertitel nach Punkten, ging jedoch in jeder Runde zu Boden und jedes Mal zählte der Ringrichter bis neun, ehe er wieder auf die Beine kam. Steve Jobs wäre für „unternehmerisch tot" erklärt worden, hätte ihn jemand in den frühen Neunzigern eingeliefert. James Dysons Tank lief während achtzig Prozent seiner fünfzehnjährigen Fahrt auf Reserve. Es ist sinnlos zu hoffen, Sie könnten bei der Verwirklichung Ihres Projektes von Widrigkeiten verschont bleiben. Das werden Sie nicht. Vielmehr scheint ein direkter Zusammenhang zwischen Qualität des Projektes und Quantität der Störfälle zu geben. Geht man allerdings von den Erfahrungen der Leute in diesem Buch aus, müssen die Widrigkeiten nicht notwendig lebensbedrohliche Ausmaße annehmen. Sieht man sich einige Beispiele näher an (New Coke?), liegt der Schluss nahe, dass diese kleinen K.O.s zwischendurch sogar *wesentliche* Vo-

raussetzungen für einen wirklich großen Traum sind. Also werden sie kommen. Natürlich sind sie nichts Tolles, zumindest solange sie andauern – aber fürchten Sie sie nicht. Der Trick besteht darin, sich auf sie vorzubereiten und *sich vorzunehmen, mit ihnen fertig zu werden.* Wenn ich „fertig werden" sage, meine ich nicht, dass Sie jedes Detail im Voraus erkannt haben und eine passende Strategie für jedwede mögliche Situation entworfen haben müssen. Das lässt sich in den wenigsten Fällen bewerkstelligen, zumal die richtig fiesen Dinge sowieso überraschend eintreten. Was ich meine, ist, dass man ein Rezept bereithalten sollte, wie man so auf Widrigkeiten reagiert, dass der Schaden minimiert und der potenzielle Positiveffekt maximiert wird. In dem Augenblick, wo Ihnen schwummrig wird und Sie wissen, dass Sie getroffen sind, sollten Sie folgende sechs Reaktionsstufen durchlaufen:

– Tun Sie alles, was nötig ist, um das Boot vor dem Kentern zu bewahren. Die Rettungsmaßnahmen variieren natürlich je nachdem, wo und wie schlimm Sie getroffen wurden – doch zunächst einmal kommt es vor allem darauf an, nicht unterzugehen. Manchmal ist es ein Kampf auf Leben und Tod, aber gerade hier zeigen sich Startup-Unternehmer meist von ihrer besten Seite und geben alles, um ihren Traum am Leben zu erhalten – nicht wachsend und gedeihend, sondern einfach nur lebendig. Dafür sind sie bereit zu betteln, zu pumpen, zu stehlen, zu betrügen, zu kämpfen, zu spucken, zu knurren, kleine Kinder zu fressen. Ganz gleich, was es ist, Hauptsache ihr Projekt überlebt.

– Sobald Sie eine halbwegs stabile Lage erreicht haben, LASSEN SIE DAMPF AB. Sie sind wahrscheinlich restlos entnervt, frustriert, verschreckt, wütend oder von allem ein bisschen. Wen die Götter zerstören wollen, den machen sie wütend. Also sehen Sie zu, dass Sie dieses Stadium möglichst schnell hinter sich bringen. Machen Sie sich Luft. Falls Sie ein Schreier sind, suchen Sie sich ein ruhiges, ungestörtes Fleckchen und SCHREIEN SIE. Sollten Sie eher auf Tiere eintreten wollen, meinetwegen – so lange es kein Hund ist. Versuchen Sie, irgendwie den Druck loszuwerden und Ihr Urteilsvermögen wiederzugewinnen. Erst dann können Sie beginnen, die Scherben neu zusammenzufügen.

– Geben Sie niemandem außer sich selbst die Schuld. Egal wie ungerecht und wie unvermittelt Ihnen eine Widrigkeit erscheinen mag, es hat keinen Sinn, jemand anderem als sich selbst die Schuld dafür zu geben. Andere verantwortlich zu machen, kann korrekt sein, was die Lokalisierung der Faktoren betrifft, die das Debakel letztlich verursacht haben. Aber was ist dann? Sie werden jede Menge offene Schlingen übrig behalten. Sie haben es beim ersten Mal nicht kommen sehen – und das ist der springende Punkt. Verdrängen Sie Ihr Bedürfnis nach Schuldzuweisungen und blicken Sie vorwärts.

– Lernen Sie, so viel Sie können. Klingt einfach: Sie vermeiden es einfach, den Fehler zu wiederholen. Aber lassen Sie sich trotzdem ein wenig Zeit fürs Lernen. Eventuell findet sich in all dem, was schief gegangen ist, doch noch das eine oder andere brauchbare Stück. Doch zunächst sollten Sie sich ganz genau ansehen, was die wirkliche Ursache für den Fehlschlag war. Nichts ist robuster als ein Projekt, das auf solchen Erfahrungen und Lernprozessen gründet.

– So, das war's. Jetzt dürfen Sie sich wieder nach vorn wagen. Vielleicht bedeutet Ihr „Fortschritt", dass Sie erst einmal wieder zurückgehen müssen, um wieder in die richtige Spur zu finden; vielleicht müssen Sie sich aber auch eine vollkommen andere Linie suchen. Aber sobald Sie wieder einen Startpunkt gefunden haben, sollten Sie vorwärts streben. Dieses Stadium können Sie innerhalb weniger Stunden erreichen oder innerhalb mehrerer Monate – und es ist immer frustrierend. Preschen Sie jedoch auf keinen Fall vor, ehe Sie nicht sicheren Schrittes sind.

– Und zu guter Letzt – machen Sie sich auf die nächste Hürde gefasst. Am besten stecken Sie sich eine Karte mit diesen sechs Stadien in die Brieftasche.

Mit Widrigkeiten fertig zu werden, ist keine Kunst, sondern eine Wissenschaft. Jeder der berühmten Leute in unserem Buch hat sich mehrfach mit ihnen herumschlagen müssen; jeder dieser Träumer ist gestärkt aus den Kämpfen hervorgegangen und jeder Querdenker konnte davon profitieren. Wie sie es anstellten, können Sie leicht nachahmen.

9. *Erzeugen Sie Wirkung.* In den frühen Neunzigern hatte Coca-Cola sich von seinem Gerangel mit Pepsi erholt und auf den meisten Schlachtfeldern seine Dominanzstellung zurückerobern können. Nun wurde es Zeit für einen Tritt in die Weichteile. Ich würde sagen, Coca-

Cola hatte die Wahl zwischen der osteuropäischen Arena, Australien/Asien und einem „Heimspiel" in Amerika. Goizueta wählte keine dieser drei Optionen, sondern steuerte Venezuela an – wo er einen Coup landete, der auf den größtmöglichen Effekt zielte. Die Wirkung beschränkte sich nicht auf die Umsatzzahlen der beiden Rivalen, sondern sie reichte bis zur Wall Street und sie traf die Pepsi-Leute rund um den Globus und ihren neuen Boss, Roger Enrico, ins Innerste. Goizueta hatte einen Meisterhieb ausgeführt, der ihm eine Menge persönliches Engagement abgenötigt hatte. Keine Seite kann die andere tödlich verletzen, aber dieser Treffer war zeitlich und technisch auf maximale Wirkung ausgelegt gewesen. Er traf direkt ins Schwarze.

Eine große Idee zu haben, ist nur ein Teilerfolg. Sie bis zur Markteinführung zu bringen, ist natürlich ausschlaggebend, aber immer noch nur ein weiterer Teilerfolg. Es ist sinnlos, etwas Tolles zu erfinden und für sich zu behalten. Sie müssen auf das, was Sie haben, *aufmerksam* machen, um so die Leute dazu zu bringen, dass sie es ausprobieren wollen. Wie wir im Verlaufe unseres Kirschenpickens in den Erfolgsgeschichten gesehen haben, müssen Maßnahmen, die Aufmerksamkeit gewinnen sollen, sich manchmal nach innen, in das Unternehmen, richten und nach außen, an die Märkte und Verbraucher. All die Leute in dem Buch verstanden es, Wirkung zu erzeugen, aber keine zwei stellten es gleich an. Gleich zu Beginn sahen wir Benettons kontroverse Werbemethoden. Roddick warb mit ihrem Engagement für die „gute Sache". Jobs dachte sich *1984* aus. Kelleher machte auf Macho und bemannte seine Flotte mit Cheerleadern. Branson verbringt nach wie vor sein halbes Leben damit, sich an Dekolletés zu hängen, in denen mein Golden Retriever Platz fände. Von wegen „Standort, Standort, Standort" – bei diesen Leuten heißt es „Wirkung, Wirkung, Wirkung". Wirkung ist wesentlich, nicht richtig schwer zu bewerkstelligen und – kann kosteneffektiv sein. Wenn Sie beispielsweise ein grünes Dings auf den Markt bringen wollen, könnten Sie für eine Menge Aufmerksamkeit sorgen, indem Sie sich splitternackt ausziehen, das Ding vor Ihre Genitalien schnallen und so gewandet die Nelson-Säule emporklettern – natürlich erst, nachdem Sie die Medien über Ihr Vorhaben in Kenntnis gesetzt und sich mit einer einigermaßen vernünftigen PR-Agentur kurzgeschlossen haben. Das dürfte Ihnen wahrscheinlich helfen, ein paar Ihrer Produkte zu verkaufen, allerdings fallen die

Nachteile recht schwer ins Gewicht. Ich denke da an Frostbeulen, kratzige Nähte an Ihrem Dingsbums und an Gefängnisstrafe – in dieser Reihenfolge.

Die Schwierigkeit besteht vor allem darin, dass die Verbraucher mittlerweile beinahe blind und taub geworden sind für alle Werbebotschaften, mit denen alle anderen ebenfalls versuchen, Wirkung zu erzielen. Einige sind langweilig genug, um Unmengen in Werbung zu stecken, die dieselbe durchschlagende Wirkung wie Tapeten haben, aber dafür endlos wiederholt werden. Andere setzen auf das einmalige Super-Werbe-Ereignis. Wieder andere schwören auf einen Mix aus beidem. Aber um einen bleibenden Eindruck beim Verbraucher zu hinterlassen, muss man sich hörbar über den Straßenlärm erheben. Und das bedeutet für gewöhnlich, das Risiko auf sich zu nehmen, einige zu verstören, um von anderen wohlwollend beachtet zu werden. Denn wer eine klare Stellung bezieht, wird immer feststellen, dass einige sie mögen und andere nicht – das ist eine universelle Regel.

Der Lehrsatz, den wir über das Wirkung-Erzielen lernen, muss demzufolge lauten: *Es darf niemanden geben, der KEINE Meinung zu dem hat, was man tut.* Unser Aktionen müssen die Leute bei ihren Emotionen packen, wobei uns von Anfang an klar sein sollte, dass extremes Verhalten extreme Reaktionen hervorruft; einige werden lieben, was wir ihnen anbieten, andere werden es hassen. Und beide Seiten werden sich fortan aufgerufen fühlen, aktiv zu werden – die einen, indem sie kaufen, die anderen, indem sie versuchen, unser Produkt aufzuhalten. Wirkung zu erzielen, ist die Wissenschaft davon, jeden zu erreichen und mit diesem Ergebnis zu arbeiten. Einerseits werden die bejahenden Verbraucher ihr Verhalten zu unseren Gunsten ändern, was wir maximieren sollten. Andererseits werden die ablehnenden Verbraucher versuchen, andere vom Kauf abzuhalten, was wir minimieren sollten.

Ein Produkt einführen ist, als stünde man vor einem Teich. Vergessen Sie die Kieselsteinchen. Holen Sie sich einen Ziegelstein und suchen Sie die Stelle im Teich, an der er die größten Wellen verursachen kann, *ohne dass Ihnen das Wasser auf die Schuhe schwappt.* Zumindest nicht allzu viel Wasser. Und dann schmeißen Sie.

10. *Nehmen Sie die Dinge leichter und glauben Sie an andere.* Ich habe mir diese beiden Dinge für den Schluss, nicht nur dieses Kapitels, sondern

des ganzen Buches, aufgehoben. Der Grund für diesen Ehrenplatz ist der, dass sie, obwohl sie am schwersten einzusehen sind, meiner Meinung nach zu den entscheidendsten Faktoren gehören. Und sie haben noch etwas gemein. Wenn Sie sie zu nutzen wissen, werden Sie Ihnen keine Kosten verursachen, und Sie können gleich morgen damit beginnen.

Vor ungefähr zehn Jahren gab es eine Art Mini-Modeerscheinung: optische Täuschungen. Sie kennen die Dinger. Das sind Bilder, die beim ersten Hinsehen wie ein buntes, nichtssagendes Kaleidoskop aussehen. Stellte man sich aber ein wenig auf Abstand hin und starrte sie an, bis die Lendenwirbelsäule brannte, entstand (angeblich) aus dem Farbenchaos heraus ein klares, wunderschönes Bild. Ich habe „angeblich" eingefügt, weil ich mich hinstellen und glotzen konnte, bis mir schlecht wurde, bei mir entstand gar nichts.

Und irgendwie habe ich das Gefühl, dass es Ihnen nicht besser ging. Egal wie oft man die genaue Betrachtungsanweisung las, man sah die Botschaft nicht. Sie werden die Lektion nicht akzeptieren und nicht begreifen, welche Schlussfolgerungen ich aus dem ziehe, was ich in diesem Buch analysiert habe. Also nehmen wir uns einen Punkt nach dem anderen vor und gehen es in Ruhe an.

Im Vorwort habe ich behauptet, die Wirtschaft sei grau und elend geworden. Einer der Gründe, weshalb ich mir die ausgewählten Kandidaten genauer ansehen wollte, war der, dass sie anti-grau sind. Sie hoben sich durch ihren Stil, ihre Errungenschaften oder beides von der grauen Masse ab und brachten Farbe ins Spiel. Dennoch wäre es reichlich weit hergeholt, wollte ich meine Feldforschung zu dem Schluss kommen lassen, sie alle wären unbeschwerte Komödianten, die sich nach oben gealbert hätten, und wir sollten deshalb alle dasselbe machen. Ich glaube, ich weiß, was Sie sagen wollen. Sie zeigen mit dem Finger auf mich und tönen, bei Herb Kelleher, als einzigem, sei ein solcher Schluss gerechtfertigt. Ich würde zustimmen, wenn es das wäre, was ich mit „die Dinge leichter nehmen" tatsächlich meinte.

Vor etwa dreißig Jahren stolperte ich in einem Antiquariat über ein Taschenbuch mit Brendan Behans frühen Kolumnen in der irischen Presse. Es waren seine ersten Veröffentlichungen – zwischen 1954 und 1956 geschrieben – unmittelbar vor *The Quare Fellow**. Inzwischen

---

* Dt. Titel: „Der Mann von morgen früh", *Anm. d. Übers.*

muss ich sie an die tausendmal gelesen haben und jedes Mal ist es für mich wie eine geistige Aufwärtsfahrt im Fahrstuhl. Was sich in seinen Texten vermittelt – und was ihm schließlich seinen tragisch kurzen aber großen Erfolg bescherte – war, dass es ihm *Spaß machte*. Als Kind war Denis Law mein Fußballidol, obwohl er mein Team verließ und zu unseren Gegnern wechselte. Warum Denis? Vom Anpfiff bis zum Abpfiff schien er Spaß zu haben; er feierte sein Talent mit allen, die ihm zusehen wollten. Beide haben auf mich abgefärbt. Zwanzig Jahre und ein paar zerquetschte lang liebte ich das Big Business. Oh ja, ich brüllte und fluchte reichlich und Gott hat mir Sicherungen gegeben, die verdammt leicht durchbrannten. Aber ich habe es genossen und daraus keinen Hehl gemacht. Ich hatte eine Menge von der seltsamen Sache, die man Spaß nennt, und für jede (metaphorische) Träne der Bitterkeit weinte ich Tausende vor Lachen. Als ich aufhörte zu lächeln, wurde mir klar, dass es Zeit wäre zu gehen.

Genug davon. Sehen Sie sich noch einmal die Namen in diesem Buch an. Sie werden feststellen, dass es darunter nur einen Menschen gibt, der seinen Weg zum Erfolg nicht genossen hat. Natürlich hatten sie alle ihre Rückschläge; die meisten haben angespannte und stürmische Phasen durchlebt – aber sie alle vermitteln durchgängig die Botschaft, dass sie das, was sie taten, erfrischend und erhebend fanden. Die einzige Ausnahme ist Schrempp, doch ich bin mir nicht sicher, ob das überhaupt gilt. Weiß der Geier, was ihn überhaupt noch zum Lachen bringen kann, aber vielleicht findet er ja noch ein oder zwei Anlässe.

Wir haben also eine gültige Botschaft, derer wir uns bemächtigen können. Sie werden kein erfolgreicher Visionär oder Querdenker werden, so lange Sie nicht genießen, was Sie tun. Punkt, Aus, Ende. Also nehmen Sie die Dinge leichter. Feiern Sie Ihre Siege und lachen Sie über all die idiotischen Sachen, die sich um Sie herum abspielen. Lassen Sie die Welt wissen, wie blendend es Ihnen geht – oder zumindest die Leute in Ihrer unmittelbaren Umgebung. Lachen Sie laut, denn das kann eine *frappierende* Wirkung auf Ihren Erfolg (und den Ihres Teams) haben. Sie schaffen damit einen blauen Himmel mitten im Grau Ihres Unternehmerlebens. Und alles scheint ein bisschen leichter zu werden.

Also auf zum Letzten: der Notwendigkeit, *einigen anderen zu trauen*. Insgesamt steckt die westliche Wirtschaft knietief in der Scheiße, wenn es darum geht, jemandem zu trauen, es sei denn, man muss es unbedingt, UNBEDINGT. Die drei tödlichen „Wahnerscheinungen" der modernen Wirtschaft (Autoritätswahn, Tempowahn und Verfolgungswahn) machen es schwer, irgendetwas aus der Hand zu geben. Wenn Entscheidungen anstehen, wollen Sie sie selbst treffen. Sie können einfach nicht riskieren, dass irgendjemand Fehler macht, die auf Sie zurückfallen und Ihnen richtig in die Weichteile knallen. Da ist es wirklich leichter, alles selbst zu machen und auf Nummer sicher zu gehen. Wenn Sie diesen Traum wahrmachen wollen, dann nur im Alleingang.

Falls Sie die eben skizzierte Ansicht nicht als weit verbreitet erkennen, leben Sie nicht auf demselben Wirtschaftsplaneten wie der Rest von uns. Inhaltlich entspricht es einem Fass voll imperialistischem Schwachsinn. Schlimmer noch, es ist das AIDS modernen Unternehmertums: eine bösartige, hoch infektiöse Krankheit, die kaum behandelbar ist.

Als ich bei Burger King anfing, sah das Unternehmen kaum besser aus als herkömmliche Wasserleichen. Um ein schlecht verfremdetes Wodehouse-Zitat anzubringen: Ich war vielleicht nicht unerschrocken, aber auch nicht richtig entmutigt. Ich erhielt damals einen Rat von jemandem, der ein paar Meilen mehr als ich auf dem Buckel hatte. Er sagte, ich solle mir auf der Stelle zwei bis drei „Zenturios" in mein Team holen. Seiner Definition nach war ein „Zenturio" jemand, der vorher bereits mit mir gearbeitet hatte, den ich kannte und auf den ich mich verlassen konnte, wenn es um die Erledigung bestimmter Jobs ging. Der zweite Teil seines Rates war der, *sie in Ruhe zu lassen*, während ich mich auf andere Dinge im Unternehmen konzentrierte – das allem Anschein nach unlängst von Aliens überfallen worden war. Dieser Rat war *das* Patentrezept; keiner von uns hätte es auf andere Weise geschafft.

„Zenturio" ist übrigens, gemäß der römischen Bedeutung, eine gute Beschreibung für diese Leute. Merken Sie sie sich, während Sie zurückblättern. Benettons Geschwister, Bransons Schattenkabinett, Dells Vorstandsmitglieder, Roy Disney, Gordon Roddick, Donald Keogh von Coca-Cola und *Tausende* Menschen bei Southwest Airlines und Starbucks. Sie alle sind Zenturios. Sie werden nicht so in Erinnerung bleiben wie die Visionäre oder die Querdenker-Legenden, aber sie sind Menschen, ohne die diese Siege schwächer, weniger oder überhaupt nicht zustande gekommen wären. In fast allen Beispielen gibt es Stufen oder sogar mehrere Stufen, an denen die „Legenden" ihre Träume ihren Zenturios anvertrauten und an sie glaubten. Die Resultate sprechen eine deutliche Sprache.

– oooOOOooo –

Wir sind am Ende angekommen. Falls Sie die ganze Zeit dabeigeblieben sein sollten, danke ich Ihnen für Ihr Durchhaltevermögen. Ich hoffe, Sie haben ein paar Brocken von all diesen Leuten lernen können. Außerdem kann ich mir solche Themen nie vornehmen, ohne mich hier und da darüber lustig zu machen – daher fände ich es wünschenswert, wenn Sie ab und zu haben mitlachen können. Ich habe am Ende zehn Dinge aufgeführt, die Sie sich von diesen Leuten abgucken können, wovon einige Ihnen vielleicht helfen, Ihren Traum zu verwirklichen, ganz gleich wie groß oder bedeutend er sein mag. Einige der „Lektionen" helfen Ihnen eventuell, ein besserer Querdenker oder eine bessere Querdenkerin zu werden – auf dass die Art, *wie* Sie Ihren Job angehen sowohl für Sie als auch für Ihr Unternehmen gewinnbringender sein möge.

Ich wünsche Ihnen, dass es für Sie funktioniert – und zwar hervorragend. Und dann hoffe ich natürlich auch, dass Sie andere beeinflussen werden und diese wiederum andere und so fort. Nein, ich wünsche mir nicht, dass Sie alle reich und berühmt werden, wenngleich ich nichts dagegen habe, Reichtum und Wohlstand im Allgemeinen, und für Sie im Besonderen, zu schaffen. Dennoch war mein Ziel bei diesem Buch nicht Erfolg und viel Geld, sondern eine Farbveränderung. Die Leute in diesem Buch haben bunte Akzente gesetzt in einer Wirtschaftswelt, die grau und grauer wird. Sie haben sich bemüht, aber wenig ausrichten können, weshalb der Grauton inzwischen praktisch alles beherrscht. Dabei ist es nicht einmal ein hübsches Herbstgrau, sondern das Grau, das man morgens sieht, wenn es schüttet wie aus Eimern und wahrscheinlich den ganzen Tag nicht aufhören wird.

Kurz gesagt: Sie – ja, SIE – sind die einzige Hoffnung des Wirtschaftsplaneten. Gehen Sie zu Ihrem Arbeitsplatz und tupfen Sie Farbe auf, wo immer Sie können. Parallel dazu müssen Sie die Idee natürlich publik machen – also kaufen Sie so viele Exemplare dieses Buches wie möglich, um sie an Ihre Untergebenen, Ihre Gleichgestellten und an Ihren Boss zu verteilen. *Vor allem* an Ihren Boss.

Sie kriegen die Farbe, ich die Kohle – ein gutes Geschäft, oder?

SPINNERSPRUCH:

IDEEN ZUM KLAUEN:

- Saugen Sie Ihre Vorbilder aus
- Bringen Sie verschiedene Elemente zusammen
- Holen Sie sich eine Dosis Rastlosigkeit
- Kontrollieren Sie, was Sie kontrollieren müssen
- Befriedigen Sie sich nicht selbst
- Suchen Sie die Herausforderung
- Hüllen Sie Ihr Rätsel in ein Mysterium innerhalb eines Geheimnisses
- Werden Sie mit Widrigkeiten fertig
- Erzeugen Sie Wirkung
- Nehmen Sie die Dinge leichter und glauben Sie an (wenige) andere

QUELLEN UND LITERATUREMPFEHLUNGEN

Zuallererst möchte ich sagen, dass dies hier keine offizielle oder autorisierte Biografie irgendeiner der genannten Wirtschaftsikonen ist. Es war nie die Absicht und auch nicht der Anlass, fundierte und/oder autorisierte Biografien zu erstellen – das haben in den meisten Fällen sowieso andere vorher erledigt.

Darüber hinaus habe ich niemandem der noch lebenden Personen Abzüge geschickt, um sie um Erlaubnis oder Verzeihung zu bitten. Und zwar aus dem einfachen Grunde, dass mich auch keiner von ihnen um Erlaubnis gebeten hat, ein Buch über mich zu schreiben. Auge um Auge.

Ich bin kein Akademiker und dieses Buch ist keine wissenschaftliche Studie. Ich bin der letzte Vertreter der Nicht-Guru-Geschlagenen, den Sie kennen lernen werden. Aber ich bin ein unermüdlicher Leser, Beobachter und Verdauer von Informationen. Ich habe den Großteil des vergangenen Jahrzehnts auf Linienflügen verbracht, während derer ich stets von einer Handvoll Magazinen, Zeitungen und Büchern begleitet wurde. Ich bin selten ausgestiegen, ohne dass mir Zipfel ausgerissenen Papiers aus den Taschen ragten, an deren Rot-und-Weißwein-verklebten Rändern Dinge vermerkt waren, von denen ich beim Verfassen überzeugt war, sie wären leserlich (hinterher weniger).

Daher habe ich mittlerweile nur noch eine verschwommene Vorstellung davon, was alles zur Genesis meiner Ideen in diesem Buch beitrug. Die meisten der nachfolgend genannten Quellen habe ich als allgemeine und besondere „Forschungsgrundlage" genutzt. Ergänzen Sie sie einfach um die Abonnenten-Web-Sites von *Business Week* und *The Economist*. Und für die Fälle, in denen ich direkt zitierte oder Bezug nahm, werden Ihnen die nachfolgenden Quellen helfen.

Company Man: The Rise And Fall of Corporate Life, Anthony Sampson, HarperCollins, 1995

The World According to Peter Drucker, Jack Beatty, Simon & Schuster, 1998

The Wealth and Poverty of Nations, David Landes, Norton, 1998

Harvard Business Review, Business Classics, HBS Publishing, 1991

Beyond Certainty, Charles Handy, Hutchinson, 1995

Up the Organisation, Robert Townshend, Michael Joseph, 1970

The Ultimate Business Library, Stuart Crainer, Capstone, 1998

New Ideas From Dead Economists, Todd Buchholz, Penguin, 1990

Ready, Blame, Fire, Ira Blumenthal, Griffin, 1998

The State We're In, Will Hutton, Vintage, 1995

The Prince, Nicolo Michiavelli, Wordsworth Edition, 1997

Built To Last: Successful Habits of Visionary Companies, James Colling and Jerry Porras, HarperBusiness, 1994

Brand Warriors, hrsg. von Fiona Gilmore, HarperCollins Business

Ultimate Business Breakthroughs, Tom Cannon, Capstone, 2000

The March of Folly, Barbara Tuchman, Ballantine, 1984

Forbes: The Greatest Business Stories of All Time, Daniel Goss, Wiley, 1996

No Logo, Naomi Klein, Flamingo/HarperCollins, 2001

Benetton: The Family, the Business and the Brand, Jonathan Mantle, Warner, 1999

An Autobiography, James Dyson (und Giles Coren!), Nixon Business, 1997

Direct From Dell, Michael Dell, HarperCollins, 1999

Business the Dell Way, Rebecca Saunders, Capstone, 2000

Business As Unusual, Anita Roddick, Thorsons, 2000

I'd Like to Buy the World a Coke: The Life and Times of Roberto Goizueta, D. Greising, Wiley, 1997

For God, Country and Coca-Cola, M. Pendergrast, Phoenix, 1993

The Real Walt Disney, L. Mosely, Grafton, 1997

Building a Company – Roy Disney and the Creation of an Entertainment Empire, Bob Thomas, Hyperion, 1998

Virgin King, Tom Jackson, HarperCollins, 1995

Richard Branson – An Authorised Biography, M. Brown, Headline, 1998

Apple Confidential, Owen Linzmayer, Publishers Group, 1999

On the Firing Line, Gil Amelio (und W. Simon), HarperCollins, 1998

Odyssey – Pepsi to Apple, John Sculley (und J. Byrne), Harper & Row, 1987

The Second Coming of Steve Jobs, Alan Deutschman, Broadway Books, 2000

Nuts – Southwest Airlines' Crazy Recipe for Business and Personal Success, K. und J. Freiburg, Bard Press, 1996

Jürgen Schrempp and the Marketing of an Auto Dynasty, Jürgen Grässlin, McGraw Hill, 1998

AOL.com, Kari Swisher, Times Books/Random House, 1998

Pour Your Heart in It, Howard Schultz und Dori Jones Young, Hyperion, 1998

Fehlentscheidungen und andere Verbrechen

Wie wird man am schnellsten Millionär? Indem man als Milliardär sein Geld in die falschen Geschäfte investiert! Die Wirtschaftsgeschichte ist voll von gigantischen Flops, vernichteten Milliarden, unglaublichem Unternehmerpech und hin und wieder sogar krimineller Unternehmerenergie. Spannend sind diese Geschichten allemal, denn schließlich erweist sich das Schicksal als ausgesprochen einfallsreich, wenn es darum geht, ambitionierte Projekte scheitern zu lassen. Klaus Schmeh schildert die spektakulärsten und skurrilsten Vorfälle auf unterhaltsame und informative Weise – so lesen sich diese wahren Geschichten spannender als jeder Krimi. Außerdem eignet sich dieses Buch hervorragend als Trostspender: Egal, welche Flops Ihr Berufsleben mit sich bringen sollte – im Vergleich zu den spektakulären Milliardenpleiten, um die es hier geht, ist der angerichtete Schaden mit Sicherheit lächerlich klein.

Klaus Schmeh
**Die 55 größten Flops
der Wirtschaftsgeschichte**
Krimis, Krisen, Kuriositäten

REDLINE WIRTSCHAFT
bei ueberreuter

ca. 272 Seiten
Format 14,5 x 21
Hardcover
ISBN 3-8323-0864-4
24,90 Euro (D)

Klaus Schmeh ist Informatiker und arbeitet als Unternehmensberater in Baden-Württemberg. Schwerpunkt seiner Tätigkeit ist die Sicherheit von Computersystemen; nebenberuflich ist er Journalist und Buchautor.

REDLINE WIRTSCHAFT
bei ueberreuter